Allerlei zum Lesen

SECOND EDITION

Herman Teichert
Western Michigan University

Lovette Teichert
Western Michigan University, Emerita

Houghton Mifflin Company
BOSTON • NEW YORK

To Bill and Heidi

PUBLISHER: Rolando Hernández
SPONSORING EDITOR: Van Strength
ASSISTANT EDITOR: Erin Kern
PROJECT EDITOR: Harriet C. Dishman/Anastasia Schulze
ART AND DESIGN MANAGER: Gary Crespo
SENIOR COMPOSITION BUYER: Sarah Ambrose
MANUFACTURING COORDINATOR: Carrie Wagner
ASSOCIATE MARKETING MANAGER: Claudia Martínez

Cover photograph: © Gen Nishino for The Image Bank/Getty Images

About the Illustrator: Carlos Castellanos was raised in New Jersey and spent his formative years developing a strong creative foundation by reading comic books and watching lots of television. He's a full-time humor illustrator and the co-creator of the popular nationally syndicated comic strip "BALDO."

Printed in the U.S.A.

Library of Congress Control Number: 2004108455

ISBN: 0-618-50349-8

23456789–MP–08 07 06 05

Preface

Allerlei zum Lesen is an intermediate German literary reader suitable for college students in the third or fourth semester or for third- or fourth-year high school students. This collection of eighteen short stories reflects not only the cultural, historical, and linguistic diversity of the German-speaking countries but the creative talents of their writers as well. The authors of *Allerlei zum Lesen* have read more than 200 short stories by German authors in order to find unusual and interesting material. Works of world-renowned literati such as the Nobel prize laureates Heinrich Böll and Günter Grass are juxtaposed with the stories of younger writers such as Markus Orths and Angela Kreuz. Realistic short stories by Helga Novak and Margret Rettich complement the more Kafkaesque stories of Ilse Aichinger, Wolfgang Hildesheimer, and Kurt Kusenberg. The witty, laconic style of Erich Kästner and Alfred Polgar contrasts sharply with the somber, politically inspired style of Günter Grass, Heinrich Böll, and Wolfgang Borchert. While Gisela Schalk and Federica de Cesco mock the idiosyncrasies of racial stereotyping in contemporary societies, Ludwig Thoma ridicules the social and moral values constraining German society at the beginning of the twentieth century. The Swiss short-story writer Peter Bichsel, in a simple, self-conscious style, tells a tale of human alienation and isolation, while the contemporary writers Angela Kreuz and Helga Salfer have their heroines find solutions for overcoming just such isolation and loneliness in today's world. Also included is "Schneewittchen" ("Snow White") by the Brothers Grimm, a fairy tale with universal appeal that has inspired a myriad of adaptations in print and film. These eighteen short stories, selected for their interest as well as readability, were taken from original sources. Aside from spelling changes due to the spelling reform, they have not been edited or abridged in any way.

    Allerlei zum Lesen may be used for one semester or over the course of an entire year. Its main goal is to facilitate interaction with these texts by providing students with a number of carefully sequenced activities that promote vocabulary acquisition, aural comprehension, and active use of oral and written German. For each selection, *Allerlei zum Lesen* offers background information on the author, ample pre-reading activities to develop vocabulary and allow students to anticipate the main events of the story, and follow-up activities ranging from reading comprehension and personalization to discussion and interpretation in oral and written form. In addition, these activities have been augmented by a number of crossword puzzles, word searches, writing assignments, and role-play suggestions.

A special feature of this reader is its use of visual images as advance organizers to aid comprehension and stimulate interest. Research has shown that successful reading depends on a combination of linguistic knowledge, cognitive skills, general experience, and awareness of the target culture. Therefore, each of the stories is preceded by three illustrations and several questions (*Vor dem Lesen*) designed to preview the story's content by depicting the main events, clarifying the cultural setting, and triggering discussion. These prereading activities will also help the instructor to ascertain what vocabulary and cultural knowledge students already possess.

Organization of the reader

The eighteen stories in ***Allerlei zum Lesen*** have been chosen because their themes are universal; they portray the human condition and will expand the readers' horizons. In addition, most of the stories are brief; students can easily read each one several times. Insofar as possible, they have been arranged according to increasing linguistic complexity. The activities accompanying each selection have been sequenced to lead learners step-by-step from vocabulary building to comprehension and from comprehension to discussion, personalization, analysis, and exposition.

Prereading activities

◈ An introduction in English provides information about each author's background, ideas, and work.

◈ A list of active vocabulary (*Aktiver Wortschatz*) presents the words and phrases from the story that are important and/or necessary to understand and discuss the story. One goal of this reader is the active mastery of approximately 700–1000 words and expressions. Passive vocabulary, uncommon idiomatic expressions, and difficult grammatical constructions are glossed in English within each story to facilitate students' access to the selection.

◈ Vocabulary exercises provide immediate practice using the active vocabulary so that students become familiar with it and apply the new words interactively. Crossword puzzles, word searches, and contextualized fill-in-the-blank exercises have been added to provide a variety of venues for learning the new vocabulary.

◇ Three illustrations and related questions (*Vor dem Lesen*) preceding each selection draw on students' background knowledge and allow students to share what they already know about the situation or the setting. This activity invites brainstorming and conjecturing about the story line.

◇ In the newly added *Zum Hören* section, students are asked to listen to the story for the information needed to answer specific questions. All of the selections have been recorded by native speakers of German and provide an excellent tool for encouraging listening comprehension.

Postreading activities

◇ *Fragen zum Lesestück* follow each story and provide a convenient comprehension check in the form of twelve to fifteen content questions.

◇ *Anregung zum Gespräch* provides questions for small-group or class discussion, or for debate. Here the students move beyond the realm of personal experience and into the central themes and ideas of the stories.

◇ In the *Zum Schreiben* section, students summarize the story in written form. Key words or introductory sentences provide guidance in writing letters, essays, or summaries.

◇ *Persönliche Fragen* give students an opportunity to react to the ideas presented in the selection. At the same time, new vocabulary will be personalized and internalized as well.

◇ *Interpretation* gives students a chance to consider the universal meaning of the story. These interpretive questions frequently offer a challenge to even the most knowledgeable students.

◇ *Rollenspiele* give students the opportunity to internalize the ideas and vocabulary presented in the selection. In addition, this new culminating activity provides an excellent opportunity for students to speak German and to show their peers and the instructor what they have learned.

Additional features

◇ A list of the principal parts of strong and irregular weak verbs appears at the back of the text.

◈ Spelling follows new guidelines according to the latest *Duden*.[1]

◈ German-English glossary is provided in the appendix.

◈ Detailed answer keys on the In-Text Audio CD set allow instructors to monitor students' progress with ease.

Use of the reader

The activities in ***Allerlei zum Lesen*** can be used in a variety of ways. Vocabulary and writing exercises are best assigned as written homework, while exercises that promote interaction and communication (*Vor dem Lesen, Anregung zum Gespräch, Persönliche Fragen*) are more suitable for small-group or class discussion. Most activities, however, can be done either orally or in writing, thereby providing the instructor with considerable flexibility in the use of class time.

Reading is a highly individualistic activity. Because intermediate students have such diverse abilities and backgrounds, they need to be motivated, coached, and rewarded. By working with a number of different types of exercises, students will attain a deeper level of understanding of the text and a better mastery of the vocabulary, since they are encouraged to read each story several times. From the outset, these have been the goals of this book.

Acknowledgments

Beate Alhadeff, Boston University
Joshua M. H. Davis, University of Virginia
Helga Druxes, Williams College
Kathleen Godfrey, Portland State University
Robert L. Jamison, Marquette University
Gunhild Lischke, Cornell University
Bettina Matthias, Middlebury College
Denise M. Meuser, Northwestern University
Wolfgang Nehring, University of California, Los Angeles
Sylvia Rieger, Harvard University
Kristina R. Russell, University of Hartford
Dieter Saalmann, Wichita State University
John D. Sundquist, Purdue University
Christina Uden, Durham Academy
Gerlinde Ulm Sanford, Syracuse University
Rudi Weiss, Western Washington University
Lloyd White, Southwest State University

---

[1] *Duden: Die deutsche Rechtschreibung*, 22nd ed., Mannheim: Dudenverlag, 2000.

Contents

Kapitel 1

Türken pflanzen nur Bohnen

GISELA SCHALK (1941–)

Gisela Schalk says that she is trying to become today what she already is in her mind: a storyteller whose name suits her. Her use of humor rouses readers to reflect upon themes such as the position of women in today's society, the environment, and the things that are unique in everyday life.

Born in the town of Kattowitz, which is now Katowice, Poland, Gisela Schalk later resided in East Frisia, in the Rhineland, and in Frankfurt, and now lives in Dortmund. Her career was unconventional: she worked as a postal employee, wrote advertisements, started a family, and only thereafter slowly started to write. Since 1980 she has been an instructor of creative writing for adult education in Dortmund. Holding writing workshops for adults is one of her great passions. Her publications include short stories, poems, and radio plays. More recently, Schalk co-authored Schreiben befreit *(1986). In addition, she has written* Frauen in den besten Jahren *(1994),* Der dritte Zwilling *(1996), and* Oma Zuckersack und andere Geschichten von Mitmenschen *(1989), from which the following delightful story is taken.*

◆◇◆ **Aktiver Wortschatz** ◆◇◆

SUBSTANTIVE

das Beet, -e (*flower or garden*) bed; plot
die Bohne, -n bean
die Erbse, -n pea
der Gartenzwerg, -e garden dwarf, gnome
der Landsmann, die Landsleute (*pl.*) (fellow)
    countryman, compatriot
das Radieschen, - radish
der Rand, ¨er edge
die Raserei, -en rage, frenzy
die Reihe, -n row
die Samentüte, -n seed pouch
die Siedlungswohnung, -en apartment in a
    housing estate
der Unterschied, -e difference
das Vorurteil, -e prejudice

VERBEN

ab·stecken to mark off
an·bauen to cultivate; to grow

merken to notice
pflanzen to plant
stoßen (ö), ie, o to dig; to strike; to bump
verlaufen (äu), ie, au (*with* **sein**) to run; to go;
    sich verlaufen (*with* **haben**) to get lost
vertrampeln to trample, stamp out

ANDERE WÖRTER UND AUSDRÜCKE

anständig decent
etwas/jemand geht mir auf die Nerven
    something/someone gets on my nerves
fremd foreign; strange
offensichtlich obvious(ly), evident(ly)
schnurgerade dead straight
stumm silent(ly); mute
verstört distraught

A Die Gartenarbeit.   Ordnen Sie jedem Wort/Ausdruck in Spalte A
die passende Definition aus Spalte B zu.

Spalte A	**Spalte B**
1. die Bohnen _____	a) strange; foreign
2. die Erbsen _____	b) to plant
3. die Landsleute _____	c) peas
4. der Unterschied _____	d) something/someone gets on my nerves
5. der Zwerg _____	
6. fremd _____	e) bed; plot
7. es geht mir auf die Nerven _____	f) dwarf
8. pflanzen _____	g) silent; mute
9. stumm _____	h) difference
10. das Beet _____	i) compatriots
	j) beans

B **Der Gartenzwerg.** Lösen Sie die folgende Aufgabe mit einer Partnerin oder einem Partner. Ergänzen Sie den Lückentext mit einem passenden Wort bzw. mit passenden Wörtern aus der folgenden Liste. (Nicht alle Wörter passen.) Verwenden Sie die richtige Form der Wörter.

das geht mir auf die Nerven, vertrampeln, fremd, schnurgerade, die Erbse, merken, die Samentüte, anbauen, der Gartenzwerg, das Beet, das Vorurteil, der Unterschied, die Bohne, verstört, stumm

Als ich klein war, wohnte ich mitten in der Großstadt. Weil das Leben auf dem Land uns Kindern so **1**_____ war, versuchten die Lehrer uns etwas über Gemüse und Gartenarbeit beizubringen.

Als der Lehrer uns Samentüten für **2**_____ und **3**_____ gab, war ich ganz aufgeregt. Ich dachte: „Ich **4**_____ mir den schönsten Garten in der ganzen Stadt _____." Von Anfang an war mir klar, dass ich überhaupt nichts von Gemüseanbau verstand. Ich steckte **5**_____ ab, aber meine Reihen waren überhaupt nicht gerade und ich war so **6**_____, dass ich zu weinen anfing. Mein jüngerer Bruder meinte es immer gut mit mir und wollte mir gleich helfen. Aber er brachte die kleinen Samentüten durcheinander und **7**_____ _____ _____ _____ _____. Vorher hatte ich keine **8**_____ gegen jüngere Geschwister, aber plötzlich schrie ich wie wild, „Geh ins Haus oder ich pflanze dich, du kleiner **9**_____!"

C **Redensarten zur Gartenarbeit.** Lesen Sie die folgenden Redensarten zur Gartenarbeit. Besprechen Sie mit einer Partnerin oder einem Partner was jede Redensart bedeutet und schreiben Sie dann die Redensarten auf Englisch auf.

1. Wie der Gärtner, so der Garten.
2. Gärtners Freud' und Leid – die Gartenarbeit.
3. Gib dem Garten, so gibt er auch dir.
4. Graben und hacken macht rote Backen.
5. Ist der Gärtner fleißig, ist auch die Erde nicht faul.
6. Schwielen° an den Händen hat mehr Ehre als ein goldener Ring   calluses
   am Finger.
7. Wenn der Gärtner schläft, pflanzt der Teufel Unkraut.
8. Wer einen Garten hat, dem erscheint alles Bittere im Leben gemildert.
9. Wer von seinem Garten ernten will, der muss ihn bearbeiten.
10. Guter Samen braucht guten Boden.

◆◆◆ Vor dem Lesen ◆◆◆

▲ **Anregung zum Lesen.** Sehen Sie sich die Zeichnungen an und beschreiben Sie die Bilder. Die folgenden Fragen können Ihnen dabei helfen. Gebrauchen Sie Ihre Fantasie!

1. Beschreiben Sie das Ehepaar im ersten Bild. Wie sehen sie aus?
2. Beschreiben Sie den Mann im zweiten Bild. Wie sieht er aus?
3. Was tut dieser Mann im Garten?
4. Warum lächelt dieser Mann im dritten Bild?
5. Was haben Sie sich gedacht, als Sie diese Bilder beschrieben haben?

B Zum Hören. Lesen Sie die Fragen und hören Sie sich dann die Geschichte an. Machen Sie sich Notizen während Sie zuhören.

1. Wo findet diese Geschichte statt?
2. Wer sind die drei Hauptpersonen?
3. Worum handelt es sich hier?
4. Nennen Sie vier Vorurteile, die man in dieser Geschichte findet.
5. Was findet Achmed besonders schön?

◆◆◆ Lesestück ◆◆◆

Türken pflanzen nur Bohnen

Gertrud ist eine Frau ohne Vorurteile. Fast ohne Vorurteile. „Ich kam selber einmal aus dem Osten", sagt sie zu Achmed, dem neuen Nachbarn. „Damals, 45, wollte man uns auch nicht hier haben, genau wie euch jetzt. Deshalb weiß ich, wie das ist, wenn man fremd ist." Achmed

5 lächelt stumm und freundlich. Doch dafür meldet sich jetzt Gertruds Mann mit einem schelmischen° Gesichtsausdruck zu Wort.   roguish; mischievous

„Pass bloß auf, Achmed, meine Frau ist die toleranteste Person in der ganzen Stadt. Aber nur, solange wir alle miteinander hier im Haus sind. Sobald es sich unten um den Garten handelt, versteht sie keinen Spaß

10 mehr."

Achmed lächelt höflich und geht, aber als er die Tür hinter sich geschlossen hat, faucht° Gertrud ihren Oskar böse an: „Das brauchst du   hisses; snarls ihm ja nicht gleich zu sagen, dass mich seine Landsleute im Garten zur Raserei bringen. Das wird er noch früh genug merken, wenn er seine

15 Bohnenstangen aufstellt."

Gertruds Mann feixt°. „Wer weiß, vielleicht mag Achmed gar keine   smirks Bohnen. Außerdem bist du es doch, der ich jedes Jahr zwei Reihen Bohnenstangen° aufbauen muss, obwohl wir gar nicht so viele Bohnen   beanpoles essen können."

20 „Ja, zwei Reihen", sagt Gertrud. „Aber du weißt doch genau, dass es mir nicht allein um die Bohnen geht. Aber dass die Türken keine anständigen geraden Wege machen können. Immer nur krumme Trampelpfade°, so, wie es gerade hinkommt. Ich weiß wirklich nicht,   trampled paths warum. Das kann doch nicht am Islam liegen?" Oskar grinst immer noch.

25 „Das liegt bestimmt nicht am Islam. Hast du schon einmal französische Gärten gesehen? Oder italienische oder griechische? Diese Leute bauen nämlich Gemüse an, Gertrud. Gemüse oder Obst oder Blumen. Aber was baust du an? Gerade Linien! Deine Zwiebeln und   **zum Appell** ... have lined Radieschen sehen immer aus wie preußische Soldaten, die zum Appell   up in roll call inspection

30 angetreten sind°." Gertrud wirft ihrem Mann einen Blick aus funkelnden°   flashing, blazing

Augen zu. Sie ist in Pommern° geboren, er im Rheinland. Das sind
Unterschiede, die manchmal fast so groß erscheinen wie die zwischen der
Bundesrepublik und Anatolien°. Doch wenig später steht Gertrud am
Rande ihres Gartenstücks und blickt fassungslos hinüber zu Achmed.

35   Achmed nutzt genau wie sie den sonnigen Tag und gräbt sein
Gartenstück um, das zu der Siedlungswohnung gehört.

„Was irritiert dich denn so?" fragt Oskar neugierig.

„Achmed hat Shorts an. Die anderen türkischen Männer, die wir
kennen, tragen nie Shorts." Oskar reagiert in dem Ton, der seiner Frau
40   schon seit mindestens dreißig Jahren auf die Nerven geht: „Na pass auf,
Gertrud. Vielleicht trägt Achmed nicht nur Shorts, vielleicht kann er sogar
gerade Wege machen."

Wenn ihre Ehe nur aus Gartenarbeit bestanden hätte, wäre sie
bestimmt nicht so gut verlaufen, denkt Gertrud. Dann stößt sie ihrem
45   Mann den Ellenbogen in die Seite. „Schau mal, was Achmed macht!"
Oskars Augen wandern der Richtung von Gertruds Finger nach, und
sein Grinsen wird immer breiter.

„Sagte ich doch. Achmed ist in der Lage, zwei Stöcke und eine
Schnur zu nehmen und gerade Wege zu machen. Und sieh mal, welche
50   Samentüten auf dem Gartentisch liegen. Sind das etwa Bohnen?
Radieschen und Erbsen!"

Gertrud überhört die Spötteleien° ihres Mannes. „Irgendwie habe
ich das Gefühl, Achmed ist gar kein richtiger Türke."

„Nur weil er auch etwas anderes pflanzt als Bohnen? Du bist auch
55   keine richtige Deutsche. Du hast nämlich keinen Gartenzwerg in der
Blumenrabatte°."

„Ach sei still, Oskar. Frag lieber den Achmed, warum er so
schnurgerade Linien zieht. Er will doch Gemüse anbauen und keinen
Geometriewettbewerb gewinnen."

60   In diesem Moment hebt Achmed den Kopf. Offensichtlich hat er von
ihrem Gemurmel einige Wortfetzen° mitbekommen.

„Warum ich meine Beete mit der Schnur abstecke?" fragt er in
gutem Deutsch. „Ordnung muss sein."

Als Achmed das völlig verstörte Gesicht von Gertrud sieht, fügt er
65   noch einige versöhnliche Worte hinzu°: „Wenn alles fertig ist, kommen
hier vorn viele schöne Blumen hin; es wird Ihnen bestimmt gefallen, Frau
Erkrath. Und drei Gartenzwerge habe ich auch schon gekauft.
Gartenzwerge sind das Allerschönste in Deutschland."

Pomerania: formerly part
of Germany, part of
Poland since WW II /
Anatolia: part of Turkey

derisive or ridiculing
remarks

flower border

word fragments

fügt ... hinzu to add

◆◆◆ Nach dem Lesen ◆◆◆

A **Fragen zum Lesestück.** Lesen Sie die Geschichte noch einmal ganz durch. Versuchen Sie unbekannte Wörter durch den Kontext zu verstehen oder schlagen Sie im Wörterbuch nach. Die folgenden Fragen leiten Sie chronologisch durch die Geschichte. Prüfen Sie, ob Sie alles verstanden haben.

1. Wo ist Gertrud die toleranteste Person?
2. Wo ist Gertrud nicht so tolerant? Warum?
3. Warum ist Gertrud böse auf Oskar?
4. Woher weiß man, dass Gertrud versucht ihre Vorurteile zu erklären?
5. Warum meint Gertrud, dass Achmed kein „richtiger" Türke ist?
6. Warum sagt Oskar, dass Gertrud keine „richtige" Deutsche ist?
7. Wie hat Achmed gerade Linien in seinem Garten gezogen?
8. Welche Unterschiede sieht Gertrud zwischen Achmed und anderen Türken?
9. Was ist ein Geometriewettbewerb?
10. Wie wird das Wort „Geometriewettbewerb" in dieser Geschichte gebraucht? Warum?

B **Anregung zum Gespräch.** Besprechen Sie die folgenden Fragen nach dem Lesen mit einer Partnerin oder einem Partner.

1. Warum, meinen Sie, glaubt Gertrud, dass Türken nur Bohnen pflanzen?
2. Gertrud ist sehr eigen, wenn es sich um ihren Garten handelt. Denken Sie, dass alle Deutschen so sind? Warum (nicht)?
3. Was stört Gertrud an Achmed? Wieso findet Oskar das lustig?

C **Zum Schreiben.** Schreiben Sie eine Zusammenfassung der Geschichte im Imperfekt mit 50 bis 100 Wörtern. Der erste Satz ist schon vorgegeben. Benutzen Sie alle Wörter aus der Liste, um die Zusammenfassung zu Ende zu schreiben.

ERSTER SATZ: Gertrud hatte keine Vorurteile.

fremd, tolerant, Garten, schnurgerade, Beet, kein Spaß, rasend, Bohnen

D **Persönliche Fragen.**   In einer Gruppe stellen Sie sich gegenseitig die folgenden Fragen. Antworten Sie aus Ihrer persönlichen Erfahrung heraus.

1. Haben Sie je etwas gepflanzt? Wenn ja, was und warum?
2. Haben Sie oder Ihre Familie schon einmal Probleme mit Ihren Nachbarn gehabt?
3. Haben Sie selber Vorurteile? Welche?
4. Hat jemand schon einmal Vorurteile gegen Sie geäußert? Geben Sie ein Beispiel.
5. Müssen alle Vorurteile negativ sein?
6. Nennen Sie ein Beispiel, wo ein Vorurteil etwas Gutes gebracht hat.

E **Interpretation.**   Gebrauchen Sie Ihre Fantasie und denken Sie nach über die tiefere Bedeutung dieser Geschichte.

1. Bei welcher Gelegenheit hört man „Ordnung muss sein"?
2. Warum hat Achmed gesagt: „Ordnung muss sein!"?
3. Werden Achmed, Gertrud und Oskar friedlich zusammen wohnen? Warum oder warum nicht?
4. Wer von den drei ist „am tolerantesten"?

F **Rollenspiel.**   Schreiben Sie mit einer Partnerin oder einem Partner ein Gespräch, das auf der Geschichte basiert. Spielen Sie das Gespräch in Ihrem Kurs vor. Wählen Sie eines der folgenden Themen:

1. Achmed und seine Frau sprechen über Gertrud und Oskar.
2. Gertrud trifft Achmed am nächsten Tag wieder im Garten.
3. Oskar trifft Achmed am nächsten Tag bei den Mülltonnen.

Kapitel 2

Verfahren

HELGA M. NOVAK (1935–)

"Verfahren" first appeared in 1968 in Geselliges Beisammensein, *a collection of short stories, and was reprinted in* Palisaden *in 1980. These short stories are not stories in the traditional sense; rather, they are like a series of snapshots or stones of a mosaic. Helga Novak observes life objectively, concisely, and with a cool distance. "Verfahren" is a good example of her style. The setting and the action are presented in short sentences using a number of different verbs to describe various states of the same action. For the reader, the effect is somewhat like a series of pictures that flash by but nevertheless create concrete images. Novak does not analyze her characters' motivations. It is up to the reader to discover a deeper meaning in her stories.*

Helga Novak is a pseudonym for Maria Karlsdottir. She was born in Berlin-Köpenick in 1935. From 1954 to 1957 she studied philosophy and journalism at the University of Leipzig in what was then the German Democratic Republic. Afterwards she worked in the book trade and then in industrial plants, first at home and then in Iceland from 1961 to 1967. In 1966 Helga Novak renounced her East German citizenship, and in 1967, she moved to West Germany. Today she resides in Poland.

Novak's first publication was a collection of poetry, Ballade von der reisenden Anna, *which appeared in 1965. These poems show the difficulties of everyday life in a divided country. Her second volume of poetry,* Colloquium mit vier Häuten, *was published in 1967. The following year Helga Novak received the* Bremer Literaturpreis. *Since then she has received nine additional prizes, honors, and stipends. She has published a number of books of poetry and prose, of which* Solange noch Liebesbriefe eintreffen *(1999) is the most recent; many of her titles are currently for sale on Amazon.de. She has also written several radio plays.*

◆◆◆ Aktiver Wortschatz ◆◆◆

SUBSTANTIVE

die Bahn, -en path, track
der Bahnhof, ⸚e railway station
die Eisenbahn, -en railroad
die Geldbörse, -n purse; wallet
der Hafen, ⸚ harbor
der Haufen, - heap, pile
die Kreuzung, -en intersection
der Lärm (*no pl.*) noise
das Laub (*no pl.*) leaves, foliage
die Mehrzahl (*no pl.*) plural; majority
das Plakat, -e poster
die Scheibe, -n disc; slice; (window)pane
der Spiegel, - mirror
der Überblick, -e view, perspective; overview
der Verkehr (*no pl.*) traffic
das Zeichen, - sign
das Zeugnis, -se evidence; grade report, transcript

VERBEN

(sich) ab·wenden, wandte ab, abgewandt
  (*or reg.*) (*with* **haben**) to turn away
auf·machen to open
auf·ziehen, zog auf, aufgezogen *here*: to pull
  open
blicken (auf + *acc.*) to look (at); glance (at)
da·stehen, stand da, dagestanden (*with* **haben** *or*
  sein) to stand there; to be in a (good) position
deuten (auf + *acc.*) to point (to); to indicate
ein·nicken (*with* **sein**) to doze off, nod off

ein·reichen to submit; to apply for
ein·teilen to divide (up); to budget
gelten (i), a, o to be valid; to serve; to concern
sich immatrikulieren (an + *dat.*) to register (at)
  (*university*)
lächeln to smile
reißen, riss, gerissen to tear; to pull
schmatzen to eat noisily; smack one's lips
verfahren (ä), u, a (*with* **sein**) to act, proceed;
  (*with* **haben**) to use up (*gas*); **sich verfahren**
  (*with* **haben**) to lose one's way, drive in the
  wrong direction
winken (jemandem) to wave (to someone);
  to signal
zwinkern to wink; to blink

ANDERE WÖRTER UND AUSDRÜCKE

Bescheid wissen (weiß), wusste, gewusst to be
  informed, know what is happening
einen (ruhigen) Ton an·schlagen (ä), u, a to
  adopt or strike a (quiet) tone
jemanden groß an·sehen (ie), a, e to look at
  someone with great surprise
gefällig helpful(ly), obliging(ly); pleasing(ly)
schlapp limp
verfahren hopeless, muddled; **eine verfahrene**
  Geschichte a great muddle
von außen from the outside
ziemlich nearly; rather; reasonably

A **Was ist das?** Suchen Sie das passende Wort aus dem aktiven
  Wortschatz für jede der nachfolgenden stehenden Definitionen. Schreiben
  Sie danach einen originellen Satz für jedes der zehn gefundenen Wörter.

  BEISPIEL: das Meiste, die meisten Leute, mehr als die Hälfte → die
  Mehrzahl
  Am vergangenen Sonntag hatte die Mehrzahl aller Züge
  Verspätung.

1. einigermaßen → _____
2. auf etwas zeigen → _____
3. eine Liste mit Noten → _____
4. abgeben → _____
5. etwas kurz ansehen → _____
6. ein Schild; ein Symbol → _____
7. Portemonnaie → _____
8. laut essen; mit den Lippen ein Geräusch machen → _____
9. wo zwei Straßen zusammen kommen → _____
10. in die falsche Richtung fahren → _____

B **Markus fährt zur Uni.**   Ergänzen Sie den Lückentext mit einem passenden Wort bzw. mit passenden Wörtern aus der folgenden Liste. (Nicht alle Wörter passen.) Verwenden Sie die richtige Form der Wörter.

der Verkehr, schlapp, die Scheibe, blicken auf, immatrikulieren, die Eisenbahn, winken, die Kreuzung, die Geldbörse, aufmachen, die Mehrzahl, groß ansehen, deuten, das Zeugnis

Markus **1**_____ _____ seine Uhr, es ist spät! Er rennt zum Schalter und kauft sich eine Fahrkarte. Er will sie bezahlen, aber wo ist nur seine **2**_____? Er **3**_____ seinen Rucksack _____ und sucht. Jetzt hat er sein Geld gefunden und kann zahlen. Markus geht zum Zug und setzt sich in ein Abteil. Der Schaffner kommt vorbei, um die Fahrkarten zu kontrollieren. Markus holt seine Fahrkarte heraus. Der Schaffner **4**_____ ihn _____ _____ und sagt, er hätte eine Studentenkarte, die er nur in der zweiten Klasse gebrauchen kann. Markus hatte sich aus Versehen in die erste Klasse gesetzt und muss nun in einen anderen Wagen gehen. Endlich kann er gemütlich aus dem Fenster schauen. Die Landschaft rast vorbei. Schon bald kommt der Zug in der Stadt an. Die **5**_____ der Leute strömt zum Ausgang, und Markus lässt sich einfach weiterschieben; er kann nichts anderes tun. Auf der Straße fragt er einen Mann nach der Bushaltestelle. Er **6**_____ auf die andere Straßenseite und sagt: „Dort drüben." Aus allen vier Richtungen kommen Autos. Als die Ampel grün zeigt, geht Markus über die **7**_____ und steigt in den Bus, der sofort abfährt. Trotz des dichten **8**_____ kommt der Bus gut voran und schon bald ist Markus an der Uni. Jetzt muss er nur noch das Referat finden, um sich zu **9**_____.

◆◆◆ Vor dem Lesen ◆◆◆

A **Anregung zum Lesen.** Sehen Sie sich die Zeichnungen an und beschreiben Sie die Bilder. Die folgenden Fragen können Ihnen dabei helfen. Gebrauchen Sie Ihre Fantasie!

1. Wer fährt das Auto im ersten Bild?

2. Wer sitzt in diesem Auto auf dem Rücksitz? Ist diese Person alt oder jung?

3. Was sieht man sonst noch im Bild? Wie ist das Wetter?

4. Wo sind die beiden im dritten Bild?

B **Rollenspiel.**   Schreiben Sie mit einer Partnerin oder einem Partner ein fiktives Gespräch zwischen einem Taxifahrer und einem Fahrgast. Spielen Sie der Klasse das Gespräch vor.

C **Zum Hören.**   Lesen Sie die folgenden Fragen und hören Sie sich dann die Geschichte an. Machen Sie sich Notizen während Sie zuhören.

1. Beschreiben Sie die Situation des Erzählers. Woher kommt er? Wohin will er?

2. Was gibt es auf der Straße zu sehen?

3. Warum ist diese Person in dieser Stadt?

4. Was tut der Fahrgast im Taxi? Was tut der Fahrer?

5. Wo hält der Taxifahrer an?

◈◈◈ **Lesestück** ◈◈◈

Verfahren

Ich komme am Hafen an und winke einem Taxifahrer. Er öffnet den Wagen. Ich setze mich hinein.

Ich kenne das Land nicht. Ich kenne die Stadt nicht. Ich spreche die Sprache des Landes nicht. Ich habe nur das Wörterbuch studiert.

5 Es ist spät. Ich bin müde.

Der Fahrer zieht die Glaswand zwischen uns auf, ich sage, ein billiges Hotel am Bahnhof bitte. Er sieht mich groß an. Er wölbt die Augenbrauen°. Er sagt, billig. Ich sage, nicht zu teuer. Er sagt, ich verstehe schon. Er zieht die Glaswand zu.

10 Es regnet in Strömen.

Wahlplakate säumen die Straße. Es gilt zu bekräftigen°, ✕ A° Sozialdemokratie. Ein gefälliges Neues Jahr, ✕ C Konservative Partei. Wir bleiben vor der Kreuzung zwischen Warteschlangen° stehen. Ich blicke in ein Auto links von mir. Der Herr in dem Auto rechts gibt mir

15 ein Zeichen. Ich wende mich ab. In dem Auto links von mir sitzt eine vierköpfige Familie mit einem Hund. Der Hund ist langhaarig. Ein Junge reißt an seinen schlappen Ohren. Der Taxameter tickt. Er rasselt° kurz. Ich fange an zu reden. Ich rede in meiner Muttersprache. Ich schlage einen ruhigen Ton an. Ich sage gegen die Scheibe, ich bin Student. Ich

20 möchte mich hier in Ihrer Stadt immatrikulieren lassen. Morgen reiche ich meine Zeugnisse ein. So schlecht stehe ich gar nicht da. Aber Sie verstehen, dass ich einteilen muss. Wenn ich jetzt schon den Überblick verliere, ist bald alles alle.

Der Fahrer lächelt. Er sieht mich durch den Rückspiegel an. Er

25 zwinkert. Er schmatzt.

Draußen lese ich nun rechts und links. Die Mehrzahl der Arbeiter, ✕ K Kommunistische Partei. Obwohl ich auch den Stadtplan studiert habe, orientiere ich mich nicht. Die Straßen sind ziemlich dunkel. Ich mache einen Park aus. Ich klopfe gegen die Scheibe und sage, Bahnhof,

wölbt ... raises his eyebrows

strengthen / ✕ ... **(Kreuzchen für A)** vote for A
here: lines of waiting vehicles

rattles

30 Bahnhof. Der Verkehrslärm ist weit weg. Ich weiß nicht Bescheid. Ich
nicke ein.

Fast wäre ich aus dem Wagen gefallen. Der Fahrer öffnet die Tür
von außen. Er steht in einem Haufen Laub. Er deutet auf eine Parkbank
und sagt, billig. Ich sage, dreißig darf es schon kosten. Der Fahrer macht
35 seine Geldbörse auf.

◆◆◆ Nach dem Lesen ◆◆◆

A **Fragen zum Lesestück.**   Lesen Sie die Geschichte noch einmal
ganz durch. Versuchen Sie unbekannte Wörter durch den Kontext zu
verstehen oder schlagen Sie im Wörterbuch nach. Die Fragen leiten Sie
chronologisch durch die Geschichte. Prüfen Sie, ob Sie alles verstanden
haben.

1. Wem winkt der Erzähler? Warum?
2. Wer öffnet die Tür des Taxis?
3. Warum kann der Erzähler die Sprache des Landes nicht sprechen?
4. Warum ist der Erzähler müde?
5. Warum zieht der Taxifahrer die Glaswand auf?
6. Was sagt der Erzähler zum Taxifahrer?
7. Warum sieht der Taxifahrer den Erzähler groß an?
8. Wie ist das Wetter draußen?
9. Warum wendet sich der Erzähler ab?
10. Worüber versucht der Erzähler mit dem Taxifahrer zu reden?
11. Woher wissen wir, dass der Erzähler nicht reich ist?
12. Warum zwinkert der Taxifahrer?
13. Warum kann der Erzähler sich nicht orientieren?
14. Woran erinnert der Erzähler den Taxifahrer?
15. Wo soll der Erzähler übernachten?

B **Anregung zum Gespräch.**   Besprechen Sie die folgenden Fragen
nach dem Lesen mit einer Partnerin oder einem Partner.

1. Warum spricht der Student mit dem Taxifahrer so offen über sich
selbst?

2. Wie hätte sich der Student für den Besuch in der Hafenstadt besser vorbereiten können?

3. Im zweiten Bild sehen Sie einen Studenten. Könnte der Erzähler auch eine Frau sein? Warum oder warum nicht?

C Zum Schreiben.   Schreiben Sie eine Zusammenfassung der Geschichte mit 50 bis 100 Wörtern. Verwenden Sie die folgenden Stichwörter für die ersten zwei Sätze. Benutzen Sie alle weiteren Wörter, um die Zusammenfassung zu Ende zu schreiben.

Stichwörter:

1. Student / Hafen / ankommen / und / winken / Taxifahrer
2. Student / kennen / Land / und / Sprache / nicht

Student, Taxifahrer, billig, Hotel, Familie, anderes Auto, studieren, sich immatrikulieren, Stadt, Rückspiegel, ansehen, bringen, Park, Autotür, öffnen, aufmachen, Geldbörse

D Persönliche Fragen.   Stellen Sie die folgenden Fragen an eine andere Person in der Klasse. Die Antworten sind in ihren Erfahrungen und in ihrem Leben zu finden.

1. Wann sind Sie das letzte Mal mit einem Taxi gefahren? Wohin?
2. Sprechen Sie öfter mit Taxifahrern, Busfahrern usw.? Warum oder warum nicht?
3. Haben Sie je in einem billigen Hotel übernachtet? In einem teuren? In einer Jugendherberge? Auf einer Parkbank? Wo möchten Sie einmal übernachten? Warum?
4. Wollen Sie im Ausland studieren? Warum oder warum nicht? Wenn ja, in welchem Land würden Sie am liebsten studieren?
5. Was sollten Sie tun, bevor Sie ins Ausland reisen? (z.B. Ausdrücke im Wörterbuch nachsehen, Stadtplan studieren, im Voraus die Namen von preiswerten Hotels heraussuchen, Geld umtauschen usw.)
6. Waren Sie schon einmal allein in einem Land, dessen Sprache Sie nicht sprechen konnten? Was haben Sie da gemacht? Was ist passiert?
7. Waren Sie je in einer Situation, in Amerika oder im Ausland, wo Sie sich auf fremde Leute verlassen mussten? Waren diese Leute freundlich oder nicht? Wieso?

PERSÖNLICHE FRAGEN

E **Interpretation.** Gebrauchen Sie Ihre Fantasie und denken Sie über die tiefere Bedeutung dieser Geschichte nach.

1. Warum bringt der Taxifahrer den Studenten zu einer Parkbank?
2. Warum macht der Taxifahrer am Ende der Geschichte seine Geldbörse auf?
3. Welche Bedeutung hat „Verfahren" in dieser Geschichte?
4. Wie könnte die Geschichte weitergehen? Diskutieren Sie in der Klasse, was als Nächstes passieren könnte.

F **Rollenspiel.** Schreiben Sie jetzt mit einer Partnerin oder einem Partner ein fiktives Gespräch zwischen dem Taxifahrer und dem Studenten in der Geschichte. Spielen Sie der Klasse die Szene vor und vergleichen Sie sie mit dem Rollenspiel, das Sie am Anfang des Kapitels geschrieben haben.

Kapitel 3

Die drei dunklen Könige

WOLFGANG BORCHERT (1921–1947)

Wolfgang Borchert was born in Hamburg in 1921. He worked first in the book trade, then earned his living as an actor until he was called up for active duty on the Russian front in 1941 during World War II. Not only was he severely wounded in the war, he was also imprisoned and sentenced to death for speaking out against the Nazis. After six weeks, the death sentence was lifted so that he could return to the front. In 1943 Borchert was discharged because of ill health; he died four years later at the age of twenty-six from a disorder of the liver.

War was like a bad dream for Borchert, and his stories, written during the last two years of his life, clearly reflect its cruelty. As a young man of only twenty-four, he spoke out and put into words what other young people felt: We want to go home; we don't know where home is, but we want to go there. Draußen vor der Tür, *Borchert's best-known drama, is the story of a soldier who returns home only to find that it is gone.* "Ihr Deutschland ist draußen, nachts im Regen, auf der Straße." *(Their Germany is outside, at night in the rain, on the street.) All of the characters in Borchert's stories find themselves outside, in front of the door.*

In addition to Draußen vor der Tür *(a radio play), Borchert's works include* Laterne *(poetry),* Nacht und Sterne *(poetry), and two collections of short stories:* An diesem Dienstag *and* Die Hundeblume.

Happily, our selection from Borchert's collected works (Das Gesamtwerk) offers a ray of hope. Even amidst the desolation of war, a father struggles to keep his family warm and allows three visitors, bearing gifts, to see his new-born child.

◆◆◆ Aktiver Wortschatz ◆◆◆

SUBSTANTIVE

der / das Bonbon, -s candy
der Esel, - / die Eselin, -nen donkey
die Faust, ̈e fist
die Haferflocken (*pl.*) rolled oats
der / die Heilige, -n, -n (*noun declined as an adjective*) saint
der Heiligenschein, -e halo
der König, -e / die Königin, -nen king / queen
der Kuchen, - cake
der Nebel, - mist, fog
der Ofen, ̈ oven
der Pappkarton, -s cardboard box
der Stern, -e star
die Vorstadt, ̈e suburb

VERBEN

ab·brechen (i), a, o (*with* **haben**) to break off (*something*); to tear down; (*with* **sein**) to break off
auf·heben, o, o to pick up; to raise
(sich) beugen (über etwas) to bend (over something)
brummen to buzz, growl, hum
erfrieren, o, o (*with* **sein**) to freeze to death

erschrecken (erschrickt), erschrak, erschrocken (*with* **sein**) to be frightened, be terrified
fehlen to be absent; to be missing
frieren, o, o (*with* **sein**) to freeze, become frozen; to chill
los·brechen (i), a, o to break off, break loose; to burst out
pusten to puff, blow
riechen, o, o to smell
schleichen, i, i (*with* **sein**) to creep; to sneak
schnitzen to carve, cut (*in wood*)
seufzen to sigh
stoßen (ö), ie, o to push, thrust, shove
tappen to grope about, fumble
um·wickeln to wrap around

ANDERE WÖRTER UND AUSDRÜCKE

beinahe, beinah almost
ein Kind kriegen to have (bear) a child
obgleich although
sonderbar odd, strange
stolz proud; conceited
weich soft, tender
winzig tiny

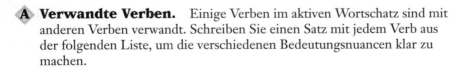 **A** **Verwandte Verben.** Einige Verben im aktiven Wortschatz sind mit anderen Verben verwandt. Schreiben Sie einen Satz mit jedem Verb aus der folgenden Liste, um die verschiedenen Bedeutungsnuancen klar zu machen.

BEISPIEL: brechen → Er bricht sich das Bein.
zerbrechen → Sie hat das Glas in tausend Stücke zerbrochen.

1. a. brechen (*to break*)
   b. ab·brechen
   c. auf·brechen (*to break open*)
   d. los·brechen
   e. zerbrechen (*to break into pieces*)

2. a. fehlen
   b. verfehlen (*to miss*)

3. a. frieren
   b. gefrieren (*to freeze, congeal*)
   c. erfrieren

4. a. heben (*to lift, raise, elevate*) b. auf•heben
5. a. erschrecken, ist erschrocken
   b. erschrecken, hat erschreckt (*to scare, terrify*)
6. a. seufzen   b. auf•seufzen (*to heave a sigh*)
7. a. stoßen
   b. ab•stoßen (*to thrust off*)   c. um•stoßen (*to knock over*)

B **Wörtersuche.**   Suchen Sie die deutschen Wörter, die die folgenden Bedeutungen haben. Die Wörter können vorwärts, rückwärts, schräg, oder senkrecht erscheinen.

1. fog
2. to pick up; to raise
3. to bend (over)
4. to be missing
5. to carve, cut
6. cake
7. soft
8. saint
9. donkey
10. oven
11. tiny
12. proud
13. to break

H	H	N	I	E	W	M	E	A	S
N	E	B	E	L	I	D	W	U	O
E	I	I	L	S	N	I	O	F	H
S	T	O	L	E	Z	O	F	H	N
E	B	E	H	I	I	K	E	E	E
L	W	B	E	U	G	E	N	B	H
F	E	H	L	E	N	E	O	E	C
U	I	S	T	O	L	Z	N	N	E
S	C	H	N	I	T	Z	E	N	R
S	H	U	N	E	H	C	U	K	B

◆◆◆ Vor dem Lesen ◆◆◆

A ▶ **Die Anbetung der Könige.**   Das folgende Gedicht von Maria Luise Thurmair-Mumelter erzählt in vier Strophen die Legende der Heiligen Drei Könige, auf der auch Borcherts Kurzgeschichte basiert. Lesen Sie das Gedicht und beantworten Sie die darauf folgenden Fragen.

Die Anbetung der Könige

Drei Könige aus dem Morgenland,
Die zogen her von fern.
Der Weg war ihnen unbekannt,
Es führte sie ein Stern.

Sie wollten gern das Kindlein sehn,
Den König aller Welt.
Der Stern blieb überm Stalle stehn
Zu Bethlehem im Feld.

Sie traten ein und sahn das Kind.
Da freuten sie sich sehr.
Sie fielen in die Knien geschwind
Und legten alles her:

Gold, Weihrauch, Myrrhe brachten sie
Dem Kind zum Opfer dar,
Das da so arm im Stall beim Vieh
Ihr Gott und König war.

1. Was führte die drei Könige?
2. Was wollten die Könige sehen?
3. Warum traten sie in den Stall ein?
4. Welche Geschenke brachten sie mit?
5. Warum kamen sie nach Bethlehem?

B **Anregung zum Lesen.**   Sehen Sie sich die Zeichnungen an und beschreiben Sie die Bilder. Die folgenden Fragen können Ihnen dabei helfen. Gebrauchen Sie Ihre Fantasie!

1. Beschreiben Sie das Zimmer im ersten Bild.

2. Was macht der Mann mit dem Holz?

3. Wie sehen die drei Männer im zweiten Bild aus?

4. Was haben die Männer in den Händen?

5. Wer schläft in dem Zimmer im dritten Bild?

6. Was hat das Kind über seinem Kopf?

 Zum Hören. Lesen Sie die Fragen und hören Sie sich dann die Geschichte an. Machen Sie sich Notizen während Sie zuhören.

1. Warum hat der Mann Holz in der Vorstadt gesucht?
2. Wie sah die Frau aus?
3. Warum hat es nur wenig zu essen gegeben?
4. Warum wollte der Mann jemanden schlagen?
5. Wer ist zu Besuch gekommen? Warum?
6. Was haben die Männer getan, als sie zu Besuch waren?
7. Welche Jahreszeit war es?

◆◆◆ **Lesestück** ◆◆◆

Die drei dunklen Könige

Er tappte durch die dunkle Vorstadt. Die Häuser standen
abgebrochen gegen den Himmel. Der Mond fehlte, und das
Pflaster° war erschrocken über den späten Schritt. Dann fand er eine alte
Planke. Da trat er mit dem Fuß gegen, bis eine Latte° morsch° aufseufzte
5 und losbrach. Das Holz roch mürbe° und süß. Durch die Vorstadt tappte
er zurück. Sterne waren nicht da.

    Als er die Tür aufmachte (sie weinte dabei, die Tür), sahen ihm die
blassblauen Augen seiner Frau entgegen°. Sie kamen aus einem müden
Gesicht. Ihr Atem hing weiß im Zimmer, so kalt war es. Er beugte sein
10 knochiges° Knie und brach das Holz. Das Holz seufzte. Dann roch es
mürbe und süß ringsum. Er hielt sich ein Stück davon unter die Nase.
„Riecht beinahe wie Kuchen", lachte er leise. „Nicht", sagten die Augen
der Frau, „nicht lachen. Er schläft." Der Mann legte das süße mürbe
Holz in den kleinen Blechofen. Da glomm es auf° und warf eine Hand
15 voll warmes Licht durch das Zimmer. Das fiel hell auf ein winziges
rundes Gesicht und blieb einen Augenblick. Das Gesicht war erst eine
Stunde alt, aber es hatte schon alles, was dazugehört: Ohren, Nase, Mund
und Augen. Die Augen mussten groß sein, das konnte man sehen,
obgleich sie zu° waren. Aber der Mund war offen und es pustete leise
20 daraus. Nase und Ohren waren rot. Er lebt, dachte die Mutter. Und das
kleine Gesicht schlief. „Da sind noch Haferflocken", sagte der Mann.
„Ja", antwortete die Frau „das ist gut. Es ist kalt." Der Mann nahm noch
von dem süßen weichen Holz. Nun hat sie ihr Kind gekriegt und muss
frieren, dachte er. Aber er hatte keinen, dem er dafür die Fäuste ins
25 Gesicht schlagen konnte. Als er die Ofentür aufmachte, fiel wieder eine
Hand voll Licht über das schlafende Gesicht. Die Frau sagte leise:
„Kuck°, wie ein Heiligenschein, siehst du?" Heiligenschein! dachte er,
und er hatte keinen, dem er die Fäuste ins Gesicht schlagen konnte.

    Dann waren welche° an der Tür. „Wir sahen das Licht", sagten sie,
30 „vom Fenster. Wir wollen uns zehn Minuten hinsetzen." „Aber wir haben

Glossary (right margin):

pavement

thin piece of wood /
decaying(ly)
rotten (wood)

sahen ihm entgegen
looked towards him

bony

glomm ... it glowed

closed

(*slang for* **guck**) = look

here: some people

ein Kind", sagte der Mann zu ihnen. Da sagten sie nichts weiter, aber sie kamen doch ins Zimmer, stießen Nebel aus den Nasen und hoben die Füße hoch. Wir sind ganz leise, flüsterten sie und hoben die Füße hoch. Dann fiel das Licht auf sie.

35   Drei waren es. In drei alten Uniformen. Einer hatte einen Pappkarton, einer einen Sack. Und der Dritte hatte keine Hände. „Erfroren", sagte er, und hielt die Stümpfe° hoch. Dann drehte er dem Mann die Manteltasche hin. Tabak war darin und dünnes Papier. Sie drehten° Zigaretten. Aber die Frau sagte: „Nicht, das Kind!"

     °stumps

     here: rolled

40   Da gingen die vier vor die Tür, und ihre Zigaretten waren vier Punkte in der Nacht. Der eine hatte dicke umwickelte Füße. Er nahm ein Stück Holz aus seinem Sack. „Ein Esel", sagte er, „ich habe sieben Monate daran geschnitzt. Für das Kind." Das sagte er und gab es dem Mann. „Was ist mit den Füßen?" fragte der Mann. „Wasser", sagte der Eselschnitzer,

45   „vom Hunger." „Und der andere, der Dritte?" fragte der Mann und befühlte im Dunkeln den Esel. Der Dritte zitterte in seiner Uniform: „Oh, nichts", wisperte er, „das sind nur die Nerven. Man hat eben zu viel Angst gehabt." Dann traten sie die Zigaretten aus und gingen wieder hinein.

     Sie hoben die Füße hoch und sahen auf das kleine schlafende

50 Gesicht. Der Zitternde nahm aus seinem Pappkarton zwei gelbe Bonbons und sagte dazu: „Für die Frau sind die."

     Die Frau machte die blassen blauen Augen weit auf, als sie die drei Dunklen über das Kind gebeugt sah. Sie fürchtete sich. Aber da stemmte° das Kind seine Beine gegen ihre Brust und schrie so kräftig, dass die drei

     °pressed

55 Dunklen die Füße aufhoben und zur Tür schlichen. Hier nickten sie nochmal, dann stiegen° sie in die Nacht hinein.

     here: walked

     Der Mann sah ihnen nach. „Sonderbare Heilige", sagte er zu seiner Frau. Dann machte er die Tür zu. „Schöne Heilige sind das°", brummte er und sah nach den Haferflocken. Aber er hatte kein Gesicht für seine Fäuste.

     Schöne ... Fine saints they are!

60   „Aber das Kind hat geschrien", flüsterte die Frau, „ganz stark hat es geschrien. Da sind sie gegangen. Kuck mal, wie lebendig es ist", sagte sie stolz. Das Gesicht machte den Mund auf und schrie.

     „Weint er?" fragte der Mann.

     „Nein, ich glaube, er lacht", antwortete die Frau.

65   „Beinahe wie Kuchen", sagte der Mann und roch an dem Holz, „wie Kuchen. Ganz süß."

     „Heute ist ja auch Weihnachten", sagte die Frau.

     „Ja, Weihnachten", brummte er, und vom Ofen her fiel eine Hand voll Licht hell auf das kleine schlafende Gesicht.

◆◆◆ Nach dem Lesen ◆◆◆

A Fragen zum Lesestück. Lesen Sie die Geschichte noch einmal ganz durch. Versuchen Sie unbekannte Wörter durch den Kontext zu verstehen oder schlagen Sie im Wörterbuch nach. Die folgenden Fragen leiten Sie chronologisch durch die Geschichte. Prüfen Sie, ob Sie alles verstanden haben.

1. Wer tappte durch die dunkle Vorstadt?
2. Warum waren die Häuser kaputt?
3. Wonach suchte der Mann in der Vorstadt?
4. Was sah der Mann, als er die Tür aufmachte?
5. Warum hielt er sich ein Stück Holz unter die Nase?
6. Warum sollte er nicht lachen?
7. Warum legte der Mann das Holz in den Blechofen?
8. Worauf fiel das Licht vom Ofen?
9. Wie sah das Baby aus?
10. Woher kam der Heiligenschein?
11. Wer war an der Tür?
12. Was brachten die Männer mit?
13. Wie weiß man, dass der Esel dem Soldaten wertvoll war?
14. Was gab der dritte Soldat der Frau?
15. Welcher Tag war es?

B Anregung zum Gespräch. Besprechen Sie die folgenden Fragen mit einer Partnerin oder einem Partner.

1. Wer in dieser Geschichte hat es schwerer – der Mann, der für die Familie sorgen muss, oder die Frau, die gerade das Baby gekriegt hat? Oder das Baby, das unter diesen Umständen auf die Welt gekommen ist, oder die kriegsverletzten Männer? Oder ist es für alle gleich schwer? Warum?

2. Wie reagierte der Mann, als die Frau sagte, das Licht wäre wie ein Heiligenschein? Warum sagte er später „sonderbare Heilige" und „schöne Heilige"?

3. Die Soldaten kannten die Familie nicht, und sie blieben nur eine kurze Zeit. Warum schenkten sie dem Baby den Esel und der Frau die Bonbons?

4. Erzählen Sie mehr über die Soldaten. Wo kamen sie her? Wo gingen sie hin? Warum reisten sie zusammen? War der Krieg zu Ende oder nicht?

C ▶ **Zum Schreiben.**   Schreiben Sie eine Zusammenfassung der Geschichte im Imperfekt mit 50 bis 100 Wörtern. Der erste Satz ist schon vorgegeben. Benutzen Sie alle Wörter aus der Liste und gebrauchen Sie möglichst viele Adjektive, um die Zusammenfassung zu Ende zu schreiben.

ERSTER SATZ: Ein Mann in einer Vorstadt sucht trockenes Holz.

Frau, Ofen, Gesicht, Baby, Licht, drei Soldaten, Besuch, Geschenke, Esel, Tabak, Bonbons, Zigaretten, Angst, Heiligenschein, Weihnachten

D ▶ **Persönliche Fragen.**   Lesen Sie die folgenden Fragen und berichten Sie einer Partnerin oder einem Partner. Vergleichen Sie Ihre persönlichen Erfahrungen. Haben Sie Ähnliches erlebt?

1. Haben Sie je für längere Zeit – ein paar Tage oder mehr – in einem eiskalten Haus oder Zimmer gewohnt? Wann? Was haben Sie getan, oder was würden Sie tun, um nicht zu frieren?

2. Haben Sie einmal für längere Zeit nicht genug zu essen gehabt? Wenn „ja", was war der Grund dafür?

3. Waren Sie mal so böse, dass Sie jemanden mit den Fäusten schlagen wollten? Warum?

4. Haben Sie je vor Angst gezittert? Wann? Was passierte?

5. Wie würden Sie sich verhalten, wenn Sie der Mann oder die Frau in dieser Geschichte wären?

6. Sind Sie optimistisch oder pessimistisch in Ihrem alltäglichen Leben? Warum?

E ▶ **Interpretation.**   Denken Sie über die tiefere Bedeutung dieser Geschichte nach. Die folgenden Fragen geben Ihnen einen Denkanstoß.

1. Einige Themen kommen sowohl am Anfang als auch am Ende vor: das Holz, das süß wie Kuchen riecht; der Wunsch des Mannes, jemandem ins Gesicht zu schlagen; das Licht auf dem Kind. Ist die Stimmung der Geschichte dieselbe am Ende wie am Anfang, oder ist sie anders? Ist sie optimistisch oder pessimistisch?

2. Ist „Die drei dunklen Könige" eine Kriegsgeschichte? eine Weihnachtsgeschichte? Was will Borchert mit dieser Erzählung sagen?

3. Inwiefern sind die drei Soldaten wie die heiligen drei Könige? Inwiefern sind sie anders? Warum nennt Borchert sie die *dunklen* Könige?

4. Was hat diese Geschichte mit Religion zu tun?

5. Wer oder was hat Schuld an der Notlage des Paares?

6. Warum haben die Leute keine Namen?

7. In welchem Land spielt sich diese Geschichte ab? Inwiefern ist dieser Heilige Abend wie der erste Heilige Abend?

F **Rollenspiel.** Schreiben Sie mit einer Partnerin oder einem Partner ein Gespräch, das auf der Geschichte basiert. Spielen Sie der Klasse das Gespräch vor. Wählen Sie eines der folgenden Themen:

1. Ein Gespräch zwischen Mann und Frau, als der Mann mit dem feuchten Holz nach Hause kommt.

2. Ein Gespräch zwischen den drei dunklen Königen und dem Mann beim Rauchen vor der Haustür.

3. Ein Gespräch an der Wiege zwischen allen fünf Personen, als die dunklen Könige ihre Geschenke überreichen.

Kapitel 4

Die Silbergeschichte

MARGRET RETTICH (1926–)

Margret Rettich has dedicated much of her life to the graphic arts and to literature, developing over time the best form to express her own ideas. Having begun with simple picture storybooks for children, she then turned to storybooks with text, and finally to prose texts with a few illustrations. Rettich frequently talks with and listens closely to her readers and future readers. Her inspiration and ideas come from keeping her eyes and ears open. She does not invent her stories; when one reads them, one gets to know the neighbors, the animals, and the children who are an integral part of her daily life. Her stories are real, and they are enjoyable to young and old alike.

Margret Rettich was born in Stettin, which became part of Poland after World War II. After her family home was destroyed in that war, she fled to Erfurt with her parents. She studied commercial graphics in Erfurt for five years after the war, then worked there as a freelance commercial artist.

One day a man knocked on her parents' door; he was a graphic artist who wanted to visit his birthplace. Two years later Rolf Rettich and Margret Müller were married and moved to Leipzig. After Margret's parents died, Margret and Rolf moved to a small village near Braunschweig. By 1970 they had illustrated numerous children's books for various publishers. Since that time Margret Rettich has written dozens of her own books. They have been well received, and in 1981 she was awarded the Deutscher Jugendliteraturpreis *for* Die Reise mit der Jolle. *Together the Rettichs have illustrated more than 250 books while publishing 40 of their own. Her book* Soliman, der Elefant *(1984) has been translated into English* (Suleiman the Elephant) *and has received very positive reviews in the United States.*

Several of the Rettichs' books have been selected by the Stiftung Buchkunst Schönste Bücher des Jahres *as the most beautiful books of the year and have appeared in the U.S., France, Holland, Japan, and China, to name just a few countries. In 1997 Margret and Rolf Rettich received the* Großer Preis der Deutschen Akademie für Kinder- und Jugendliteratur. *For their most recent publication,* Ein Haus voll Musik *(2001), they garnered the* Deutscher Musikeditionspreis.

◈◈◈ Aktiver Wortschatz ◈◈◈

SUBSTANTIVE

der Beweis, -e proof, evidence
die Bürste, -n brush
die Dose, -n can; container
die Gardine, -n curtain
der Herd, -e stove, range
der Klecks, -e blot, mark; spot, stain
der Korb, ⸚e basket
der Mülleimer, - trash can
die Puppe, -n doll
der Puppenwagen, - doll carriage
das Regal, -e shelf
der Schrank, ⸚e closet; cupboard
der Schreck (*no pl.*) fright, scare
die Schürze, -n apron
die Spitze, -n point, tip; peak
das Tablett, -s *or* **-e** tray
die Waage, -n scale

VERBEN

ab•lehnen to refuse
an•bieten, o, o to offer
an•fassen to touch; to tackle; to go about
an•stecken to light; to pin on
an•streichen, i, i to paint
auf•passen to pay attention
aus•ziehen, zog aus, ausgezogen to take off; (*with* **sein**) to move out; **sich aus•ziehen** to undress
sich bedanken (bei jemandem) to thank (someone)
ein•schenken to pour
flicken to patch, repair
fort•fahren (ä), u, a (*with* **sein**) to continue
sich freuen (über + *acc.*) to be happy (about)
gelingen, a, u (*with* **sein**) (*impersonal + dat.*) to succeed
hin•gehören to belong
sich lohnen to be worthwhile
murmeln to mumble

retten to save, rescue
stören to bother; to disturb
sich trauen to venture; to have the courage
tropfen to drip
überlegen to think over
verlangen to demand; to desire
wirken to have an effect; to seem, appear
zerren to pull; to tug

ANDERE WÖRTER UND AUSDRÜCKE

alle all gone, empty; everyone
es kommt (kam, gekommen) darauf an (*with* **sein**) it depends on; it matters
scheußlich hideous, atrocious
schief sloping, slanting, oblique; (*coll.*) awry
toll great, fantastic; crazy; terrible
woher stammt es (stammen Sie)? where does it (do you) come from?

A **Welches Verb passt?** Ergänzen Sie die Sätze mit passenden Reflexivverben oder Verben mit Vorsilben aus dem aktiven Wortschatz. Verwenden Sie die richtige Form der Verben.

1. Der Student wusste nicht, ob es _____ _____, Geld für seine Reise zu borgen.

2. Die Feiertage kommen bald, worüber wir _____ _____.

3. Nach einem Semester im Ausland _____ der Student mit seinem Medizinstudium _____.

4. Monika, _____ _____! Hier kommt ein Auto um die Ecke!

5. Die Mutter _____ Kaffee für alle Gäste _____.

6. Der brave Schüler _____ das Bier _____, denn er war nur siebzehn Jahre alt.

7. Das Kind _____ _____ nicht, die Straße allein zu überqueren.

8. Der Mann _____ das Haus mit gelber Farbe _____.

9. Die Kinder waren höflich und _____ _____ für die Geschenke.

10. Die Universität _____ dem Studenten ein Stipendium _____, weil er sehr gute Noten bekommen hatte.

B **Kreuzworträtsel.** Lösen Sie das Kreuzworträtsel. Schreiben Sie Ausdrücke als ein einzelnes Wort (z.B.: sich trauen = SICHTRAUEN). Schreiben Sie dann für jede Antwort einen Satz.

Waagerecht	**Senkrecht**
6. silver	1. pay attention, watch out *(informal singular, imperative)*
8. to be	2. everyone, all
9. to drive away; to proceed, continue	3. neighbor
12. hair	4. to be happy
13. red	5. cans
14. awry, slanting, uneven	7. to thank
17. he	10. to save, rescue
18. high	11. on, at
19. doll buggy, doll carriage	13. shelf
	15. oven, stove
	16. sure, secure

◆◆◆ Vor dem Lesen ◆◆◆

A Anregung zum Lesen. Sehen Sie sich die Zeichnungen an und beantworten Sie die folgenden Fragen mündlich.

1. Wo sind die zwei Frauen? Wie alt sind sie? Worüber sprechen sie?
2. Wie sieht der Puppenwagen aus?
3. Mit wem redet die Frau im zweiten Bild? Worüber reden sie?
4. Hört der Mann zu? Warum oder warum nicht?
5. Welcher Feiertag kommt bald?
6. Was macht die Familie im dritten Bild?
7. Wie sieht der Puppenwagen jetzt aus?
8. Warum sieht das Kind so glücklich aus?

B **Meine Interpretation.**   Schreiben Sie in Stichworten Ihre Interpretation der Bilder auf. Stellen Sie eine Verbindung zwischen den einzelnen Bildern her. Bewahren Sie Ihre Version auf und vergleichen Sie sie später mit der Geschichte.

C **Zum Hören.**   Lesen Sie die folgenden Fragen und hören Sie sich dann die Geschichte an. Machen Sie sich Notizen während Sie zuhören.

1. Warum konnte Frau Muschler den Puppenwagen nicht ablehnen?
2. Warum konnte sie ihn nicht einfach wegwerfen?
3. Warum hat der Ehemann endlich mit dem Puppenwagen geholfen?
4. Warum hat er immer weiter gestrichen?
5. Wie hat Julchen reagiert, als sie in die Küche kam?

◆◆◆ **Lesestück** ◆◆◆

Die Silbergeschichte

Als Frau Muschler auf dem Dachboden° ihre Wäsche aufhing°, kam
die alte Nachbarin, die in ihrem Verschlag gekramt° hatte. „Ich
habe etwas für Julchen zu Weihnachten", sagte sie. „Wie nett von Ihnen",
sagte Frau Muschler, „da wird sich Julchen gewiss freuen."

attic / = **Wäsche
aufhängte / in** ...
rummaged about
in her shed

5 Die alte Nachbarin schleppte etwas an°, was nur so knarrte° und
quietschte°. Es war ein altmodischer Puppenwagen. Er war verbogen°
und hatte nur drei Räder. Das vierte lag mit dem Verdeck° zusammen in
dem Korb, in den eigentlich die Puppen gehörten.

schleppte ... dragged
something along /
creaked / squeaked / bent
canopy

Frau Muschler bekam einen Schreck, als sie das alte Gerümpel° sah.
10 Aber weil sie sich nicht traute, das Geschenk abzulehnen, bedankte sie
sich und schleppte den Puppenwagen in ihre Wohnung.

junk

Als Julchen am Abend im Bett war, schob sie ihn ins Zimmer.

„Sieh dir das Ding hier an", sagte sie zu ihrem Mann, der vor dem
Fernseher saß, „das hat die alte Nachbarin für Julchen gebracht. Damit
15 lachen die anderen Kinder sie ja aus°! Aber was sollte ich machen, die
Nachbarin meint es gut."

lachen ... **aus** make fun of

Herr Muschler sah nicht nur fern, sondern las außerdem noch die
Zeitung. Er brummte nur: „Hm, so, so, ja, ja, hm."

„Du findest ihn also auch so scheußlich wie ich", fuhr Frau Muschler
20 fort. „Meinst du, es würde sich lohnen, ihn noch einmal zu retten? Wenn
ich nur wüsste, wie Julchen darüber denkt."

Herr Muschler sah nicht nur fern und las dabei die Zeitung, sondern
steckte sich auch noch eine Zigarette an. Er murmelte: „Ja, ja, so, so,
fffft" und blies das Streichholz aus°.

blies ... blew out the match
axles

25 Frau Muschler drehte den Puppenwagen hin und her. Das Gestänge°
war verbogen und voller Rost. Das Strohgeflecht löste sich auf°. Die
Gardinen am Verdeck waren nur noch Lumpen°.

Das ... The straw-plaiting
was unraveling.
rags

„Armes Julchen", seufzte sie, „in solch einem Monstrum soll sie ihre
schönen Puppen spazieren fahren. Aber sicher fragt mich die alte
30 Nachbarin eines Tages, was Julchen gesagt hat, und was mache ich dann?"

Herr Muschler sah nicht nur fern, las dabei die Zeitung und rauchte, sondern schenkte sich zur gleichen Zeit ein Glas Bier ein. „Hm, hm, hm", sagte er.

35 Frau Muschler begann, am Gestänge des Puppenwagens zu zerren, bis es einigermaßen° gerade war. Es gelang ihr, das Rad festzumachen. Auch das Verdeck brachte sie wieder an die Stelle, wo es hingehörte. Als sie das Strohgeflecht mit Bindfaden° flickte, zerstach° sie sich die Finger. In der Küche scheuerte° sie den ganzen Puppenwagen mit einer Bürste und heißem Seifenwasser. Sie kramte aus ihrem Schrank einen alten

40 Unterrock hervor, den sie schon lange nicht getragen hatte. Damit fütterte° sie das Verdeck. Die Spitze vom Saum° gab eine Rüsche° rundherum.

Das Fernsehen war zu Ende, und Herr Muschler fand in der Zeitung nichts Neues mehr. Er trank sein Bier aus, drückte die Zigarette aus° und

45 kam in die Küche.

„Zeit zum Schlafen", sagte er. Dann sah er den Puppenwagen. „Nanu, das ist ja ein tolles Fahrzeug. Woher stammt denn das?"

„Ich habe es dir schon ein paar Mal erklärt", sagte Frau Muschler, „aber du hörst mir ja nicht zu."

50 Herr Muschler fand den Puppenwagen ganz manierlich°, nur etwas farblos. Er überlegte und begann dann, in seinem Werkzeugschrank°, auf dem Regal und schließlich in der Speisekammer° zu kramen. Im Besenschrank° fand er, was er suchte. Es war eine große Dose Silberbronze, die er für sein Auto gekauft hatte. Er schob Frau Muschler

55 zur Seite und begann das Gestell° zu versilbern.

„Die Räder° auch", verlangte Frau Muschler. Sie hielt ihm die Farbe, und er strich nach den Rädern auch noch den Griff° an. Dann standen beide da und sahen den Puppenwagen mit schiefem Kopf an°.

„Er könnte Julchen vielleicht doch gefallen", sagte Frau Muschler.

60 Herrn Muschler tropfte etwas Silberbronze auf das Verdeck.

„Pass auf", rief Frau Muschler und versuchte, es mit ihrer Schürze wegzureiben. Der Klecks blieb. Da strich Herr Muschler auch das Verdeck silbern. Als es fertig war, rann an mehreren Stellen die Silberbronze in das Strohgeflecht. Nach kurzer Zeit war es gestrichen,

65 und Herr Muschler stellte die Farbdose auf das Frühstückstablett. Der Puppenwagen war jetzt wirklich prachtvoll°. Dafür hatte das Tablett einen Ring. Es blieb nichts anderes übrig, als es zu streichen. Dabei klekste Herr Muschler den Herd voll.

Schon immer hatte sich Frau Muschler eine versilberte Herdplatte

70 gewünscht. Sie brachte schnell noch einiges, was Herr Muschler anstreichen sollte: den Lampenfuß, den Spiegelrahmen°, den alten

Glosses (right margin):

- 35 — rather, somewhat
- 38 — string / pricked (all over)
- 39 — scrubbed
- 41 — *here:* lined, padded / hem / ruffle
- 44 — **drückte** ... put out the cigarette
- 50 — respectable
- 51 — tool cabinet
- 52 — pantry
- 53 — broom closet
- 55 — frame
- 56 — wheels
- 57 — handle
- 58 — **sahen** ... looked askance at the doll carriage
- 66 — splendid
- 71 — mirror frame

Mülleimer und die Küchenwaage. Herr Muschler strich außerdem noch
das Ofenrohr°, die Gardinenstange°, die Türgriffe und den
Wasserkessel°.

stove pipe / curtain rod
water kettle

75 „Du hast keine Angst, dass es etwas überladen° wirken könnte?"

too ornate

fragte er zwischendurch. Aber Frau Muschler konnte nicht genug Silber
sehen. Er musste außerdem noch alles streichen, was Farbspritzer°
abbekommen hatte.

splashes of paint

„Zum Beispiel deine Nase", sagte er und kam mit dem Pinsel° auf

brush

80 Frau Muschlers Gesicht zu.

„Lieber deine Schuhe", rief sie quietschend. Herrn Muschlers
Schuhe waren voller Silberflecke. Weil es die alten waren, kam es nicht
darauf an. Er zog sie aus, und schon waren sie silbern. Sie waren nicht
wieder zu erkennen.

85 Aber die Farbe war auch alle.

Herr und Frau Muschler kamen vor Lachen außer Atem und mussten
sich hinsetzen.

„Was macht ihr für einen Lärm?" fragte Julchen und tappte in die
Küche. Sie sah überall Silber. Mitten im Raum stand der schönste

90 Puppenwagen, den sie je gesehen hatte.

„Für wen ist der?" fragte sie.

„Der ist für dich", sagte Frau Muschler.

„Und wem gehören die Silberschuhe?" fragte sie.

„Die gehören mir", sagte Herr Muschler.

95 Aber das konnte er Julchen nicht weismachen°.

Aber ... But he could not
make Julchen believe it.

Irgendjemand war gekommen und hatte den Puppenwagen gebracht.
Alles, was er angefasst hatte, war zu Silber geworden. Er hatte seine
Schuhe ausgezogen, um niemanden zu stören, und hatte sie dann
vergessen.

100 „Na, meinetwegen, so könnte es auch gewesen sein", sagte Frau
Muschler.

Sie schickte Julchen am anderen Morgen zur Nachbarin: „Erzähl ihr
deine Geschichte, sie freut sich darüber!"

Julchen nahm zum Beweis die Silberschuhe mit.

◆◆◆ Nach dem Lesen ◆◆◆

A **Fragen zum Lesestück.**   Lesen Sie die Geschichte noch einmal ganz durch. Versuchen Sie unbekannte Wörter durch den Kontext zu verstehen oder schlagen Sie im Wörterbuch nach. Die folgenden Fragen leiten Sie chronologisch durch die Geschichte. Prüfen Sie, ob Sie alles verstanden haben.

1. Was machte Frau Muschler, als sie die Nachbarin auf dem Dachboden traf?
2. Was hatte die Nachbarin vorher getan? Warum?
3. Wie sah der Puppenwagen zuerst aus?
4. Warum wollte Frau Muschler das Geschenk nicht ablehnen?
5. Was tat Herr Muschler, als seine Frau mit ihm zu sprechen versuchte?
6. Wie verbesserte Frau Muschler den Puppenwagen?
7. Wie verbesserte Herr Muschler den Puppenwagen?
8. Außer dem Puppenwagen, was strich Herr Muschler noch für seine Frau?
9. Warum wollte Herr Muschler die Nase seiner Frau streichen?
10. Was war das letzte Ding, das er strich?
11. Warum hörte Herr Muschler mit dem Streichen auf?
12. Warum kam Julchen in die Küche?
13. Was hielt Julchen von dem Puppenwagen?
14. Wie verstand Julchen die Silbergeschichte?
15. Was sollte Julchen der Nachbarin erzählen?

B **Vergleich.**   Lesen Sie noch einmal die Interpretation, die Sie beim Anschauen der Bilder geschrieben haben. Wie gut haben Sie die Geschichte anhand der Illustrationen vorhersagen können?

C **Anregung zum Gespräch.**   Besprechen Sie die folgenden Fragen mit einer Partnerin oder einem Partner.

1. Weihnachten ist eine Zeit der Überraschungen. Wie wird jede Person in dieser Familie überrascht?
2. Wie reagiert Herr Muschler, als seine Frau ihm von der Nachbarin und dem alten Puppenwagen erzählt? Hört er überhaupt zu?
3. Was wird Julchen der Nachbarin erzählen?
4. Hätte etwas Ähnliches in Ihrer Familie passieren können? Warum (nicht)?

D **Zum Schreiben.**   Sie sind Julchen und schreiben einen Brief an Ihre Oma. Erzählen Sie in dem Brief Ihre Version der Silbergeschichte. Schreiben Sie im Perfekt etwa 100 bis 150 Wörter.

E **Persönliche Fragen.**   Beantworten Sie die folgenden Fragen mit einer Partnerin oder einem Partner. Vergleichen Sie Ihre persönlichen Erfahrungen. Haben Sie Ähnliches erlebt?

1. Was tun Sie, wenn Leute Ihnen etwas anbieten, was Sie nicht wollen?
2. Haben Sie mal zu einem Angebot „nein" gesagt? Warum?
3. Welches Weihnachtsgeschenk oder Geburtstagsgeschenk hat Sie am meisten oder am wenigsten überrascht und gefreut?
4. Haben Sie als Kind an den Weihnachtsmann geglaubt? Wie haben Sie die Wahrheit erfahren? Waren Sie sehr enttäuscht, als Sie die Wahrheit erfahren haben?
5. Haben Sie schon mal eine Geschichte erfunden, um etwas zu erklären? Was?

F **Interpretation.**   Denken Sie über die tiefere Bedeutung dieser Geschichte nach. Die folgenden Fragen geben Ihnen einen Denkanstoß.

1. Warum war es für Julchen schwer zu verstehen, was wirklich geschehen war?
2. Wofür sind Julchens Eltern ein universales Beispiel?
3. Margret Rettich ist für ihre Kindergeschichten bekannt. Meinen Sie, dass „Die Silbergeschichte" nur für Kinder ist? Warum oder warum nicht?

G **Rollenspiel.**   Schreiben Sie mit einer Partnerin oder einem Partner ein Gespräch, das auf der Geschichte basiert. Spielen Sie das Gespräch in Ihrem Kurs vor. Wählen Sie eines der folgenden Themen:

1. Es ist Weihnachten und Julchen kommt in das Zimmer, wo der versilberte Puppenwagen steht.
2. Julchen spricht mit der Nachbarin und bedankt sich und erzählt die Geschichte mit silbernen Schuhen in der Hand.

PERSÖNLICHE FRAGEN

Kapitel 5

Spaghetti für zwei

FEDERICA DE CESCO (1938–)

Federica de Cesco was born in 1938 in northern Italy. She grew up multilingual and wrote her first book at the age of fifteen. Married to a Japanese photographer, she has two children and has been living in Switzerland since 1962. Foreign cultures and the lives of unusually confident young women are the central themes in her books. Today Federica de Cesco is considered one of the most successful authors of young people's books in the German language. With almost 200 titles to her credit, she has been honored for her writings on numerous occasions.

 The short story "Spaghetti für zwei" is included in Moderne Deutschsprachige Kurzprosa *(Ryde NSW, 1994), a collection of short stories edited by Borgert, Boss, and Winkelman.*

◆◆◆ Aktiver Wortschatz ◆◆◆

SUBSTANTIVE

**der Asylbewerber, - / die Asylbewerberin,
-nen** person seeking asylum
der Bann, ⁻e spell
die Frechheit, -en impertinence; impudence
der Gang, ⁻e walk; aisle, path; *here:* course
der Kerl, -e, lad, guy
der Klotz, ⁻e block of wood; log
der Magen, - stomach
das Menü, -s set meal or menu
der/die Obdachlose, -n, =n (*noun declined as an
adjective*) homeless person
der Pickel, - pimple
der Reißverschluss, ⁻e zipper
der Schweißtropfen, - drop/bead of sweat
das Selbstbedienungsrestaurant, -s cafeteria;
self-service restaurant
die Sitte, -n custom
der Stiefel, - boot
der Tagesteller, - daily special
die Unverschämtheit, -en impertinence;
impudence
die Verweigerung, -en refusal; protest
die Verwirrung, -en confusion
der Vorwurf, ⁻e reproach; accusation

VERBEN

ab·hauen (*sl.*) to beat it; (*sl.*) to split (*go away*)
ab·schätzen to size up
sich an·stellen to get in line
flattern to flutter
hinauf·stapfen to stomp up
jucken to itch
keuchen to pant; to gasp
sich (etwas) leisten to treat oneself
(to something)
mahlen to grind

sich räuspern to clear one's throat
schöpfen to scoop (up)
spinnen (*coll.*) to be crazy; (*sl.*) to be nuts
tauchen (**in** + *acc.*) to dive; *here:* to dip into
tränen to water (*as of eyes*)
vergehen, verging, vergangen (*with* **sein**) to pass
(*of time*)
sich verkriechen, o, o to hide oneself
verschlingen, a, u to devour
verzehren to consume
wagen to venture, risk; to dare (*to do something*)

ANDERE WÖRTER UND AUSDRÜCKE

abermals once again, once more
anscheinend apparently, seemingly
ausdruckslos expressionless
bodenlos bottomless
einen Entschluss fassen to make a decision
entzündet inflamed
es hängt mir bis zum Hals heraus (*coll.*) I am sick
and tired of it
fassungslos stunned
immerhin at any rate, anyhow
Krach schlagen (ä), u, a (*coll.*) to make a fuss
mit dem Stuhl hin und her wippen to rock back
and forth with the chair
mit den Füßen scharren to scrape one's feet
peinlich embarrassing; awkward
quitt sein to be even
satt sein to have had enough (*to eat*)
saublöd (*sl.*) really silly, stupid
seelenruhig calm(ly)
üblich usual, normal
wie ein Klotz sitzen to sit like a clod or oaf
die Wut packt ihn he is seized with rage
wütend furious, angry

A **Die Mahlzeit.** Welche Definition in Spalte B passt zu dem Ausdruck in Spalte A?

Spalte A	Spalte B
1. das Menü _____	a) usual; normal
2. der Tagesteller _____	b) to grind
3. das Selbstbedienungsrestaurant _____	c) a course of a meal
4. verschlingen _____	d) set meal or menu
5. schöpfen _____	e) custom
6. der Magen _____	f) daily special
7. sich etwas leisten _____	g) self-service restaurant
8. üblich _____	h) stomach
9. verzehren _____	i) to scoop (up)
10. mahlen _____	j) to devour
11. der Gang _____	k) to consume
12. die Sitte _____	l) to treat oneself to something

B **Das Mittagessen in der Mensa.** Diese Übung soll man als Partner- oder Gruppenübung machen. Ergänzen Sie den Lückentext mit einem passenden Wort bzw. mit passenden Wörtern aus der folgenden Liste. (Nicht alle Wörter passen.) Verwenden Sie die richtige Form der Wörter.

der Klotz, der Magen, sich anstellen, keuchen, die Frechheit, seelenruhig, flattern, der Tagesteller, die Sitte, überstürzen, verkriechen, satt, verzehren, das Selbstbedienungsrestaurant, fassungslos, der Reißverschluss, die Schweißtropfen, vergehen, sich räuspern

Ich hatte mich für eine Stelle als Lehrassistentin an einer großen Universität beworben. Es ist üblich, die Kandidatin bei einer Mahlzeit zu interviewen. Da habe ich [1]_____ _____, weil die Mensa eine Art von [2]_____ ist. Aber auf das Hauptgericht musste man warten, um es serviert zu bekommen. Ich habe wie alle anderen den [3]_____ gewählt.

Nachher war mein Tablett so voll, dass ich stolperte. [4]_____ standen auf meinem Gesicht, als ob ich weinte. Als ich mich hinsetzte, wollte ich mich am liebsten [5]_____. Aber ich konnte von meinem Hunger nicht weglaufen, denn in diesem Augenblick fing mein [6]_____ zu knurren an (und dessen Stimme war nicht schön).

Der Chef der Abteilung, Doktor Immersatt, war schon am Tisch. Er [7]_____ _____ und dann fing er an, allerlei Fragen zu stellen.

Das alles gerade als ich den ersten Löffel von Obstsalat zu **8**_____ versuchte. Eine saftige Erdbeere flog von meinem Löffel und landete auf meinem Schoß gleich auf dem **9**_____ meiner Hose. Immersatt saß da; sein Gesichtsausdruck war **10**_____. Ich hob die abwegige Erdbeere auf und legte sie auf den Tisch neben meinen Teller. Dann saß ich da wie ein **11**_____.

Ich fühlte mich saublöd. Mindestens dreißig Sekunden **12**_____, bis ich eine Antwort fand. Glücklicherweise hielt Immersatt mein Schweigen nicht für eine **13**_____.

Seine Fragen waren kinderleicht zu beantworten, obwohl ich immer noch sehr nervös war. Immerhin ging ich **14**_____ von diesem Essen und Interview und mit einer Lehrstelle an der Universität!

◆ **C** **Verwandte Wörter und Umschreibungen.** Suchen Sie das passende Wort aus dem aktiven Wortschatz für jede deutsche Definition oder Umschreibung. Schreiben Sie dann einen originellen Satz für jedes der zehn Wörter.

1. großes Durcheinander, Konfusion, Aufregung: _____

2. freches Benehmen, das Frechsein: _____

3. unter Wasser gehen, unter Wasser verschwinden: _____

4. magische Kraft; Wirkung, von der man nicht weg kann: _____

5. verärgert: _____

6. eine Absicht, die durch Überlegung gewonnen ist: _____

7. die Ablehnung; jemandem etwas nicht erlauben: _____

8. schwer und geräuschvoll atmen: _____

9. Mut haben etwas zu tun, sich nicht scheuen etwas zu tun: _____

10. nicht mehr hungrig sein, keinen Hunger mehr haben: _____

◆◆◆ Vor dem Lesen ◆◆◆

A **Anregung zum Lesen.** Sehen Sie sich die Zeichnungen an und beschreiben Sie dann die Bilder. Die folgenden Fragen können Ihnen dabei helfen. Gebrauchen Sie Ihre Fantasie!

1. Warum sitzt der Junge im ersten Bild am Tisch?
2. Wer sitzt im zweiten Bild am Tisch? Was tut er?
3. Was hat der Schwarze zum Tisch mitgebracht?
4. Wie sehen die beiden im dritten Bild aus?

B **Zum Hören.**   Lesen Sie die Fragen und hören Sie sich dann die Geschichte an. Machen Sie sich Notizen während Sie zuhören.

1. Warum kann Heinz mittags nicht zu Hause essen?
2. Warum isst Heinz manchmal nur einen Hamburger zum Mittagessen?
3. Was wollte Heinz an diesem Tag zu Mittag essen?
4. Als Heinz mit dem Löffel zurückkam, was merkte er?
5. Was machte Heinz dann?
6. Was tat der Afrikaner, nachdem er die Suppe gegessen hatte?
7. Was sah Heinz etwas später auf dem Nebentisch?
8. Wer bezahlt morgen für die Spaghetti?

◆◆◆ **Lesestück** ◆◆◆

Spaghetti für zwei

Heinz war bald vierzehn und fühlte sich sehr cool. In der Klasse und auf dem Fußballplatz hatte er das Sagen. Aber richtig schön würde das Leben erst werden, wenn er im nächsten Jahr seinen Töff° bekam und den Mädchen zeigen konnte, was für ein Kerl er war. Er mochte Monika, die Blonde mit den langen Haaren aus der Parallelklasse, und ärgerte sich über seine entzündeten Pickel, die er mit schmutzigen Nägeln ausdrückte. Im Unterricht machte er gerne auf Verweigerung. Die Lehrer sollten bloß nicht auf den Gedanken kommen, dass er sich anstrengte.

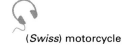

(*Swiss*) motorcycle

5

10   Mittags konnte er nicht nach Hause, weil der eine Bus zu früh, der andere zu spät abfuhr. So aß er im Selbstbedienungsrestaurant gleich gegenüber der Schule. Aber an manchen Tagen sparte er das Geld und verschlang einen Hamburger an der Stehbar. Samstags leistete er sich dann eine neue Kassette, was die Mutter natürlich nicht wissen durfte.

15   Doch manchmal – so wie heute – hing ihm der Big Mac zum Hals heraus. Er hatte Lust auf ein richtiges Essen. Einen Kaugummi im Mund, stapfte er mit seinen Cowboystiefeln die Treppe zum Restaurant hinauf. Die Reißverschlüsse seiner Lederjacke klimperten bei jedem Schritt. Im Restaurant trafen sich Arbeiter aus der nahen Möbelfabrik, Schüler und

20   Hausfrauen mit Einkaufstaschen und kleinen Kindern, die Unmengen Cola tranken, Pommes frites verzehrten und fettige Fingerabdrücke auf den Tischen hinterließen.

Viel Geld wollte Heinz nicht ausgeben: Er sparte es lieber für die nächste Kassette. „Italienische Gemüsesuppe" stand im Menü. Warum

25   nicht? Immer noch seinen Kaugummi mahlend, nahm Heinz ein Tablett und stellte sich an. Ein schwitzendes Fräulein schöpfte die Suppe aus einem dampfenden Topf. Heinz nickte zufrieden. Der Teller war ganz ordentlich voll. Eine Schnitte Brot dazu, und er würde bestimmt satt.

Er setzte sich an einen freien Tisch, nahm den Kaugummi aus dem
30 Mund und klebte ihn unter den Stuhl. Da merkte er, dass er den Löffel
vergessen hatte. Heinz stand auf und holte sich einen.

Als er zu seinem Tisch zurückstapfte, traute er seinen Augen
nicht: Ein Schwarzer saß an seinem Platz und aß seelenruhig seine
Gemüsesuppe! Heinz stand mit seinem Löffel fassungslos da, bis ihn die
35 Wut packte. „Zum Teufel mit diesen Asylbewerbern. Der kam irgendwo
aus Uagadugu°, wollte sich in der Schweiz breit machen°, und jetzt fiel
ihm nichts Besseres ein, als ausgerechnet seine Gemüsesuppe zu
verzehren! Schon möglich, dass so was den afrikanischen Sitten
entsprach, aber hier zu Lande war das eine bodenlose Unverschämtheit!"

40 Heinz öffnete den Mund, um dem Menschen lautstark seine
Meinung zu sagen, als ihm auffiel, dass die Leute ihn komisch ansahen.
Heinz wurde rot. Er wollte nicht als Rassist gelten. Aber was nun?

Plötzlich fasste er einen Entschluss. Er räusperte sich vernehmlich°,
zog einen Stuhl zurück und setzte sich dem Schwarzen gegenüber. Dieser
45 hob den Kopf, blickte ihn kurz an und schlürfte ungestört die Suppe
weiter. Heinz presste die Zähne zusammen, dass seine Kinnbacken
schmerzten. Dann packte er energisch den Löffel, beugte sich über den
Tisch und tauchte ihn in die Suppe. Der Schwarze hob abermals den
Kopf. Sekundenlang starrten sie sich an. Heinz bemühte sich, die Augen
50 nicht zu senken. Er führte mit leicht zitternder Hand den Löffel zum
Mund und tauchte ihn zum zweiten Mal in die Suppe. Seinen vollen
Löffel in der Hand, fuhr der Schwarze fort, ihn stumm zu betrachten.
Dann senkte er die Augen auf seinen Teller und aß weiter. Eine Weile
verging. Beide teilten sich die Suppe, ohne dass ein Wort fiel. Heinz
55 versuchte nachzudenken: „Vielleicht hat der Mensch kein Geld, muss
schon tagelang hungern. Dann sah er die Suppe da stehen und bediente
sich einfach. Schon möglich, wer weiß? Vielleicht würde ich mit leerem
Magen ähnlich reagieren? Und Deutsch kann er anscheinend auch nicht,
sonst würde er da nicht sitzen wie ein Klotz. Ist doch peinlich. Ich an
60 seiner Stelle würde mich schämen. Ob Schwarze wohl rot werden
können?"

Das leichte Klirren° des Löffels, den der Afrikaner in den leeren
Teller legte, ließ Heinz die Augen heben. Der Schwarze hatte sich
zurückgelehnt und sah ihn an. Heinz konnte seinen Blick nicht deuten°.
65 In seiner Verwirrung lehnte er sich ebenfalls zurück. Schweißtropfen
perlten auf seiner Oberlippe, sein Pulli juckte, und die Lederjacke war
verdammt heiß! Er versuchte, den Schwarzen abzuschätzen. „Junger
Kerl. Etwas älter als ich. Vielleicht sechzehn oder sogar achtzehn.
Normal angezogen: Jeans, Pulli, Windjacke. Sieht eigentlich nicht wie

Ouagadougou, capital city
of the West African
country of Burkina Faso /
sich … settle in as if he
owned the place

audibly

clinking

interpret

70 ein Obdachloser aus. Immerhin, der hat meine Suppe aufgegessen und
sagt nicht einmal danke! Verdammt, ich habe noch Hunger!"
　　Der Schwarze stand auf. Heinz blieb der Mund offen. „Haut der
tatsächlich ab? Jetzt ist das Maß aber voll!° So eine Frechheit! Der soll
mir wenigstens die halbe Gemüsesuppe bezahlen!" Er wollte aufspringen

75 und Krach schlagen. Da sah er, wie sich der Schwarze mit einem Tablett
in der Hand wieder anstellte. Heinz fiel unsanft auf seinen Stuhl zurück
und saß da wie ein Ölgötze°. „Also doch: Der Mensch hat Geld! Aber
bildet der sich vielleicht ein, dass ich ihm den zweiten Gang bezahle?"
　　Heinz griff hastig nach seiner Schulmappe. „Bloß weg von hier,

80 bevor er mich zur Kasse bittet! Aber nein, sicherlich nicht oder doch?"
　　Heinz ließ die Mappe los und kratzte nervös an einem Pickel.
Irgendwie wollte er wissen, wie es weiterging.
　　Der Schwarze hatte einen Tagesteller bestellt. Jetzt stand er vor der
Kasse und – wahrhaftig – er bezahlte! Heinz schniefte°. „Verrückt!"

85 dachte er. „Total gesponnen!"
　　Da kam der Schwarze zurück. Er trug das Tablett, auf dem ein großer
Teller Spaghetti stand, mit Tomatensauce°, vier Fleischbällchen und zwei
Gabeln. Immer noch stumm, setzte er sich Heinz gegenüber, schob den
Teller in die Mitte des Tisches, nahm eine Gabel und begann zu essen,

90 wobei er Heinz ausdruckslos in die Augen schaute. Heinz' Wimpern°
flatterten. Heiliger Strohsack!° Dieser Typ forderte ihn tatsächlich auf,
die Spaghetti mit ihm zu teilen! Heinz brach der Schweiß aus. Was nun?
Sollte er essen? Nicht essen? Seine Gedanken überstürzten sich°. Wenn
der Mensch doch wenigstens reden würde! „Na gut. Er aß die Hälfte

95 meiner Suppe, jetzt esse ich die Hälfte seiner Spaghetti, dann sind wir
quitt!" Wütend und beschämt griff Heinz nach der Gabel, rollte die
Spaghetti auf und steckte sie in den Mund. Schweigen. „Eigentlich nett
von ihm, dass er mir eine Gabel brachte", dachte Heinz „Da komme ich
noch zu einem guten Spaghettiessen, das ich mir heute nicht geleistet

100 hätte. Aber was soll ich jetzt sagen? Danke? Saublöde! Einen Vorwurf
machen kann ich ihm auch nicht mehr. Vielleicht hat er gar nicht
gemerkt, dass er meine Suppe aß. Oder vielleicht ist es üblich in Afrika,
sich das Essen zu teilen? Schmecken gut, die Spaghetti. Das Fleisch auch.
Wenn ich nur nicht so schwitzen würde!"

105 　　Die Portion war sehr reichlich. Bald hatte Heinz keinen Hunger
mehr. Dem Schwarzen ging es ebenso. Er legte die Gabel aufs Tablett
und putzte sich mit der Papierserviette den Mund ab. Heinz räusperte
sich und scharrte mit den Füßen. Der Schwarze lehnte sich zurück, schob
die Daumen in die Jeanstaschen und sah ihn an. Undurchdringlich°.

110 Heinz kratzte sich unter dem Rollkragen, bis ihm die Haut schmerzte.

Jetzt ... Now that's the last straw!

(*sl.*) **wie** ... like a zombie

sniveled; sniffled

sauce (Swiss, German = **Soße**)

eyelashes

Heiliger ... (*sl.*) Jeepers creepers! (*coll.*) Goodness gracious (me)! to come fast and furious

inscrutable

„Heiliger Bimbam!° Wenn ich nur wüsste, was er denkt!" Verwirrt, schwitzend und erbost° ließ er seine Blicke umherwandern. Plötzlich spürte er ein Kribbeln im Nacken°. Ein Schauer jagte ihm° über die Wirbelsäule° von den Ohren bis ans Gesäß. Auf dem Nebentisch, an den

115 sich bisher niemand gesetzt hatte, stand – einsam auf dem Tablett – ein Teller kalter Gemüsesuppe.

Heinz erlebte den peinlichsten Augenblick seines Lebens. Am liebsten hätte er sich in ein Mauseloch verkrochen. Es vergingen zehn volle Sekunden, bis er es endlich wagte, dem Schwarzen ins Gesicht zu

120 sehen. Der saß da, völlig entspannt und cooler, als Heinz es je sein würde, und wippte leicht mit dem Stuhl hin und her.

„Äh … " stammelte Heinz, feuerrot im Gesicht. „Entschuldigen Sie bitte! Ich … "

Er sah die Pupillen des Schwarzen aufblitzen, sah den Schalk in

125 seinen Augen° schimmern. Auf einmal warf er den Kopf zurück, brach in dröhnendes Gelächter aus. Zuerst brachte Heinz nur ein verschämtes Glucksen° zu Stande, bis endlich der Bann gebrochen war und er aus vollem Halse in das Gelächter des Afrikaners einstimmte. Eine Weile saßen sie da, von Lachen geschüttelt. Dann stand der Schwarze auf,

130 schlug Heinz auf die Schulter.

„Ich heiße Marcel", sagte er in bestem Deutsch. „Ich esse jeden Tag hier. Sehe ich dich morgen wieder? Um die gleiche Zeit?"

Heinz' Augen tränten, sein Zwerchfell glühte°, und er schnappte nach Luft.

135 „In Ordnung!" keuchte er, „Aber dann spendiere ich die Spaghetti!"

Heiliger … (*sl.*) Glory be!

angry, furious

Kribbeln … tingling in the neck / **Ein Schauer** … a dreadful feeling came over him / spinal column

den Schalk … mischievous look in his eyes

gurgling

Zwerchfell … diaphragm burned

◆◆◆ Nach dem Lesen ◆◆◆

A **Fragen zum Lesestück.** Lesen Sie die Geschichte noch einmal ganz durch. Versuchen Sie unbekannte Wörter durch den Kontext zu verstehen oder schlagen Sie im Wörterbuch nach. Die Fragen leiten Sie chronologisch durch die Geschichte. Prüfen Sie, ob Sie alles verstanden haben.

1. Warum fühlte sich Heinz „sehr cool"?

2. Was soll er im nächsten Jahr bekommen?

3. Warum ist „ein Töff" wichtig für Heinz?

4. Wo aß Heinz manchmal zu Mittag?

5. Warum ging er heute zum Restaurant?

6. Was hatte Heinz heute vergessen?

7. Wer saß angeblich an Heinz' Platz?

8. Welche Gedanken machte sich Heinz über den Afrikaner, der die Suppe aß?

9. Welchen Entschluss fasste Heinz?

10. Was kaufte der Schwarze, nachdem er die Suppe gegessen hatte?

11. Warum war Heinz total überrascht?

12. Warum aß Heinz von den Spaghetti?

13. Was stand auf dem Nebentisch?

14. Warum lachte der Afrikaner?

15. Wird sich Heinz mit Marcel wieder treffen?

B **Anregung zum Gespräch.** Besprechen Sie die folgenden Fragen mit einer Partnerin oder einem Partner.

1. Warum hat Heinz nicht sofort etwas zu dem Schwarzen gesagt?

2. Warum hat der Schwarze am Anfang auch nichts gesagt?

3. Warum brachte der Schwarze zwei Gabeln mit den Spaghetti mit?

4. Warum war dieses Essen ein peinlicher Augenblick in Heinz' Leben? Wie hätte er diesen Augenblick vermeiden können?

5. Passieren solche Augenblicke manchmal, weil wir eben Vorurteile haben?

C **Zum Schreiben.** Schreiben Sie eine Zusammenfassung der Geschichte im Imperfekt mit 50 bis 100 Wörtern, aber dieses Mal schreiben Sie die Geschichte aus der Sicht von Marcel. Der erste Satz ist schon vorgegeben. Benutzen Sie alle Stichwörter, um die Zusammenfassung zu Ende zu schreiben.

BEISPIEL: heute / sich setzen / ein Deutscher / zu mir / und / essen / mein- / Suppe

ERSTER SATZ: 1. Heute setzte sich ein Deutscher zu mir und aß meine Suppe!

2. Der Deutsche / stören / mich / nicht / gewöhnlich

3. zu Hause / meine Familie / zusammen / essen / gewöhnlich

4. ich / sagen // du / können / bei / mir / essen

5. der junge Deutsche / anstarren / mich / dumm

6. der Deutsche / Lederjacke / anhaben

7. er / dreizehen oder vierzehn / Jahre alt / nur / sein

8. Spaghetti / zwei Gabeln / ich / bringen / Teller

9. ich / lachen / und / er / lachen / auch / müssen

10. der Deutsche / bezahlen / wollen / am nächsten Tag

D ◗ **Persönliche Fragen.**   In einer Gruppe stellen Sie sich gegenseitig die folgenden Fragen. Antworten Sie aus Ihrer persönlichen Erfahrung heraus.

1. Wann fühlten Sie sich als Schülerin oder Schüler besonders cool?

2. Haben Sie sich in der Junior High School angestrengt? Warum (nicht)?

3. Wo aßen Sie zu Mittag in der Junior High School? In der High School? Warum?

4. Haben Sie mal eine Lederjacke, Cowgirlstiefel oder Cowboystiefel getragen?

5. Was haben Sie getan, das ihre Mutter nicht wissen durfte?

6. Haben Sie schon mal einem Fremden Essen spendiert?

E ◗ **Interpretation.**   Gebrauchen Sie Ihre Fantasie und denken Sie über die tiefere Bedeutung dieser Geschichte nach.

1. Warum benimmt sich Heinz so fremd Marcel gegenüber?

2. Wie ist der Titel dieser Geschichte zu verstehen? Welche Hoffnung ist darin zu sehen?

3. Ist diese Geschichte realistisch? Könnte Ihnen passieren, was Heinz passiert ist?

F ◗ **Rollenspiel.**   Schreiben Sie mit einer Partnerin oder einem Partner ein Gespräch, das auf der Geschichte basiert. Spielen Sie das Gespräch in Ihrem Kurs vor. Wählen Sie eines der folgenden Themen:

1. Ein Gespräch zwischen Heinz und seiner Mutter am Ende des Tages.

2. Ein Gespräch zwischen Heinz und Marcel am nächsten Tag.

Kapitel 6

Die Verlobung

LUDWIG THOMA (1867–1921)

Ludwig Thoma was born in Oberammergau. He studied forestry for two semesters, then switched to law. After obtaining his law degree in 1890, Thoma completed his law internship in Traunstein. In addition, he practiced law for five years, first in a district court in Dachau and later in Munich. In 1899 he accepted a position as editor for a satirical magazine, Simplicissimus, *because this job offered him financial security. Thoma served in the Red Cross during World War I but had to return home because of a stomach disorder. He died in 1921 after a long-delayed operation.*

Thoma's motivation to write came from his observation of the rural farmers in the Dachau area. His first collection of stories was originally published under the title of Agricola *(1897); the book was expanded and appeared as* Meine Bauern *in 1968. Because Thoma understood human nature so well, he was able to portray, often without mercy, the unique qualities and weaknesses of farmers, small-town folk, and civil servants.*

In his articles that appeared in Simplicissimus, *Thoma satirized Prussian militarism, Wilhelm II, the Catholic clergy, and the oppressive upper class. These popular pieces appeared under the pseudonym of Peter Schlemihl. Thoma's greatest achievement as a writer was a three-act comedy,* Moral, *which first appeared in 1908 and ran for many years. A film version came out in 1927 and again in 1936.*

Thoma wrote several other comedies and farces as well, including the Lausbubengeschichten *(1905) and* Tante Frieda *(1907). These two works were especially valued because of their humorous High German diction. Some of Thoma's writings are in a regional Bavarian dialect, and one lyrical piece,* Heilige Nacht *(1917), is written in his rural dialect.*

"Die Verlobung," from Lausbubengeschichten, *is still relevant and humorous today, a century after it was first published.*

◆◆◆ Aktiver Wortschatz ◆◆◆

SUBSTANTIVE

die Ausrede, -n excuse
der Bauch, ̈e stomach; abdomen
die Entschuldigung, -en excuse; apology
der Fleiß (*no pl.*) diligence
die Gesellschaft, -en society; company; party
der Gipfel, - peak, summit; **das ist der Gipfel**
   that's the limit!
das Glied, -er limb, member; joint
die Krawatte, -n tie, necktie
der Lausbub, -en (*coll.*) rascal, scamp
die Sorge, -n worry; trouble
das Taschentuch, ̈er handkerchief, hanky
die Verlobung, -en engagement

VERBEN

ab·sehen (ie), a, e to copy something (*from
   someone*); to cheat
sich ärgern (über etwas/jemanden + *acc.*) to be
   annoyed (about something/someone)
auf·schlagen (ä), u, a to open (*book*); to hit, strike
sich aus·kennen, kannte aus, ausgekannt to
   know one's way around
aus·nützen to use; to make use of; to exploit
aus·rutschen (*with* **sein**) to slip
beweisen, ie, ie to prove
drücken to press, push
ein·sperren (in + *acc. or dat.*) to lock up (in)
ertragen (ä), u, a to bear, endure
heulen to howl, bawl, wail

sich kümmern um (etwas/jemanden + *acc.*) to
   look after (something/someone)
leiden, litt, gelitten to suffer; **jemanden leiden
   können** *or* **mögen** to like someone
lügen, o, o to lie, tell a falsehood
sich Sorgen über (etwas/jemanden) machen to
   worry about (something/someone)
schimpfen (auf etwas/jemanden + *acc.*) to get
   angry (at something/someone); to grumble (at
   someone); to swear; to scold
spucken to spit

ANDERE WÖRTER UND AUSDRÜCKE

(un)anständig (in)decent(ly); (im)proper(ly)
brav good, well-behaved; worthy, honest
dreckig dirty
elend miserable; wretched
es geht mich (dich) nichts an! it has nothing to
   do with me (you)!
es ist mir wurscht (wurst)! (*sl.*) it's all the same
   to me!
geheimnisvoll secret(ly); mysterious(ly)
gescheit clever, smart
hinterher behind, after; afterwards
lauter nothing but; honest
nützlich useful
reizend charming; lovely
verdächtig suspicious
zornig angry, furious

A Nie wieder schwänzen. Diese Übung soll man als Partner- oder
Gruppenübung machen. Ergänzen Sie den Lückentext mit einem
passenden Wort bzw. mit passenden Wörtern aus der folgenden Liste.
(Nicht alle Wörter passen.) Verwenden Sie die richtige Form der Wörter.

hinterher, die Ausrede, lügen, heulen, brav, zornig, gescheit, eine
Entschuldigung, die Sorge, der Bauch, dreckig, das Taschentuch,
verdächtig

Gestern ging ich nicht in den Unterricht. Deshalb brauchte ich heute
1_____ _____. Das war das erste Mal, dass ich geschwänzt hatte,
denn gewöhnlich bin ich sehr **2**_____. Aber ich war um eine
3_____ nicht verlegen. Ich sagte dem Professor, dass mir **4**_____
_____ wehgetan hätte. Erschien das dem Professor **5**_____, weil er
mich anstarrte? Ich wurde so nervös, dass ich mit **6**_____ _____ in
meiner Tasche zu spielen anfing. Wusste er, dass ich **7**_____ hatte? Nun
machte ich mir wirklich **8**_____. Mein Bauch tat mir wegen dieser
großen Lüge echt weh. Aber **9**_____ musste ich lächeln, denn ich
dachte: „Ich bin ja sehr **10**_____, nicht wahr?" Aber ehrlich gesagt, ich
habe nie wieder geschwänzt.

B ▶ **Verwandte Wörter und Umschreibungen.** In der linken Spalte
sehen Sie fünfzehn Adjektive aus dem aktiven Wortschatz aus diesem und
aus anderen Kapiteln. In der rechten Spalte sind fünfzehn Beschreibungen
von verschiedenen Personen. Welches Adjektiv passt zu welcher
Beschreibung?

1. blass _____
2. brav _____
3. dreckig _____
4. einsam _____
5. gefällig _____
6. geheimnisvoll _____
7. hässlich _____
8. reizend _____
9. stolz _____
10. unanständig _____
11. vornehm _____
12. zornig _____
13. zurückhaltend _____
14. gescheit _____
15. toll _____

a) wer oft allein ist, aber nicht allein sein will

b) intelligent, schlau

c) wer sehr wenig über sich selbst sagt; wer wenig unter Leute geht

d) aus einer „guten", wahrscheinlich reichen Familie

e) wunderbar, ausgezeichnet

f) wer sich gut benimmt; wer anständig ist

g) wer sich sehr schlecht benimmt

h) wie man aussieht, wenn man krank ist; ohne Farbe

i) sehr böse, wütend

j) wer eine sehr gute Meinung von sich selbst hat

k) nicht schön; schlecht aussehend

l) wer über andere Leute keine Informationen gibt

m) sehr schön, sehr attraktiv

n) nicht sauber

o) wer gern etwas für einen anderen tut

◆◆◆ Vor dem Lesen ◆◆◆

A **Anregung zum Lesen.**   Sehen Sie sich die Zeichnungen an und beschreiben Sie die Bilder. Die folgenden Fragen können Ihnen dabei helfen. Gebrauchen Sie Ihre Fantasie!

1. Wo sind der Junge und der Mann im ersten Bild? Wer sind sie?

2. Wie sieht der Mann aus?

3. Hört der Junge dem Mann zu?

4. Wer sind die beiden Personen im Vordergrund im zweiten Bild?

5. Wie sehen die beiden Personen aus? ([nicht mehr] jung, [un]intelligent, am Gespräch [nicht] interessiert usw.)

6. Wer sind die Personen im dritten Bild?

7. Warum lehnt sich die junge Frau an den Mann?

8. Wie sehen die beiden aus?

B ▸ **Zum Hören.**   Lesen Sie die folgenden Fragen und hören Sie sich
dann die Geschichte an. Machen Sie sich Notizen während Sie zuhören.

1. Was sollte der Junge nicht erfahren?
2. Wie hat sich Marie geändert?
3. Was hat Ludwig vom Professor gehalten?
4. Was hat der Professor von Ludwig gehalten?
5. Was haben Marie und die Mutter vom Professor gehalten?
6. Wie hat Ludwig Marie geärgert?
7. Was ist am Sonntag passiert?

◆◆◆ Lesestück ◆◆◆

Die Verlobung

Unser Klassprofessor Bindinger hatte es auf meine Schwester Marie abgesehen°. Ich merkte es bald, aber daheim taten alle so geheimnisvoll, dass ich nichts erfahre. Sonst hat Marie immer mit mir geschimpft, und wenn meine Mutter sagte: „Ach Gott, ja!", musste sie
5 immer noch was dazutun und sagte, ich bin ein nichtsnutziger° Lausbub. Auf einmal wurde sie ganz sanft. Wenn ich in die Klasse ging, lief sie mir oft bis an die Treppe nach und sagte: „Magst du keinen Apfel mitnehmen, Ludwig?" Und dann gab sie Obacht°, dass ich einen weißen Kragen° anhatte, und band mir die Krawatte, wenn ich es nicht recht gemacht
10 hatte. Einmal kaufte sie mir eine neue, und sonst hat sie sich nie darum gekümmert. Das kam mir gleich verdächtig vor, aber ich wusste nicht, warum sie es tat.

    Wenn ich heimkam, fragte sie mich oft: „Hat dich der Herr Professor aufgerufen°? Ist der Herr Professor freundlich zu dir?"
15   „Was geht denn dich das an?" sagte ich. „Tu nicht gar so gescheit! Auf dich pfeife° ich!"

    Ich meinte zuerst, das ist eine neue Mode von ihr, weil die Mädel alle Augenblicke was anderes haben, dass sie recht gescheit aussehen. Hinterher habe ich mich erst ausgekannt.
20   Der Bindinger konnte mich nie leiden, und ich ihn auch nicht. Er war so dreckig.

    Zum Frühstück hat er immer weiche Eier gegessen; das sah man, weil sein Bart voll Dotter° war.

    Er spuckte einen an, wenn er redete, und seine Augen waren so grün
25 wie von einer Katze. Alle Professoren sind dumm, aber er war noch dümmer.

    Die Haare ließ er sich auch nicht schneiden und hatte viele Schuppen°.

    Wenn er von den alten Deutschen redete, strich er seinen Bart und
30 machte sich eine Bass-Stimme°.

hatte ... *here:* had his eye on my sister Marie

good-for-nothing

gab ... she paid attention / collar

dich aufgerufen called on you

Auf ... couldn't care less about you

yolk

dandruff

also: **Bassstimme**

Ich glaube aber nicht, dass sie einen solchen Bauch hatten und so
abgelatschte° Stiefel wie er.   worn-out

Die anderen schimpfte er, aber mich sperrte er ein, und er sagte
immer: „Du wirst nie ein nützliches Glied der Gesellschaft, elender
35 Bursche°!"   boy, lad (*dial.*)

Dann war ein Ball in der Liedertafel°, wo meine Mutter auch hinging   choir room
wegen der Marie.

Sie kriegte ein Rosakleid dazu und heulte furchtbar, weil die
Näherin° so spät fertig wurde. Ich war froh, wie sie draußen waren mit   seamstress
40 dem Getue°.   fuss

Am anderen Tage beim Essen redeten sie vom Balle, und Marie sagte
zu mir: „Du, Ludwig, Herr Professor Bindinger war auch da. Nein, das
ist ein reizender Mensch!"

Das ärgerte mich, und ich fragte sie, ob er recht gespuckt hat und ob
45 er ihr Rosakleid nicht voll Eierflecken° gemacht hat. Sie wurde ganz rot,   egg blotches
und auf einmal sprang sie in die Höhe und lief hinaus, und man hörte
durch die Tür, wie sie weinte.

Ich musste glauben, dass sie verrückt ist, aber meine Mutter sagte
sehr böse: „Du sollst nicht unanständig reden von deinen Lehrern; das
50 kann Mariechen nicht ertragen."

„Ich möchte schon wissen, was es sie angeht, das ist doch dumm, dass
sie deswegen weint."

„Mariechen ist ein gutes Kind", sagte meine Mutter, „und sie sieht,
was ich leiden muss, wenn du nichts lernst und unanständig bist gegen
55 deinen Professor."

„Er hat aber doch den ganzen Bart voll lauter Eidotter", sagte ich.

„Er ist ein sehr braver und gescheiter Mann, der noch eine große
Laufbahn° hat. Und er war sehr nett zu Mariechen. Und er hat ihr auch   career
gesagt, wie viel Sorgen du ihm machst. Und jetzt bist du ruhig!"

60 Ich sagte nichts mehr, aber ich dachte, was der Bindinger für ein Kerl
ist, dass er mich bei meiner Schwester verschuftet°.   **mich verschuftet** (*dial.*) talks badly about me

Am Nachmittag hat er mich aufgerufen; ich habe aber den Nepos°   Roman author and friend of
nicht präpariert gehabt und konnte nicht übersetzen.   Cicero (ca. 100–25 B.C.E.)

„Warum bist du schon wieder unvorbereitet, Bursche?" fragte er.

65 Ich wusste zuerst keine Ausrede und sagte: „Entschuldigen, Herr
Professor, ich habe nicht gekonnt."

„Was hast du nicht gekonnt?"

„Ich habe keinen Nepos nicht präparieren gekonnt, weil meine
Schwester auf dem Ball war."

70 „Das ist doch der Gipfel der Unverfrorenheit°, mit so einer   insolence
törichten° Entschuldigung zu kommen", sagte er, aber ich habe mich   foolish, stupid

schon auf etwas besonnen° und sagte, dass ich so Kopfweh gehabt habe, weil die Näherin so lange nicht gekommen war und weil ich sie holen musste und auf der Stiege° ausrutschte und mit dem Kopf aufschlug und

75 furchtbare Schmerzen hatte.

Ich dachte mir, wenn er es nicht glaubt, ist es mir auch wurscht, weil er es nicht beweisen kann. Er schimpfte mich aber nicht und ließ mich gehen.

Einen Tag danach, wie ich aus der Klasse kam, saß die Marie auf dem Kanapee im Wohnzimmer und heulte furchtbar. Und meine Mutter hielt

80 ihr den Kopf und sagte: „Das wird schon°, Mariechen. Sei ruhig, Kindchen!"

„Nein, er wird niemals, ganz gewiss nicht, der Lausbub tut es mit Fleiß, dass ich unglücklich werde."

„Was hat sie denn schon wieder für eine Heulerei?" fragte ich. Da

85 wurde meine Mutter so zornig, wie ich sie gar nie gesehen habe.

„Du sollst noch fragen!" sagte sie. „Du kannst es nicht vor Gott verantworten°, was du deiner Schwester tust, und nicht genug, dass du faul bist, redest du dich auf das arme Mädchen aus° und sagst, du wärst über die Stiege gefallen, weil du für sie zur Näherin musstest. Was soll

90 der gute Professor Bindinger von uns denken?"

„Er wird meinen, dass wir ihn bloß ausnützen! Er wird meinen, dass wir alle lügen, er wird glauben, ich bin auch so!" schrie Marie und drückte wieder ihr nasses Tuch auf die Augen.

Ich ging gleich hinaus, weil ich schon wusste, dass sie noch ärger° tut,

95 wenn ich dabeiblieb, und ich kriegte das Essen auf mein Zimmer.

Das war an einem Freitag; und am Sonntag kam auf einmal meine Mutter zu mir herein und lachte so freundlich und sagte, ich soll in das Wohnzimmer kommen.

Da stand der Herr Professor Bindinger, und Marie hatte den Kopf

100 bei ihm angelehnt°, und er schielte° furchtbar. Meine Mutter führte mich bei der Hand und sagte: „Ludwig, unsere Marie wird jetzt deine Frau Professor", und dann nahm sie ihr Taschentuch heraus und weinte. Und Marie weinte. Der Bindinger ging zu mir und legte seine Hand auf meinen Kopf und sagte: „Wir wollen ein nützliches Glied der

105 Gesellschaft aus ihm machen."

auf ... remembered something

(narrow) flight of stairs

Das ... It will turn out all right

accept (the) responsibility for
redest ... you use the poor girl as an excuse

here: worse (*dial.*)

leaned, rested /
was looking cross-eyed

◈◈◈ Nach dem Lesen ◈◈◈

A **Fragen zum Lesestück.** Lesen Sie die Geschichte noch einmal ganz durch. Versuchen Sie unbekannte Wörter durch den Kontext zu verstehen oder schlagen Sie im Wörterbuch nach. Die Fragen leiten Sie chronologisch durch die Geschichte. Prüfen Sie, ob Sie alles verstanden haben.

1. Was hatte der Klassenlehrer getan?
2. Was tat Marie immer? Wann?
3. Was kaufte Marie für Ludwig?
4. Warum kam es ihm verdächtig vor, was Marie tat?
5. Warum konnte Ludwig den Lehrer nicht leiden?
6. Was aß der Lehrer immer zum Frühstück? Wie wusste man das?
7. Was sagte der Lehrer mehrmals über Ludwig?
8. Wohin gingen Marie und ihre Mutter?
9. Warum wurde Marie ganz rot und rannte hinaus?
10. Was sagte dann die Mutter über den Herrn Professor?
11. Was passierte am Nachmittag in der Schule?
12. Warum heulte Marie am nächsten Tag?
13. Warum wurde die Mutter dann auch zornig?
14. Warum weinte Marie am Ende der Geschichte?
15. Was sagte der Lehrer am Ende über Ludwig?

B **Anregung zum Gespräch.** Besprechen Sie die folgenden Fragen mit einer Partnerin oder einem Partner.

1. Der Lehrer beschimpft die anderen Schüler und sperrt Ludwig ein. Wie bestrafen Lehrer ihre Schüler heutzutage?
2. Die Mutter gibt Marie immer Recht. Warum? Ist sie Ludwig gegenüber fair? Weshalb? Weshalb nicht?
3. Ist Ludwig auf seine Schwester eifersüchtig? Wie zeigt sich das?
4. Warum weint Marie immer wieder? War das typisch für Mädchen von damals? Ist das heute auch noch so? Ist Ludwig so wie die Jungen heute sind?

5. Warum war Ludwigs zweite Ausrede besonders wirksam? Warum war der Lehrer diesmal so milde?

6. Warum sagt der Lehrer am Ende der Geschichte, dass man doch ein nützliches Glied der Gesellschaft aus Ludwig machen will? Warum hat er seine Haltung geändert?

7. Schauen Sie sich das erste und das dritte Bild noch einmal an. Wie war Ihr erster Eindruck von dem Professor? Haben Sie Ihre Meinung geändert, nachdem Sie die Geschichte gelesen haben? Wieso oder wieso nicht?

C Zum Schreiben.   Schreiben Sie einen Brief im Perfekt mit 100 bis 150 Wörtern. Stellen Sie sich vor, dass Sie der Professor sind. Sie müssen einen Brief an die Mutter von Ludwig schreiben, denn Ludwig ist nun unausstehlich geworden. Das Problem ist, Sie lieben die Schwester von Ludwig und Sie wollen Ihre Chancen nicht verderben. Obwohl Sie schüchtern sind, können Sie sehr gute Briefe schreiben. Der erste Satz ist schon vorgegeben. Benutzen Sie alle Stichwörter und Sätze, um den Brief zu Ende zu schreiben.

BEISPIEL: Ludwig / sein / ein / nichtsnutzig- / Lausbub

ERSTER SATZ: 1. Ludwig war ein nichtsnutziger Lausbub.

   2. Marie / nett- / Mädchen / sein
   3. ich / sein / freundlich / gewöhnlich
   4. ich / aber / nicht / gern / haben / Ludwig
   5. ich / Marie / einladen / zum Ball
   6. Ludwig / ärgern / sein- / lieb- / Schwester / wieder
   7. Ludwig / letzt- / Aufgabe / vorbereiten / nicht
   8. Ludwig / haben / dumm / immer / Ausreden
   9. Marie / immer / weinen / wieder
  10. Marie / und / ich / heiraten / trotzdem

D Persönliche Fragen. In einer Gruppe stellen Sie sich gegenseitig die folgenden Fragen. Antworten Sie aus Ihrer persönlichen Erfahrung heraus.

1. Sind Ihre Geschwister oder Freunde mal ganz nett zu Ihnen gewesen und Sie wussten nicht warum? Sind Sie später dahinter gekommen? Was war der Grund?

2. Ärgern Ihre Geschwister Sie manchmal? Verteidigt Ihre Mutter oder Ihr Vater Sie? Was passiert dann? Oder versuchen Sie, die Geschwister zu ärgern?

3. Kennen Sie eine(n) Lehrer(in) oder Professor(in) wie Herrn Professor Bindinger? Was war besonders an Ihrem (Ihrer) Lehrer(in) oder Professor (in)?

4. Was ist die beste Ausrede, die Sie je gehört oder benutzt haben, um zu erklären, warum die Hausarbeit nicht verrichtet wurde?

5. Haben Sie es früher wichtig gefunden, welche Kleidung Sie zur Schule trugen? Gefällt Ihnen, was man heute zur Schule trägt? Welche Kleidung tragen Sie, wenn Sie tanzen gehen?

E Interpretation. Gebrauchen Sie Ihre Fantasie und denken Sie über die tiefere Bedeutung dieser Geschichte nach.

1. Ludwig hat eine ganz andere Meinung von dem Professor als Marie und seine Mutter. Könnten alle drei Recht haben? Beschreiben Sie Professor Bindinger, wie Sie ihn sehen. Gibt es solche Professoren heute noch?

2. Würde man eine Geschichte wie „Die Verlobung" heute schreiben? Warum oder warum nicht?

3. Ludwig Thoma war Humorist und Satiriker. Was haben Sie an dieser Geschichte humorvoll gefunden? Geben Sie einige Beispiele.

F Rollenspiel. Schreiben Sie mit einer Partnerin oder einem Partner ein Gespräch, das auf der Geschichte basiert. Spielen Sie das Gespräch in Ihrem Kurs vor. Wählen Sie eines der folgenden Themen:

1. Ludwig spricht mit seiner Mutter über den Liebesbrief, den der Lehrer in der Klasse vorgelesen hat.

2. Ludwig und Herr Bindinger sprechen über das, was in der Schule passiert ist.

Kapitel 7

Der Traummann

HELGA SALFER (1951–)

Helga Salfer received a certificate from the Axel Andersson Akademie in Hamburg, having completed three years of intensive writing instruction. She enjoys writing stories and poems about everyday life. In addition, she enjoys reading books and stories with a historical background. Her favorite time period is the Middle Ages.

Many of Salfer's poems are found in volumes II and III of the Nationalbibliothek des Deutschsprachigen Gedichtes *(1999–2000). Her first book, published by the Videel Verlag, is entitled* Begegnungen *(2001). She is married, has a son, and currently lives in Mönchengladbach, Germany.*

Aktiver Wortschatz

SUBSTANTIVE

der Anblick, -e sight
das Aussehen appearance
das Äußere outward appearance
die Begleitung, -en company, escort
die Eroberung, -en conquest
die Etage, -n floor, story (*of a building*)
die Gelegenheit, -en opportunity
der Junggeselle, -n bachelor
das Läuten ringing (*of a doorbell or an alarm*)
der Mitbewohner, - / die Mitbewohnerin, -nen
  fellow occupant
die Möglichkeit, -en possibility
der Riesenerfolg, -e great success
das Schwärmen being enthused or crazy
  (*about someone or something*)
der Traum, ⸚e dream
der Typ, -en type (*of person*)
die Überraschung, -en surprise
der Verdacht, -e suspicion
die Vorstellung, -en idea; mental picture (*of
  someone or something*)

VERBEN

ab·sagen to cancel, withdraw
beanspruchen to claim; to take advantage of
sich beschäftigen (mit etwas) to occupy oneself
  (with something)
ein·schalten to turn on
entsprechen (i), a, o (+ *dat.*) to correspond (*to
  something*)
gönnen (jemandem etwas) not to begrudge
  (someone something)
**sich ranschmeißen, schmiss ran,
  rangeschmissen** (*coll.*) to throw oneself at
  (*someone or something*)
überraschen to surprise
verderben (i), a, o to spoil; (*with* **sein**) to become
  spoiled
sich verkneifen, verkniff, verkniffen to bite back
  (*a question or remark*)

ANDERE WÖRTER UND AUSDRÜCKE

beziehungsweise (bzw.) or (as the case may be)
sich geschlagen geben (i), a, e to admit defeat
insgesamt in all, altogether
putzig sweet(ly), cute(ly)
schüchtern shy(ly)
sehnsüchtig longing(ly), yearning(ly)
tatsächlich actual(ly), real(ly)
unverfänglich harmless(ly)
unwiderstehlich irresistible/irresistibly

A **Wörtersuche.** Suchen Sie die 18 deutschen Wörter, die die folgenden Bedeutungen haben. Die Wörter können vorwärts, rückwärts, schräg oder senkrecht erscheinen.

1. to spoil
2. being enthused or crazy (about something/someone)
3. company
4. shy
5. to cancel, withdraw
6. in all, altogether
7. dream
8. floor, story (*of a building*)
9. idea; picture (*of sth. or s.o.*)
10. irresistible
11. outward appearance
12. ring (*of a doorbell, alarm*)
13. suspicion
14. sweet, cute
15. possibility
16. actual, real
17. type (*of person*)
18. fellow occupant

U	N	R	E	T	H	C	Ü	H	C	S	S	I	G	S
S	N	O	T	V	E	R	D	A	C	H	T	I	Ü	G
R	O	W	S	E	R	F	O	L	G	N	O	N	B	N
R	O	W	I	R	D	I	E	O	Ö	K	H	S	E	U
E	N	E	R	D	T	O	P	G	Ö	C	S	G	R	L
N	E	R	S	E	E	Y	G	R	A	D	A	E	H	L
H	M	U	A	R	T	R	A	D	A	T	L	S	I	E
O	R	B	A	B	Ä	U	S	S	E	R	E	A	K	T
W	Ä	U	S	E	H	P	U	T	Z	I	G	M	E	S
E	W	S	B	N	C	T	A	R	E	C	U	T	R	R
B	H	T	A	B	S	A	G	E	N	H	C	S	L	O
T	C	H	L	G	E	N	E	T	U	Ä	L	O	M	V
I	S	C	H	T	A	T	S	Ä	C	H	L	I	C	H
M	I	T	G	N	U	T	I	E	L	G	E	B	C	H
M	Ö	G	L	I	C	H	K	E	I	T	R	A	U	H

B Die amerikanische Familie. Ergänzen Sie den Lückentext mit einem passenden Wort bzw. mit passenden Wörtern aus der folgenden Liste. (Nicht alle Wörter passen.) Verwenden Sie die richtige Form der Wörter.

die Gelegenheit, der Begleiter, verderben, der Traum, absagen, die Etage, das Schwärmen, die Überraschung, insgesamt, der Mitbewohner, der Verdacht, das Aussehen, das Läuten, tatsächlich, putzig

Als die einzige amerikanische Familie in einem kleinen Dorf in Deutschland hatten sie die einmalige **1**_____, deutsche Sitten persönlich kennen zu lernen. Die anderen **2**_____ des Wohnhauses hatten auch zwei Kinder. In der ersten **3**_____ wohnten die Schönefelders mit ihren Söhnen Rudi und Hans. In der dritten Etage wohnten die Schmidts mit ihren Kindern Erika und Wolfgang. **4**_____ wohnten nun sechs Kinder im Hause.

Die Nachbarn hatten die amerikanischen Kinder sehr verwöhnt, vielleicht weil sie so **5**_____ aussahen. Am 6. Dezember ging die amerikanische Mutter einkaufen, um Sachen für die Schuhe, die dann vor die Tür gestellt werden sollten, zu kaufen. Alles war nun da, besonders die Gummibärchen, die immer ein großes **6**_____ der Kinder erweckten.

Als die Amerikaner zum Abendbrot am Tisch saßen, hörten sie plötzlich das **7**_____ der Türklingel. Aber als die Mutter die Tür aufmachte, war weit und breit kein Mensch zu sehen. Stattdessen standen zwei knallrote Stiefel vor der Tür, voll mit Süßigkeiten und kleinen Spielzeugen. Natürlich fiel der **8**_____ auf die Nachbarn.

Als es zum zweiten Mal läutete, ging die Mutter wieder zur Tür. Was für eine **9**_____! Jetzt standen zwei rote Schuhe voll mit Schokolade vor der Tür! Die Mutter sagte nun laut: „Es gibt **10**_____ einen Nikolaus. Aber leider hat noch kein Mensch den Nikolaus oder seinen **11**_____, den Grampus, gesehen. Darum bleibt das **12**_____ der beiden ein streng gehütetes Geheimnis."

◆◆◆ Vor dem Lesen ◆◆◆

A **Anregung zum Lesen.** Sehen Sie sich die Zeichnungen an und beschreiben Sie die Bilder. Die folgenden Fragen können Ihnen dabei helfen. Gebrauchen Sie Ihre Fantasie!

1. Was bedeuten die Schachteln in der Wohnung der jungen Frau?

2. An wen denkt die junge Frau im ersten Bild?

3. Wo ist die junge Frau im zweiten Bild?

4. Was gibt die junge Frau dem Mann, der die Tür aufmacht?

5. Wen sieht die junge Frau in der Wohnung des Mannes? Warum hat die junge Frau einen enttäuschten Ausdruck auf ihrem Gesicht?

6. Wer sind die Leute in der Wohnung der jungen Frau im dritten Bild? Wer steht neben der jungen Frau?

B **Zum Hören.** Lesen Sie die Fragen und hören Sie sich dann die Geschichte an. Machen Sie sich Notizen während Sie zuhören.

1. Wer ist Annas Traummann?
2. Wie sieht dieser Traummann aus?
3. Welchen Plan hat Anna, um ihren Traummann kennen zu lernen?
4. Gibt es noch einen anderen Single in dem Wohnhaus?
5. Wie lädt Anna die Hausbewohner ein?

◆◆◆ Lesestück ◆◆◆

Der Traummann

E̲s war schon einige Wochen her, dass Sven Parker, Annas Traummann, ihr zum ersten Mal begegnet war. Sie wohnten im gleichen Haus. Herr Parker bewohnte die vierte und Anna die zweite Etage.

Sein Aussehen entsprach genau Annas Vorstellungen: groß, blond, mit blauen Augen und einem unwiderstehlichen Lächeln. Wann immer sie an ihn dachte, geriet sie ins Schwärmen. Leider hatte sich nie eine Gelegenheit ergeben, mal ganz unverfänglich erste Kontakte zu knüpfen.

Dies war ein Problem, das Anna inzwischen Tag und Nacht beschäftigte: Wie konnte sie ihn am besten kennen lernen?

Sie war sicher keine Frau, die sich an jeden Mann ranschmiss, auch wenn er noch so verführerisch° aussah. Hin und her überlegte sie°, welche Möglichkeit es gab, ohne dass es gleich wie Anmache° wirkte.

Nun, er hätte ja eventuell auch die Initiative ergreifen können. Aber vielleicht war er schüchtern – oder sie war gar nicht sein Typ. Ein Gedanke, der Anna erschreckte.

Sie musste sich einfach etwas ausdenken, was den Verdacht des Ranschmeißens gar nicht erst aufkommen ließ. Aber was?

Die Erleuchtung° kam ihr ganz plötzlich bei einer Betriebsfeier° mit ihren Kollegen.

Eine Party! Sie musste eine Party im Haus organisieren. Wenn sie sämtliche Mitbewohner einlud, würde niemand, auch Sven Parker nicht, sie verdächtigen, dass sie bloß an einem einzigen Gast interessiert war.

Sie kam auf insgesamt zwölf Personen, die in ihrem Haus wohnten. Es handelte sich um fünf Paare und zwei Einzelpersonen, nämlich „ihn" und den Junggesellen aus der dritten Etage, der einen kleinen Hund besaß, eine Promenadenmischung.

Anna fand den Hund putzig. Doch seinem Herrchen gönnte sie selten mehr als einen flüchtigen Gruß, denn Sven, ihr Traum, beanspruchte ihr gesamtes Denken und Fühlen.

seductive / **Hin und her** ... turned it over and over in her mind / come-on

enlightenment, inspiration / company party

30 Anna ging also von Wohnung zu Wohnung, um ihre Einladung an den Mann beziehungsweise an die Frau zu bringen.

„Ich bin neu zugezogen und möchte eine kleine Einstandsparty° geben", erklärte sie. „Es wäre nett, wenn Sie kämen."

Den Besuch bei ihrem Traummann sparte sie sich bis zuletzt auf.

35 Als Vorletzter war der Hundebesitzer an der Reihe.

Und hier erlebte Anna eine Überraschung. Dass das kleine Tier sie mochte, wusste sie. Aber dass sein Besitzer, Tom Kramer, netter war als gedacht, merkte sie erst jetzt.

Er öffnete auf Annas Läuten und schien von ihrem Anblick hoch
40 erfreut, ebenso wie sein Hund, der entzückt an ihr hochsprang. Tom Kramer strahlte Anna an und sagte: „Na so was! Das ist aber eine Überraschung! Was kann ich denn für Sie tun, Frau Brandt?"

Er kannte also ihren Namen. Anna erwiderte lächelnd: „Eigentlich nichts, außer, dass Sie mir den Gefallen tun, mein Gast zu sein. Ich würde
45 Sie gern zu der Party einladen, die ich zur Feier meines Einzuges° gebe. Alle anderen Hausbewohner haben schon zugesagt. Passt Ihnen der kommende Samstagabend?"

„Klar, kein Problem", antwortete er. „Nett von Ihnen. Wissen Sie, dass ich mir das schon lange wünsche? Ich meine nicht eine Einladung zu
50 einer Party, sondern einfach eine Gelegenheit, Sie ein bisschen näher kennen zu lernen."

„Tatsächlich?" erwiderte Anna überrascht.

Aber gleichzeitig ging sie auch wieder ein wenig auf Distanz. Sie fand den jungen Mann zwar sympathisch, aber ihr Interesse galt nun einmal
55 Sven. Anna unterdrückte einen sehnsüchtigen Seufzer°. „Ich darf Sie also erwarten?" fuhr sie fort. „Am Samstagabend um acht? Es wird kein großartiges Gelage°, nur ein paar belegte Brötchen und ein paar Salate."

„Ich habe eine bessere Idee", meinte Tom. „Was halten Sie davon, mich als Küchenhilfe zu engagieren? Ich bin ziemlich geschickt bei solchen
60 Sachen. Wenn meine Schwester früher eine Party gab, habe ich auch immer ausgeholfen, und es hat mir riesigen Spaß gemacht. Ich könnte ein, zwei Stunden vorher bei Ihnen sein und Ihnen zur Hand gehen°. Ich habe ein Spezialrezept für einen Salat, der Ihnen sicher schmecken wird. Zutaten dafür bringe ich mit."

65 „Das geht doch nicht", protestierte Anna.

Aber sie merkte selbst, dass ihr Einwand° ein wenig schwach klang. Kochen war nicht gerade ihre Stärke.

„Das kann ich unmöglich annehmen".

„Natürlich können Sie", erwiderte er energisch, „Sie müssen sogar,
70 oder wollen Sie mir die Freude verderben?"

Margin glosses:

a party to celebrate moving into a new residence or getting a new job

moving in

sigh

feast, banquet

zur Hand ... to help out

objection

„Nein." Anna gab sich geschlagen. „Also dann bis Samstag um sieben Uhr." „Besser halb sieben, der Salat muss richtig durchziehen°. Darf ich den Hund mitbringen? Er stört bestimmt nicht. Ich lasse ihn ungern allein."

marinate

„Ja, sicher, er ist ja ein besonders lieber kleiner Kerl", antwortete
75 Anna lächelnd.

Tom nickte. „Das ist er. Das Äußere ist wirklich nicht das Allerwichtigste, weder beim Menschen noch beim Hund. Leider denken nicht alle so. Dieser Schönling° aus der vierten Etage hat ihm neulich im Lift° einen Fußtritt verpasst und zu mir hat er gesagt: „Wie kann man
80 sich nur so ein hässliches Vieh zulegen?" Seit dieser Zeit benutzen wir beide den Aufzug nicht mehr mit ihm gemeinsam. Wir streiken. Obwohl der Kleine die Beleidigung ja nicht mitbekommen hat. In der Beziehung sind Hunde entschieden im Vorteil."

(*often derogatory*) pretty boy
elevator

Anna schluckte. „Also dann bis Samstag", sagte sie hastig und wandte
85 sich zum Gehen.

Sie wusste nicht, ob sie lachen oder weinen sollte. Das Ansehen ihres Traummannes war heftig angekratzt worden. Aber sollte sie wirklich gleich das Handtuch werfen, nur weil Sven etwas gegen Toms Hund hatte? Sollte sie die Feier absagen?

90 Nein! Auf gar keinen Fall. Sie klingelte an Sven Parkers Wohnungstür. Erst nach geraumer Zeit wurde ihr geöffnet.

Sven trat ihr in einem eleganten Bademantel mit zerzausten Haaren, so als wäre er gerade erst aufgestanden, entgegen.

„Ach, Sie sind das", sagte er mit einem gezwungenen Lächeln.
95 „Verzeihung, ich störe wohl?" fragte Anna unsicher.

„Stimmt", antwortete er lässig. „Aber sagen Sie trotzdem, was Sie zu mir führt." Anna sagte es ihm.

„Eine Party? Schön! Kann ich jemanden mitbringen?"

Anna begriff in Sekundenschnelle. Und seltsamerweise war sie nicht
100 mal enttäuscht.

„Selbstverständlich! Herr Kramer bringt auch seinen Hund mit."

„Ach je! Na gut, solange ich den Köter° nicht anfassen muss ... Ich bin allergisch." „Gegen Hunde oder gegen Tom Kramer?" fragte Anna und verkniff sich ein Lachen.

mutt

105 „Beides", entgegnete Sven.

Im Hintergrund wurde eine Stereoanlage eingeschaltet. Die laute Musik ließ Anna unwillkürlich zurückprallen.

Das Signal wirkte. Sven schenkte Anna noch ein letztes flüchtiges Lächeln und empfahl sich mit einem hastigen: „Tschüss, bis Samstag."
110 Anna unterdrückte ihr Lachen nicht mehr, als sie nach unten ging. Ihr so raffiniert ausgeheckter Vorstoß° zur Eroberung des Traummannes war

ausgeheckter ... planned
attack

mit Vollgas ins Leere gegangen. Und das war ein Segen. Sie hätte sich mit dem Musikgeschmack des Hundegegners nie anfreunden können!

Nun konnte der Samstag kommen. Sie freute sich richtig darauf, am meisten – und das war die eigentliche Überraschung – auf Tom.

Annas Erwartungen wurden nicht enttäuscht. Die Party war von Anfang bis Ende ein Riesenerfolg, nicht zuletzt durch Toms Mithilfe.

Sven erschien mit einer attraktiven Frau, die sogleich Gefallen an Toms Hund fand.

Tom stieß Anna an und grinste.

Anna flüsterte ihm zu, wie er Svens Begleitung fände.

„Ganz nett", antwortete er. „Aber meine Traumfrau sieht anders aus."

„Wie denn?" meinte Anna.

„Guck mal in den Spiegel", antwortete er zärtlich.

Anna lächelte glücklich.

Die Party für den Traummann hatte zuletzt doch das erwünschte Ergebnis gebracht, wenn auch auf ganz andere Weise, als Anna es sich gedacht hatte!

◇◇◇ **Nach dem Lesen** ◇◇◇

A **Fragen zum Lesestück.** Lesen Sie die Geschichte noch einmal ganz durch. Versuchen Sie unbekannte Wörter durch den Kontext zu verstehen oder schlagen Sie im Wörterbuch nach. Die Fragen leiten Sie chronologisch durch die Geschichte. Prüfen Sie, ob Sie alles verstanden haben.

1. Wann hat Anna Sven Parker zum ersten Mal getroffen?
2. Warum ist er ihr Traummann?
3. Was passiert ihr, wenn sie an ihn denkt?
4. Welcher Gedanke erschreckt Anna?
5. Wie kann Anna Sven besser kennen lernen?
6. Wie viele Leute wohnen in Annas Wohnhaus?
7. Warum will Anna eine Party geben? Welchen Grund gibt sie an?
8. Was wünscht sich der vorletzte Gast schon lange?
9. Wie will Tom Anna in der Küche helfen?
10. Welche Bitte stellt Tom an Anna?

11. Warum lächelt Anna darüber?

12. Warum hat Sven Toms Hund nicht gern?

13. Was hält Anna von Svens Musikgeschmack?

14. Wen bringt Sven zur Party mit?

15. Wer ist denn Toms Traumfrau?

B Anregung zum Gespräch.   Besprechen Sie die folgenden Fragen mit einer Partnerin oder einem Partner.

1. Wie hätte Anna Sven Parker gleich besser kennen lernen können?

2. Warum hat Anna nicht früher mit Tom gesprochen, obwohl sie seinen Hund doch putzig fand?

3. Was ist eine Einstandsparty? Warum hat Anna eine Einstandsparty gegeben?

4. Ist eine Einstandsparty die beste Möglichkeit alle Hausbewohner kennen zu lernen? Wie könnte Anna die verschiedenen Leute im Haus besser kennen lernen?

C Zum Schreiben.   Schreiben Sie eine Zusammenfassung der Geschichte im Imperfekt mit 50 bis 100 Wörtern, von Toms Gesichtspunkt aus. Der erste Satz ist schon vorgegeben. Benutzen Sie alle Wörter von der Liste, um die Zusammenfassung zu Ende zu schreiben.

ERSTER SATZ: Ich wollte schon lange die Anna ein bisschen näher kennen lernen.

mein kleiner Hund, nur einen Gruß, Denken und Fühlen, eine Überraschung, hocherfreut, Anna anstrahlen, eine Gelegenheit, zwar sympathisch, Interesse, Küchenhilfe zu engagieren, in den Spiegel gucken

D Persönliche Fragen.   In einer Gruppe stellen Sie sich gegenseitig die folgenden Fragen. Antworten Sie aus Ihrer persönlichen Erfahrung heraus.

1. Wie soll Ihr Traummann oder Ihre Traumfrau aussehen?

2. Glauben Sie an Liebe auf dem ersten Blick? Ist das Aussehen einer Person denn wirklich so wichtig?

3. Warum soll man sich nicht an jeden Mann oder jede Frau ranschmeißen?

4. Wie stellen Sie sich eine erfolgreiche Party vor?

PERSÖNLICHE FRAGEN

E Interpretation. Gebrauchen Sie Ihre Fantasie und denken Sie über die tiefere Bedeutung dieser Geschichte nach.

1. Wenn man ständig nur an eine Person denkt, schließt man dann die Möglichkeit aus, andere nette Leute kennen zu lernen?
2. Erklären Sie den Spruch, „Schön ist, was gefällt".

F Rollenspiel. Schreiben Sie mit einer Partnerin oder einem Partner ein Gespräch, das auf der Geschichte basiert. Spielen Sie das Gespräch in Ihrem Kurs vor. Wählen Sie eines der folgenden Themen:

1. Ein Rollenspiel von der Party. Was sagen Sven und Anna zueinander? Was sagt Anna zu Tom und umgekehrt?
2. Ein Rollenspiel zwischen Sven und Tom, die sich am nächsten Tag zufällig auf der Straße treffen.

Kapitel 8

Es war ein reizender Abend

ERICH KÄSTNER (1899–1974)

Erich Kästner was born in Dresden in 1899. He first studied to be a teacher, but World War I interrupted his education. After the war Kästner studied Germanistik *in Berlin, Rostock, and Leipzig. In 1927 he returned to Berlin and became a freelance writer. His first collection of poetry,* Herz auf Taille, *appeared in 1928. Unlike many other German writers, Kästner did not leave Germany in 1933 when the Nazis banned and burned his books. Instead he wrote under an assumed name, and his books were published abroad. He was the author of the script for the film version of* Münchhausen, *which first appeared in 1943. From 1945 to 1948 he was chief editor of the features section of the* Neue Zeitung *in Munich. Kästner was president of the German division of PEN (Poets and playwrights, Essayists and editors, and Novelists), a well-known international group of writers. He was awarded the* Büchner Preis *in 1957.*

Kästner had the ability to identify with his readers; he did not hold himself aloof, and he had something to say to everyone. His popularity is probably due in part to the fact that he knew how to laugh about his own weaknesses and mistakes, and shared his insights with the reader. His satire is sharp and cutting, however, when attacking brutality, obstinacy, laziness, cowardice, and narrow-mindedness.

Kästner is known to many older readers for his children's book Emil und die Detektive *(1928), which was used as a reader for many decades in public schools. Kästner is also known for his collection of poetry* Doktor Erich Kästners lyrische Hausapotheke *(1936), which many readers of German have enjoyed. Other popular titles by Kästner include the children's books* Till Eulenspiegel *(1938),* Der gestiefelte Kater *(1950), and* Gullivers Reisen *(1961). He also wrote several plays, radio plays, short stories, and novels.*

The short story "Es war ein reizender Abend" is a telling example of Kästner's literary distinction. Haven't we all received invitations we didn't really want to accept, but were too polite to decline? With humor and satire, Kästner shows us the consequences of one such invitation.

◆◆◆ **Aktiver Wortschatz** ◆◆◆

SUBSTANTIVE

der Abstand, ⁻e distance; gap
die Bewegung, -en movement
der Blumenkohl (*no pl.*) cauliflower
der Daumen, - thumb
der Einbrecher, - / die Einbrecherin, -nen burglar
die Einladung, -en invitation
die Kette, -n chain
das Kotelett, -s chop, cutlet
der Satz, ⁻e sentence; leap
das Schloss, ⁻er lock; castle
die Schnauze, -n snout, nose; (*sl.*) mouth; spout
der Verleger, - / die Verlegerin, -nen publisher; distributor
der Witz, -e joke

VERBEN

ab·hängen to take down
an·kündigen to announce; to advertise
bevorzugen to prefer
(sich) bilden to form; to educate (oneself)
(sich) bücken to bend (*over*)
eilen to hurry
entzücken to delight
kauen to chew
klettern (*with* **sein**) to climb
mit·teilen (jemandem etwas) to tell (someone something)
mustern to scrutinize, look over
pflegen (etwas zu tun) to be in the habit of (doing something); **sich pflegen** to take care of one's appearance
plaudern (über + *acc.* **/ von)** to chat, talk (about)
probieren to try; to taste
streicheln to stroke, caress
verlaufen (äu), ie, au (*with* **sein**) to pass (*a time span*); to proceed (*e.g., an investigation*)
verzehren to consume
(sich) verstauchen (+ *dat.*) to sprain (*one's hand, foot, etc.*)

wagen to venture; to risk
(sich) zanken (mit jemandem) to quarrel (with someone)

ANDERE WÖRTER UND AUSDRÜCKE

anschließend afterwards, following
bedrohlich dangerous(ly), alarming(ly), threatening(ly)
beispielsweise for example
sich einen Schnupfen holen to catch cold
fröhlich happy/happily, cheerful(ly), merry/merrily
heftig violent(ly); vigorous(ly)
ums Haar (*figurative*) very nearly, almost
ich habe mir die Hand verstaucht I sprained my hand
zärtlich tender(ly), affectionate(ly), loving(ly)

Kreuzworträtsel. Lösen Sie das Kreuzworträtsel. Schreiben Sie dann Sätze mit den Antworten.

Waagerecht	Senkrecht
1. to prefer	2. only
4. burglar	3. sentence; leap
6. joke	4. to hurry
7. invitation	5. movement
10. to chew	6. to dare, try
11. **Guten** _____ (day)!	8. thumb
12. to caress, pet	9. happy, cheerful
14. to threaten	10. chain
15. quietness, tranquility	12. lock; castle
16. try; taste (**ich**-form)	13. Das Auto hat mich ums _____ getroffen.

B **Achtung, Wachhund!** Diese Übung soll man als Partner- oder Gruppenübung machen. Ergänzen Sie den Lückentext mit einem passenden Wort bzw. mit passenden Wörtern aus der folgenden Liste. (Nicht alle Wörter passen.) Verwenden Sie die richtige Form der Wörter.

die Einladung, die Ketten, eilen, verstauchen, fröhlich, der Einbrecher, verzehren, der Daumen, kauen, beispielsweise, das Plaudern, Kotelett, wagen, die Schnauze, der Witz

Ich bin nämlich **1**_____ von Beruf. Ich denke, ich bin ziemlich schlau und geschickt, auch gegen Wachhunde. Man braucht nur ein Stück Fleisch, Beefsteak oder **2**_____, zum Beispiel, anzubieten. Und während der Hund das Fleisch **3**_____, **4**_____ ich durch die Wohnung zu gehen. Während dieser einen Nacht aber, als ich am Haus einer sehr reichen Familie ankam, sah ich ein Schild, worauf geschrieben stand: „Vorsicht gefährliches Tier!" Nicht gerade eine **5**_____ für Einbrecher. Aber gefährliche Hunde sehe ich öfter in meinem Beruf. Letzte Woche, **6**_____, stand ich einem Schäferhund mit einer großen, hässlichen **7**_____ gegenüber. Sogar der war kein Problem; er **8**_____ ruhig an dem Beefsteak, das ich ihm zugeworfen hatte.

Aber in diesem Haus gab es noch ein anderes Paar Augen, das auf mich gerichtet war: ein bunter Papagei in einem Käfig starrte mich an und sagte dann: „Vorsicht gefährliches Tier. Ein gefährliches Tier beobachtet dich." Ich dachte mir, „Das ist ein blöder **9**_____. Wie gefährlich kann schon ein Papagei im Käfig sein?" Na ja, es stimmt, seine Stimme war nicht gerade **10**_____, aber ich wollte sowieso nichts mit diesem Vogel zu tun haben.

Als ich von Zimmer zu Zimmer schlich, wiederholte er seine Warnung: „Ein gefährliches Tier beobachtet dich." Sein sinnloses **11**_____ machte mich nervös.

Endlich erreichte ich das Schlafzimmer, um dort nach goldenen **12**_____ und Ringen zu suchen. Plötzlich sah ich einen riesigen Hund, der mich auch gleich sah. Er sprang auf und ich lief so schnell, ich konnte weg von ihm. Aber in meiner Hast fiel ich über seine Wasserschale und **13**_____ mir den Fuß.

C **Verwandte Verben und Substantive.** Merken Sie sich die folgenden verwandten Verben und Substantive mit der Endung *-ung*. Schreiben Sie einen Satz mit jedem Substantiv und versuchen Sie dabei seine Bedeutung auszudrücken.

1. ankündigen → die Ankündigung
2. bedrohen → die Bedrohung
3. (sich) bewegen → die Bewegung
4. bilden → die Bildung
5. einladen → die Einladung
6. entzücken → die Entzückung
7. mitteilen → die Mitteilung
8. verstauchen → die Verstauchung

◆◆◆ Vor dem Lesen ◆◆◆

A **Anregung zum Lesen.**   Sehen Sie sich die Zeichnungen an und beschreiben Sie die Bilder. Die folgenden Fragen können Ihnen dabei helfen. Gebrauchen Sie Ihre Fantasie!

1. Was für einen Hund sehen Sie im ersten Bild?

2. Sieht der Hund freundlich aus?

3. Wie sehen die Menschen aus?

4. Wo ist der Mann im zweiten Bild?

5. Was tut der Mann?

6. Wer wartet vor der Tür?

7. Was tut der Mann im dritten Bild? Warum wohl?

B **Zum Hören.** Lesen Sie die Fragen und hören Sie sich dann die Geschichte an. Machen Sie sich Notizen während Sie zuhören.

1. Was will der Erzähler nicht machen?
2. Wo war der Erzähler mit seiner Frau vor drei Wochen?
3. Wer ist plötzlich durch die Tür gekommen?
4. Was hat das Tier getan, als Frau Thorn eine Handbewegung machte?
5. Wohin ist der Erzähler während des Essens gegangen?
6. Wie lange ist er im Waschraum geblieben? Warum?
7. Wie ist er endlich aus dem Waschraum herausgekommen? Warum?

◆◆◆ Lesestück ◆◆◆

Es war ein reizender Abend

Ach, wie schön ist es, von niemandem eingeladen, durch die abendlichen Geschäftsstraßen zu schlendern°, irgendwo eine Schweinshaxe° zu verzehren und, allenfalls°, mit einem fremden Menschen über den Kaffeepreis zu plaudern! Aber Einladungen? Nein.

5 Dafür ist das Leben zu kurz.

Nehmen wir beispielsweise die Einladung bei Burmeesters. Vor drei Wochen. Entzückende Leute. Gebildet, weltoffen, hausmusikalisch, nichts gegen Burmeesters. Und wir wussten, wer außer uns käme. Thorn, der Verleger, mit seiner Frau, also alte Bekannte. Wir waren pünktlich.

10 Der Martini war so trocken, wie ein Getränk nur sein kann. Thorn erzählte ein paar Witze, weder zu alt noch zu neu, hübsch abgehangen°. Lottchen sah mich an, als wollte sie sagen: „Was hast du eigentlich gegen Einladungen?" Ja. Und dann flog die Tür auf.

Ein Hund trat ein. Er musste sich bücken. So groß war er. Eine

15 dänische Dogge°, wie wir erfuhren. Lottchen dachte: „Die Freunde meiner Freunde sind auch meine Freunde", und wollte das Tier streicheln. Es schnappte zu. Wie ein Vorhängeschloss°. Zum Glück ein wenig ungenau. „Vorsicht!" sagte der Hausherr. „Ja nicht° streicheln! Doktor Riemer hätte es neulich ums Haar einen Daumen gekostet. Der

20 Hund ist auf den Mann dressiert°."

Frau Thorn, die auf dem Sofa saß, meinte zwinkernd: „Aber doch nicht auf die Frau." Sie schien hierbei etwas vorlaut° eine Handbewegung gemacht zu haben, denn schon sprang die Dogge, elegant wie ein Hannoveraner Dressurpferd°, mit einem einzigen Satz quer durchs

25 Zimmer und landete auf Frau Thorn und dem Sofa, dass beide in allen Nähten krachten°. Herr und Frau Burmeester eilten zu Hilfe, zerrten ihren Liebling ächzend° in die Zimmermitte und zankten zärtlich mit ihm. Anschließend legte der Gastgeber das liebe Tier an eine kurze aus Stahlringen gefügte° Kette. Wir atmeten vorsichtig auf.

stroll
knuckle of pork / if need be

hübsch ... *here:* like a well-aged sausage

dänische ... Great Dane

padlock
Ja ... Don't dare

auf ... trained to attack people

brashly

Hannoveraner ... a trained horse from Hanover (city in north-central Germany)
in ... burst at the seams groaning

aus ... made of steel rings

30   Dann hieß es, es sei serviert. Wir schritten, in gemessenem° Abstand,   **schritten** ... proceeded at a
      hinter dem Hund, den Herr Burmeester an der Kette hatte, ins   safe
      Nebenzimmer.

      Die Suppe verlief ungetrübt°. Denn der Hausherr aß keine. Als die   undisturbed
      Koteletts mit dem Blumenkohl in holländischer Soße auf den Tisch
35   kamen, wurde das anders. Man kann kein Kalbskotelett essen, während
      man eine dänische Dogge hält. „Keine Angst", sagte Herr Burmeester.
      „Das Tier ist schläfrig und wird sich gleich zusammenrollen. Nur eins,
      bitte – keine heftigen Bewegungen!"

      Wir aßen wie die Mäuschen. Mit angelegten Ohren°. Wagten kaum   **Mit** ... with ears set back
40   zu kauen. Hielten die Ellbogen eng an den Körper gewinkelt°. Doch das   (*showing fear*)
      Tier war noch gar nicht müde. Es beschnüffelte uns hinterrücks°. Sehr   at an angle
      langsam. Sehr gründlich. Dann blieb es neben mir stehen und legte seine   **beschnüffelte** ... sniffed at
      feuchtfröhliche° Schnauze in meinen Blumenkohl. Burmeesters lachten   us from behind
      herzlich, riefen nach einem frischen Teller, und ich fragte, wo man sich (*lit.*) wetly-merry
45   die Hände waschen könne.

      Als ich, ein paar Minuten später, aus dem Waschraum ins
      Speisezimmer zurückwollte, knurrte° es im Korridor. Es knurrte sehr.   growled
      Mit einem solchen Knurren pflegen sich sonst größere Erdbeben°   earthquakes
      anzukündigen. Ich blieb also im Waschraum und betrachtete Burmeesters
50   Toilettenartikel. Als ich nach weiteren zehn Minuten die Tür von neuem
      aufklinken° wollte, knurrte es wieder. Noch bedrohlicher als das erste   open
      Mal. Nun schön. Ich blieb. Kämmte mich.

      Probierte, wie ich mit Linksscheitel° aussähe. Mit Rechtsscheitel.   a part on the left (*hair*)
      Bürstete mir einen Hauch° Brillantine ins Haar. Nach einer halben Stunde *here:* a touch (*a little bit*)
55   klopfte Herr Burmeester an die Tür und fragte, ob mir nicht gut sei.

      „Doch, doch, aber Ihr Hündchen lässt mich nicht raus!", rief ich
      leise. Herr Burmeester lachte sein frisches, offenes Männerlachen. Dann
      sagte er: „Auf diese Tür ist das Tier besonders scharf. Wegen der
      Einbrecher. Einbrecher bevorzugen bekanntlich die Waschräume zum
60   Einsteigen. Warum, weiß kein Mensch, aber es ist so. Komm Cäsar!"
      Cäsar kam nicht. Nicht ums Verrecken°. Stattdessen kam Frau   **Nicht** ... Not on your life!
      Burmeester. Und Lottchen. Und das Ehepaar Thorn. „Sie Armer!" rief
      Frau Thorn.

      Zwischendurch teilte mir Herr Burmeester mit, er wolle den
65   Hundedresseur anrufen. Irgendwann klopfte er und sagte, der Mann sei
      leider im Krankenhaus. Ob er später noch einmal geklopft hat, weiß ich
      nicht. Ich kletterte durch das leider etwas schmale und hoch gelegene
      Fenster, sprang in den Garten, verstauchte mir den linken Fuß und
      humpelte° heimwärts. Bis ich ein Taxi fand. Geld hatte ich bei mir. Hätte hobbled, limped
70   ich vorher gewusst, was käme, hätt' ich, als ich in den Waschraum ging,

den Mantel angezogen. So saß ich schließlich, restlos verbittert, auf unserer Gartenmauer und holte mir einen Schnupfen. Als Lottchen mit meinem Hut, Schirm und Mantel angefahren kam, musterte sie mich ein wenig besorgt und erstaunt. „Nanu", meinte sie, „seit wann hast du denn
75 einen Scheitel?"

Wie gesagt, Einladungen sind eine schreckliche Sache. Ich humpele°   limp
heute noch.

◆◇◆ Nach dem Lesen ◆◇◆

A Fragen zum Lesestück.   Lesen Sie die Geschichte noch einmal ganz durch. Versuchen Sie unbekannte Wörter durch den Kontext zu verstehen. Die Fragen leiten Sie chronologisch durch die Geschichte. Prüfen Sie, ob Sie alles verstanden haben.

1. Wo möchte der Erzähler gern essen?
2. Mit wem war er bereit zu sprechen?
3. Wofür findet er das Leben zu kurz?
4. Was für Leute waren die Burmeesters?
5. Was für einen Hund hatten Burmeesters?
6. Warum wollte Lottchen den Hund streicheln?
7. Warum sollte man den Hund nicht streicheln?
8. Was passierte Frau Thorn?
9. Was tat Herr Burmeester dann mit dem Hund?
10. Welche Warnung gab Herr Burmeester seinen Gästen?
11. Wie aßen die Gäste das Essen?
12. Was machte der Hund dann?
13. Wohin legte der Hund seine Schnauze?
14. Was machte der Erzähler im Waschraum?
15. Was passierte dem Erzähler, nachdem er aus dem Fenster geklettert war?

B **Anregung zum Gespräch.** Besprechen Sie die folgenden Fragen mit einer Partnerin oder einem Partner.

1. Wie benimmt sich die Dogge? Wie haben Burmeesters den Hund behandelt? Was sagt das über sie aus?

2. Sollen Gäste vor einem Hund Angst haben? Warum hat der Erzähler nicht einfach gefragt, ob der Hund während des Essens in einem anderen Zimmer bleiben darf?

3. Wie haben Sie auf die Frage der Frau des Erzählers am Ende der Geschichte reagiert?

4. Schon zu Beginn meinte der Erzähler, dass er lieber nicht irgendwo eingeladen sein möchte. Was hatte er gegen Einladungen?

5. Schauen Sie sich die Bilder noch einmal an. Als Sie sie zum ersten Mal gesehen haben, was haben Sie sich vorgestellt, worum die Geschichte geht? Ist die Geschichte anders, als Sie erwartet haben? Wieso?

C **Zum Schreiben.** Stellen Sie sich vor, Sie sind der Erzähler. Ein Nachbar hat Sie beim Aussteigen aus dem Badezimmmerfenster gesehen. Erzählen Sie dem Nachbarn was passiert ist. Benutzen Sie alle Wörter von der Liste, um Ihre Erzählung zu schreiben.

BEISPIEL: ich / haben / Einladungen / gern / nicht

ERSTER SATZ: 1. Ich habe Einladungen nicht gern.

2. Gespräch / und / Martini / trocken

3. Hund / Pferd

4. Hund / schnappen / nach / Lottchens / Hand

5. springen / Dogge / mit Satz / durch / Zimmer

6. Herr Burmeester / legen / Hund / Kette / aus Stahl // und / halten / Hund / fest

7. Herr Burmeester / Hund an der Kette haben // können / Gäste / Suppe / in Ruhe / essen

8. nachdem / Koteletts / servieren // legen / Hund / Schnauze / in Blumenkohl

9. ich / Hände / sich waschen // Hund / lassen / nicht / Waschraum / heraus

10. ich / müssen / aus Fenster / klettern // und / sich verstauchen / Fuß

◆ **D** **Persönliche Fragen.** In einer Gruppe stellen Sie sich gegenseitig die folgenden Fragen. Antworten Sie aus Ihrer persönlichen Erfahrung heraus.

1. Haben Sie Einladungen gern? Warum oder warum nicht?
2. Kommen Sie gut mit Tieren aus? Warum (nicht)?
3. Kennen Sie jemanden, der sein Haustier nicht gut erzogen hat? Was für ein Tier hat diese Person? Besuchen Sie diese Person manchmal? Warum (nicht)?
4. Haben Sie Bekannte, deren Kinder sich nicht benehmen können? Was finden Sie schlimmer – unerzogene Haustiere oder unerzogene Kinder? Warum?
5. Was hätten Sie gemacht, wenn Sie – wie der Erzähler – nicht aus dem Waschraum gekonnt hätten?

◆ **E** **Interpretation.** Gebrauchen Sie Ihre Fantasie und denken Sie über die tiefere Bedeutung dieser Geschichte nach.

1. Warum wählte der Autor den Titel „Es war ein reizender Abend"? Was meinte er damit?
2. Geben Sie mindestens zwei Beispiele von Kästners Humor, Satire oder Übertreibung.

◆ **F** **Rollenspiel.** In einer Gruppe schreiben Sie einen Dialog zu einer der folgenden Szenen und spielen Sie diesen Dialog der Klasse vor.

1. Ein Gespräch zwischen Doktor Riemer, dem der Hund fast den Daumen abgebissen hatte, und dem Arzt, der ihn behandelte.
2. Ein Gespräch zwischen dem Erzähler und seiner Frau, nachdem beide wieder zu Hause waren.

Kapitel 9

Schneewittchen

Jacob and Wilhelm Grimm

The brothers Jacob (1785–1863) and Wilhelm (1786–1859) Grimm were born in Hanau. Both studied law at the University of Marburg and became professors at the University of Göttingen. Politically active liberals, they were relieved of their positions in Göttingen because of their participation in a protest ("The Göttinger Seven") against the king of Saxony, who had tried to abolish the constitution. The brothers then continued to teach, this time at the University of Berlin.

Although Wilhelm Grimm married, he continued to live with his brother in a common household. Jacob served as a representative in the Frankfurt Parliament in 1848. Because of his extensive research and publications on literary history, he is considered the founder of modern German Studies. With Wilhelm, he published Deutsche Grammatik *(1819) and began the multivolume* Deutsches Wörterbuch *(1852), which modern scholars completed only in 1961. Jacob is also known for his discoveries in the field of linguistics, such as the rules for the Germanic sound shifts.*

The brothers are probably best known for their collection of fairy tales, Kinder- und Hausmärchen *(1812–1815), for which Wilhelm was primarily responsible. His naive and straightforward narrative style is reflected in the following story, "Schneewittchen." Like many fairy tales, it is a story of smaller, weaker beings who, through their courage and perseverance, triumph over their adversary.*

◆◆◆ Aktiver Wortschatz ◆◆◆

SUBSTANTIVE

die Bahre, -n stretcher; bier
die Besinnung, -en consciousness; reflection
das Ebenholz, ⁼er ebony
das Erz, -e ore
die Feder, -n feather
der Gemahl, -e / die Gemahlin, -nen spouse; husband / wife
die Gestalt, -en build; figure; character
der Hochmut arrogance
der Kamm, ⁼e comb
die Kammer, -n chamber; storeroom
das Laken, - sheet
das Mitleid compassion, sympathy
die Nadel, -n needle
der Neid envy
der Pantoffel, -n backless slipper
die Pracht, -en splendor, magnificence
der Rahmen, - frame
der Sarg, ⁼e coffin
der Strauch, ⁼er shrub
das Unkraut weeds
das Wahrzeichen, - symbol; (most famous) landmark
die Zange, -n tongs; pliers
der Zorn anger; wrath; fury
der Zwerg, -e dwarf

VERBEN

an·zünden to light
betrügen, o, o to deceive; to cheat
durch·bohren to drill or cut through
geraten (ä), ie, a (in + *acc.*) to find oneself (in), get (into) (*a place or situation*)
gewähren to become aware of; to give; to grant
graben (ä), u, a to dig
hacken to hack, chop
sich hüten (vor etwas/jemandem) to be on one's guard (against something/someone)

nähen to sew
sich stechen to prick oneself
übertreffen (i), a, o to surpass, exceed
um·bringen, brachte um, umgebracht to kill
verwesen to decompose

ANDERE WÖRTER UND AUSDRÜCKE

boshaft malicious(ly)
den Haushalt versehen (ie), a, e to keep house (*for someone*)
einen Fluch aus·stoßen (ö), ie, o to utter a curse
einen Stein vom Herzen wälzen to take a weight off one's mind
grausig horrifying(ly), dreadful(ly)
jemanden zu Grunde richten to kill someone
kein Arg haben to see no harm (*in something*)
stolz proud
übermütig high-spirited, boisterous(ly); cocky/cockily

A ◆ **Das Märchen.** Welche Definition in Spalte B passt zu dem Ausdruck
in Spalte A?

Spalte A	Spalte B
1. die Gestalt _____	a) dwarf
2. die Zange _____	b) build; figure; character
3. stolz _____	c) to surpass, exceed
4. die Pracht _____	d) to light
5. übertreffen _____	e) high-spirited
6. anzünden _____	f) to utter a curse
7. geraten _____	g) proud
8. übermütig _____	h) splendor, magnificence
9. das Wahrzeichen _____	i) tongs; pliers
10. der Zwerg _____	j) to find oneself in a place or situation
11. einen Fluch ausstoßen _____	k) symbol; (most famous) landmark

B ◆ **Die böse Königstochter.** Ergänzen Sie das Märchen mit einem
passenden Wort bzw. mit passenden Wörtern aus der folgenden Liste.
(Nicht alle Wörter passen.) Verwenden Sie die richtige Form der Wörter.

die Pantoffel, zu Grunde richten, der Sarg, der Rahmen, verwesen,
kein Arg haben, anzünden, den Haushalt versehen, gewähren, der
Zorn, die Zange, der Zwerg, der Haushalt, einen Fluch ausstoßen, die
Gemahlin, die Besinnung, der Strauch, übermütig, die Gestalt, das
Mitleid, stechen, das Laken, der Neid

Es war einmal ein Prinz, der die jüngste Tochter des Königs zu seiner
¹_____ machen wollte. Da packte ²_____ _____ die älteste
Tochter des Königs, die sehr boshaft war. Sie beschloss daraufhin den Prinzen
umzubringen. Sie wollte sein prächtiges Schloss ³_____ und ihn im Bett
verbrennen. Aber ein alter Diener, der ⁴_____ _____ des Königs
_____, hörte von ihrem Plan und ging zum Prinzen, um ihn zu warnen.
Als der Prinz davon hörte, ⁵_____ er _____ _____
_____ und sein ⁶_____ war groß. Er fragte einen ⁷_____, der
magische Kräfte besaß, ob er ihm einen Wunsch ⁸_____. Da der winzige
Mann ⁹_____ mit dem Prinzen hatte, versprach er ihm zu helfen.
    Als es dunkel wurde, versteckte sich der Zwerg hinter einem ¹⁰_____
neben der Eingangstür des Schlosses und wartete auf die böse Königstochter.
Kurze Zeit später kam sie mit übermütigem Schritt und Hochmut im Herzen.
Gerade wollte sie eine Öllampe durch ein Fenster des Schlosses werfen, als sie

sich an einer giftigen Nadel **11** _____, die aus dem Fensterrahmen ragte.
Kurz bevor sie die **12** _____ verlor, sah sie eine winzige **13** _____
vor ihr stehen. Tage vergingen, bis sie in einer ärmlichen Kammer erwachte.
Sie war in ein schmutziges **14** _____ gehüllt und ihre Füße steckten in
abgetragenen **15** _____.

◆◆◆ Vor dem Lesen ◆◆◆

▲ **Anregung zum Lesen.**   Sehen Sie sich die
Zeichnungen an und beschreiben Sie die Bilder. Die
folgenden Fragen können Ihnen dabei helfen.
Gebrauchen Sie Ihre Fantasie!

1. Wer steht vor dem Spiegel? Wie sieht sie aus?

2. Wie sieht das Mädchen im zweiten Bild aus?

3. Wie sehen die kleinen Männer im zweiten Bild
   aus?

4. Im dritten Bild steht die Frau wieder vor dem
   Spiegel. Was ist an diesem Bild anders als im
   ersten Bild?

B **Zum Hören.** Lesen Sie die Fragen und hören Sie sich dann die Geschichte an. Machen Sie sich Notizen während Sie zuhören.

1. Was passierte mit Schneewittchens Mutter?

2. Warum ist Schneewittchens Stiefmutter neidisch auf Schneewittchen?

3. Wie weiß die Stiefmutter, dass sie nicht mehr die schönste Frau im ganzen Land ist?

4. Wer soll Schneewittchen töten? Was soll er als Beweis zurückbringen?

5. Warum ist die Stiefmutter immer noch nicht zufrieden?

6. Was tut die Stiefmutter nun, um Schneewittchen zu Grunde zu richten?

7. Was tut die Stiefmutter zuletzt, um Schneewittchen umzubringen?

8. Was geschieht, sodass Schneewittchen doch nicht stirbt?

9. Welche Strafe erhält die böse Stiefmutter für ihre boshaften Taten?

◆◆◆ Lesestück ◆◆◆

Schneewittchen

Es war einmal mitten im Winter, und die Schneeflocken fielen
wie Federn vom Himmel herab, da saß eine Königin an einem
Fenster, das einen Rahmen von schwarzem Ebenholz hatte, und
nähte. Und wie sie so nähte und nach dem Schnee aufblickte, stach sie
5 sich mit der Nadel in den Finger, und es fielen drei Tropfen Blut in den
Schnee. Und weil das Rote im weißen Schnee so schön aussah, dachte
sie bei sich: Hätt' ich ein Kind so weiß wie Schnee, so rot wie Blut und
so schwarz wie das Holz an dem Rahmen. Bald darauf bekam sie ein
Töchterlein, das war so weiß wie Schnee, so rot wie Blut und so
10 schwarzhaarig wie Ebenholz, und ward darum das „Schneewittchen"
(Schneeweißchen) genannt. Und wie das Kind geboren war, starb die
Königin.
    Über ein Jahr nahm sich der König eine andere Gemahlin. Es war
eine schöne Frau, aber sie war stolz und übermütig und konnte nicht
15 leiden, dass sie an Schönheit von jemand sollte übertroffen werden. Sie
hatte einen wunderbaren Spiegel; wenn sie vor den trat und sich darin
beschaute, sprach sie:
    „Spieglein, Spieglein an der Wand,
    Wer ist die Schönste im ganzen Land?"
20   so antwortete der Spiegel:
    „Frau Königin, Ihr seid die Schönste im Land."
    Da war sie zufrieden, denn sie wusste, dass der Spiegel die Wahrheit
sagte. Schneewittchen aber wuchs heran und wurde immer schöner, und
als es sieben Jahre alt war, war es so schön wie der klare Tag und schöner
25 als die Königin selbst. Als diese einmal ihren Spiegel fragte:
    „Spieglein, Spieglein an der Wand,
    Wer ist die Schönste im ganzen Land?"
    so antwortete er:
    „Frau Königin, Ihr seid die Schönste hier;
30   Aber Schneewittchen ist tausend Mal schöner als Ihr."

Da erschrak die Königin und ward gelb und grün vor Neid. Von
dieser Stunde an, wenn sie Schneewittchen erblickte, kehrte sich ihr das
Herz im Leibe herum, so hasste sie das Mädchen. Und der Neid und
Hochmut wuchsen wie ein Unkraut in ihrem Herzen immer höher, dass

35 sie Tag und Nacht keine Ruhe mehr hatte. Da rief sie einen Jäger und
sprach: „Bring das Kind hinaus in den Wald, ich will's nicht mehr vor
meinen Augen sehen. Du sollst es töten und mir Lunge und Leber zum
Wahrzeichen mitbringen." Der Jäger gehorchte und führte es hinaus,
und als er den Hirschfänger° gezogen hatte und Schneewittchens   bowie knife

40 unschuldiges Herz durchbohren wollte, fing es an zu weinen und sprach:
„Ach, lieber Jäger, lass mir mein Leben; ich will in den wilden Wald
laufen und nimmermehr wieder heimkommen." Und weil es so schön
war, hatte der Jäger Mitleiden° und sprach: „So lauf hin, du armes Kind."   old form of Mitleid
Die wilden Tiere werden dich bald gefressen haben, dachte er, und doch

45 war's ihm, als wär' ein Stein von seinem Herzen gewälzt, weil er es nicht
zu töten brauchte. Und als gerade ein junger Frischling° daher   young boar
gesprungen kam, stach er ihn ab, nahm Lunge und Leber heraus und
brachte sie als Wahrzeichen der Königin mit. Der Koch musste sie in
Salz kochen, und das boshafte Weib aß sie auf und meinte, sie hätte

50 Schneewittchens Lunge und Leber gegessen.

Nun war das arme Kind in dem großen Wald mutterseelig° allein,   here: completely
und ward ihm so angst, dass es alle Blätter an den Bäumen ansah und
nicht wusste, wie es sich helfen sollte. Da fing es an zu laufen und lief
über die spitzen Steine und durch die Dornen, und die wilden Tiere

55 sprangen an ihm vorbei, aber sie taten ihm nichts. Es lief, solange nur die
Füße noch fortkonnten, bis es bald Abend werden wollte; da sah es ein
kleines Häuschen und ging hinein, sich zu ruhen. In dem Häuschen war
alles klein, aber so zierlich und reinlich, dass es nicht zu sagen ist. Da
stand ein weißgedecktes Tischlein mit sieben kleinen Tellern, jedes

60 Tellerlein mit seinem Löffelein, ferner sieben Messerlein und
Gäblein und sieben Becherlein. An der Wand waren sieben Bettlein
nebeneinander aufgestellt und schneeweiße Laken darüber gedeckt.
Schneewittchen, weil es so hungrig und durstig war, aß von jedem
Tellerlein ein wenig Gemüse und Brot und trank aus jedem Becherlein

65 einen Tropfen Wein; denn es wollte nicht einem allein alles wegnehmen.
Hernach, weil es so müde war, legte es sich in ein Bettchen, aber keins
passte; das eine war zu lang, das andere zu kurz, bis endlich das Siebente
recht war: und darin blieb es liegen, befahl sich Gott° und schlief ein.   **befahl** ... commended her
Als es ganz dunkel geworden war, kamen die Herren von dem   soul to God

70 Häuslein, das waren die sieben Zwerge, die in den Bergen nach Erz
hackten und gruben. Sie zündeten ihre sieben Lichtlein an, und wie es

nun hell im Häuslein ward, sahen sie, dass jemand darin gewesen war,
denn es stand nicht alles so in der Ordnung, wie sie es verlassen hatten.
Der Erste sprach: „Wer hat auf meinem Stühlchen gesessen?" Der

75   Zweite: „Wer hat von meinem Tellerchen gegessen?" Der Dritte: „Wer
hat von meinem Brötchen genommen?" Der Vierte: „Wer hat von
meinem Gemüschen gegessen?" Der Fünfte: „Wer hat mit meinem
Gäbelchen gestochen?" Der Sechste: „Wer hat mit meinem Messerchen
geschnitten?" Der Siebente: „Wer hat aus meinem Becherlein

80   getrunken?" Dann sah sich der Erste um und sah, dass auf seinem Bett
eine kleine Delle° war, da sprach er: „Wer hat in mein Bettchen   depression, hollow
getreten?" Die andern kamen gelaufen und riefen: „In meinem hat auch
jemand gelegen." Der Siebente aber, als er in sein Bett sah, erblickte
Schneewittchen, das lag darin und schlief. Nun rief er die andern, die

85   kamen herbeigelaufen und schrien vor Verwunderung, holten ihre sieben
Lichtlein und beleuchteten Schneewittchen. „Ei, du mein Gott! Ei, du
mein Gott!" riefen sie. „Was ist das Kind so schön!" und hatten so große
Freude, dass sie es nicht aufweckten, sondern im Bettlein fortschlafen
ließen. Der siebente Zwerg aber schlief bei seinen Gesellen, bei jedem

90   eine Stunde, da war die Nacht herum.

Als es Morgen war, erwachte Schneewittchen, und wie es die sieben
Zwerge sah, erschrak es. Sie waren aber freundlich und fragten: „Wie
heißt du?" – „Ich heiße Schneewittchen", antwortete es. „Wie bist du in
unser Haus gekommen?" sprachen weiter die Zwerge. Da erzählte es

95   ihnen, dass seine Stiefmutter es hätte wollen umbringen lassen, der Jäger
hätte ihm aber das Leben geschenkt, und da wär' es gelaufen den ganzen
Tag, bis es endlich ihr Häuslein gefunden hätte. Die Zwerge sprachen:
„Willst du unsern Haushalt versehen, kochen, betten, waschen, nähen
und stricken, und willst du alles ordentlich und reinlich halten, so kannst

100   du bei uns bleiben, und es soll dir an nichts fehlen." – „Ja", sagte
Schneewittchen, „von Herzen gern", und blieb bei ihnen. Es hielt ihnen
das Haus in Ordnung: Morgens gingen sie in die Berge und suchten Erz
und Gold, abends kamen sie wieder, und da musste ihr Essen bereit sein.
Den Tag über war das Mädchen allein; da warnten es die guten Zwerglein

105   und sprachen: „Hüte dich vor deiner Stiefmutter, die wird bald wissen,
dass du hier bist; lass ja niemand herein." Die Königin aber, nachdem sie
Schneewittchens Lunge und Leber glaubte gegessen zu haben, dachte
nicht anders, als sie wäre wieder die Erste und Allerschönste, trat vor
ihren Spiegel und sprach:

110   „Spieglein, Spieglein an der Wand,
          Wer ist die Schönste im ganzen Land?"
       Da antwortete der Spiegel:

„Frau Königin, Ihr seid die Schönste hier;
Aber Schneewittchen über den Bergen
115 Bei den sieben Zwergen
Ist noch tausend Mal schöner als Ihr."

Da erschrak sie, denn sie wusste, dass der Spiegel keine Unwahrheit
sprach, und merkte, dass der Jäger sie betrogen hatte und Schneewittchen
noch am Leben war. Und da sann° und sann sie aufs Neue, wie sie es
120 umbringen wollte; denn solange sie nicht die Schönste war im ganzen
Land, ließ ihr der Neid keine Ruhe. Und als sie sich endlich etwas
ausgedacht hatte, färbte sie sich das Gesicht und kleidete sich wie eine
alte Krämerin° und war ganz unkenntlich. In dieser Gestalt ging sie über
die sieben Berge zu den sieben Zwergen, klopfte an die Tür und rief:
125 „Schöne Ware feil, feil!" Schneewittchen guckte zum Fenster hinaus und
rief: „Guten Tag, liebe Frau, was habt Ihr zu verkaufen?" – „Gute Ware,
schöne Ware", antwortete sie, "Schnürriemen° von allen Farben", und
holte einen hervor, der aus bunter Seide geflochten war. Die ehrliche
Frau kann ich hereinlassen, dachte Schneewittchen, riegelte die Türe auf
130 und kaufte sich den hübschen Schnürriemen. „Kind", sprach die Alte,
„wie du aussiehst! Komm, ich will dich einmal ordentlich schnüren."
Schneewittchen hatte kein Arg, stellte sich vor sie und ließ sich mit dem
neuen Schnürriemen schnüren: aber die Alte schnürte geschwind und
schnürte so fest, dass dem Schneewittchen der Atem verging und es für
135 tot hinfiel. „Nun bist du die Schönste gewesen", sprach sie und eilte
hinaus.

Nicht lange darauf, zur Abendzeit, kamen die sieben Zwerge nach
Haus; aber wie erschraken sie, als sie ihr liebes Schneewittchen auf der
Erde liegen sahen, und es regte und bewegte sich nicht, als wär' es tot. Sie
140 hoben es in die Höhe, und weil sie sahen, dass es zu fest geschnürt war,
schnitten sie den Schnürriemen entzwei – da fing es an, ein wenig zu
atmen, und ward nach und nach wieder lebendig. Als die Zwerge hörten,
was geschehen war, sprachen sie: „Die alte Krämerfrau war niemand als
die gottlose Königin – hüte dich und lass keinen Menschen herein, wenn
145 wir nicht bei dir sind."

Das böse Weib aber, als es nach Haus gekommen war, ging vor den
Spiegel und fragte:

„Spieglein, Spieglein an der Wand,
Wer ist die Schönste im ganzen Land?"
150 Da antwortete er wie sonst:

„Frau Königin, Ihr seid die Schönste hier;
Aber Schneewittchen über den Bergen
Bei den sieben Zwergen

pondered, thought over (from: sinnen)

peddler woman

laces

Ist noch tausend Mal schöner als Ihr."

155   Als sie das hörte, lief ihr alles Blut zum Herzen, so erschrak sie, denn sie sah wohl, dass Schneewittchen wieder lebendig geworden war. „Nun aber", sprach sie, „will ich etwas aussinnen, das dich zu Grunde richten soll", und mit Hexenkünsten, die sie verstand, machte sie einen giftigen Kamm. Dann verkleidete sie sich und nahm die Gestalt eines andern

160 alten Weibes an. So ging sie hin über die sieben Berge zu den sieben Zwergen, klopfte an die Türe und rief: „Gute Ware feil, feil!" Schneewittchen schaute heraus und sprach: „Geht nur weiter, ich darf niemand hereinlassen." – „Das Ansehen wird dir doch erlaubt sein", sprach die Alte, zog den giftigen Kamm heraus und hielt ihn in die Höhe.

165 Da gefiel er dem Kinde so gut, dass es sich betören ließ und die Türe öffnete. Als sie des Kaufs einig waren, sprach die Alte: „Nun will ich dich einmal ordentlich kämmen." Das arme Schneewittchen dachte an nichts und ließ die Alte gewähren; aber kaum hatte sie den Kamm in die Haare gesteckt, als das Gift darin wirkte und das Mädchen ohne Besinnung

170 niederfiel. „Du Ausbund° von Schönheit", sprach das boshafte Weib, „jetzt ist's um dich geschehen", und ging fort. Zum Glück aber war es bald Abend, wo die sieben Zwerglein nach Haus kamen. Als sie Schneewittchen wie tot auf der Erde liegen sahen, hatten sie gleich die Stiefmutter in Verdacht, suchten nach und fanden den giftigen Kamm,

175 und kaum hatten sie ihn herausgezogen, so kam Schneewittchen wieder zu sich und erzählte, was vorgegangen war. Da warnten sie es noch einmal, auf seiner Hut zu sein und niemand die Türe zu öffnen.

    Die Königin stellte sich daheim vor den Spiegel und sprach:
    „Spieglein, Spieglein an der Wand,

180   Wer ist die Schönste im ganzen Land?"
    Da antwortete er wie vorher:
    „Frau Königin, Ihr seid die Schönste hier;
    Aber Schneewittchen über den Bergen
    Bei den sieben Zwergen

185   Ist noch tausend Mal schöner als Ihr."
    Als sie den Spiegel so reden hörte, zitterte und bebte sie vor Zorn. „Schneewittchen soll sterben", rief sie, „und wenn es mein eigenes Leben kostet." Darauf ging sie in eine ganz verborgene einsame Kammer, wo niemand hinkam, und machte da einen giftigen, giftigen Apfel. Äußerlich

190 sah er schön aus, weiß mit roten Backen, dass jeder, der ihn erblickte, Lust danach bekam; aber wer ein Stückchen davon aß, der musste sterben. Als der Apfel fertig war, färbte sie sich das Gesicht und verkleidete sich in eine Bauersfrau, und so ging sie über die sieben Berge zu den sieben Zwergen. Sie klopfte an, Schneewittchen streckte den Kopf

paragon, model (*of virtue or beauty*)

195 zum Fenster heraus und sprach: „Ich darf keinen Menschen einlassen, die
sieben Zwerge haben mir's verboten." – „Mir auch recht", antwortete
die Bäuerin, „meine Äpfel will ich schon loswerden. Da, einen will ich
dir schenken." – „Nein", sprach Schneewittchen, „ich darf nichts
annehmen." – „Fürchtest du dich vor Gift?" sprach die Alte. „Siehst du,
200 da schneide ich den Apfel in zwei Teile; den roten Backen iss du, den
weißen will ich essen." Der Apfel war aber so künstlich gemacht, dass der
rote Backen allein vergiftet war. Schneewittchen gelüstete es nach dem
schönen Apfel, und als es sah, dass die Bäuerin davon aß, so konnte es
nicht länger widerstehen, streckte die Hand hinaus und nahm die giftige
205 Hälfte. Kaum aber hatte es einen Bissen davon im Mund, so fiel es tot zur
Erde nieder. Da betrachtete es die Königin mit grausigen Blicken und
lachte überlaut und sprach: „Weiß wie Schnee, rot wie Blut, schwarz wie
Ebenholz! Diesmal können dich die Zwerge nicht wieder erwecken."
Und als sie daheim den Spiegel befragte:
210 „Spieglein, Spieglein an der Wand,
Wer ist die Schönste im ganzen Land?"
so antwortete er endlich:
„Frau Königin, Ihr seid die Schönste im Land."
Da hatte ihr neidisches Herz Ruhe, so gut ein neidisches Herz Ruhe
215 haben kann.
Die Zwerglein, wie sie abends nach Hause kamen, fanden
Schneewittchen auf der Erde liegen, und es ging kein Atem mehr aus
seinem Mund, und es war tot. Sie hoben es auf, suchten, ob sie was
Giftiges fänden, schnürten es auf, kämmten ihm die Haare, wuschen es
220 mit Wasser und Wein, aber es half alles nichts; das liebe Kind war tot und
blieb tot. Sie legten es auf eine Bahre und setzten sich alle sieben daran
und beweinten es und weinten drei Tage lang. Da wollten sie es
begraben, aber es sah noch so frisch aus wie ein lebender Mensch und
hatte noch seine schönen roten Backen. Sie sprachen: „Das können wir
225 nicht in die schwarze Erde versenken", und ließen einen durchsichtigen
Sarg von Glas machen, dass man es von allen Seiten sehen konnte, legten
es hinein und schrieben mit goldenen Buchstaben seinen Namen darauf
und dass es eine Königstochter wäre. Dann setzten sie den Sarg hinaus
auf den Berg, und einer von ihnen blieb immer dabei und bewachte ihn.
230 Und die Tiere kamen auch und beweinten Schneewittchen, erst eine
Eule, dann ein Rabe, zuletzt ein Täubchen.
Nun lag Schneewittchen lange, lange Zeit in dem Sarg und verweste
nicht, sondern sah aus, als wenn es schliefe, denn es war noch so weiß als
Schnee, so rot als Blut und so schwarzhaarig wie Ebenholz. Es geschah
235 aber, dass ein Königssohn in den Wald geriet und zu dem Zwergenhaus

kam, da zu übernachten. Er sah auf dem Berg den Sarg und das schöne
Schneewittchen darin und las, was mit goldenen Buchstaben darauf
geschrieben war. Da sprach er zu den Zwergen: „Lasst mir den Sarg,
ich will euch geben, was ihr dafür haben wollt." Aber die Zwerge
240   antworteten: „Wir geben ihn nicht um alles Gold in der Welt." Da sprach
er: „So schenkt mir ihn, denn ich kann nicht leben, ohne Schneewittchen
zu sehen, ich will es ehren und hoch achten wie mein Liebstes." Wie er so
sprach, empfanden die guten Zwerglein Mitleiden mit ihm und gaben
ihm den Sarg. Der Königssohn ließ ihn nun von seinen Dienern auf den
245   Schultern forttragen. Da geschah es, dass sie über einen Strauch
stolperten, und von dem Schüttern fuhr der giftige Apfelgrütz°, den   chunk of apple
Schneewittchen abgebissen hatte, aus dem Hals. Und nicht lange, so
öffnete es die Augen, hob den Deckel vom Sarg in die Höhe und richtete
sich auf und war wieder lebendig. „Ach Gott, wo bin ich?" rief es. Der
250   Königssohn sagte voll Freude: „Du bist bei mir", und erzählte, was sich
zugetragen hatte, und sprach: „Ich habe dich lieber als alles auf der Welt;
komm mit mir in meines Vaters Schloss, du sollst meine Gemahlin
werden." Da war ihm Schneewittchen gut und ging mit ihm, und ihre
Hochzeit ward mit großer Pracht und Herrlichkeit angeordnet.
255   Zu dem Fest wurde aber auch Schneewittchens gottlose Stiefmutter
eingeladen. Wie sie sich nun mit schönen Kleidern angetan hatte, trat sie
vor den Spiegel und sprach:
      „Spieglein, Spieglein an der Wand,
      Wer ist die Schönste im ganzen Land?"
260   Der Spiegel antwortete:
      „Frau Königin, Ihr seid die Schönste hier;
      Aber die junge Königin ist tausend Mal schöner als Ihr."
      Da stieß das böse Weib einen Fluch aus, und ward ihr so angst, so
angst, dass sie sich nicht zu lassen wusste. Sie wollte zuerst gar nicht
265   auf die Hochzeit kommen, doch ließ es ihr keine Ruhe, sie musste fort
und die junge Königin sehen. Und wie sie hineintrat, erkannte sie
Schneewittchen, und vor Angst und Schrecken stand sie da und konnte
sich nicht regen. Aber es waren schon eiserne Pantoffeln über
Kohlenfeuer° gestellt und wurden mit Zangen hereingetragen und vor sie   bed of coals
270   hingestellt. Da musste sie in die rotglühenden Schuhe treten und so lange
tanzen, bis sie tot zur Erde fiel.

◇◇◇ Nach dem Lesen ◇◇◇

A **Fragen zum Lesestück.** Lesen Sie das Märchen noch einmal ganz durch. Versuchen Sie unbekannte Wörter durch den Kontext zu verstehen oder schlagen Sie im Wörterbuch nach. Die Fragen leiten Sie chronologisch durch das Märchen. Prüfen Sie, ob Sie alles verstanden haben.

1. Was konnte die zweite Frau des Königs nicht leiden?
2. Wie alt war Schneewittchen, als sie plötzlich schöner als die Stiefmutter war?
3. Warum tötete der Jäger Schneewittchen nicht?
4. Was tötete der Jäger anstatt Schneewittchen?
5. Was tat die Königin mit der Lunge und der Leber?
6. Was fand Schneewittchen im Wald?
7. Wer wohnte dort?
8. Was tat Schneewittchen, nachdem sie im Häuschen war?
9. Warum kamen die Herren von dem Häuschen nach Hause?
10. Was fand der letzte Zwerg in seinem Bett?
11. Was musste Schneewittchen versprechen, damit sie bei den Zwergen wohnen durfte?
12. Welche Warnung sprachen die Zwerge aus?
13. Was brachte die Stiefmutter beim ersten Besuch, um Schneewittchen zu täuschen?
14. Was brachte die Stiefmutter beim zweiten Besuch? Warum blieb auch dieser Besuch erfolglos?
15. Warum hat der giftige Apfelgrütz, den Schneewittchen in ihrem Hals hatte, nicht seine Wirkung getan?

B **Anregung zum Gespräch.** Besprechen Sie die folgenden Fragen mit einer Partnerin oder einem Partner.

1. Warum schaut die Stiefmutter immer wieder in den Spiegel?
2. Warum fühlt sich der Jäger wieder besser?
3. Warum isst Schneewittchen nur ein bisschen von jedem Tellerchen?
4. Warum kann die Stiefmutter dem Schneewittchen jedes Mal etwas Böses antun?
5. Warum gelingt es der Stiefmutter doch nicht Schneewittchen umzubringen?
6. Wie hätte man die Stiefmutter anders bestrafen können?

C Zum Schreiben. Schreiben Sie im Perfekt einen Brief mit 100 bis 150 Wörtern, den Schneewittchen am Ende der Geschichte an ihren Vater schreiben könnte. Der erste Satz ist schon vorgegeben. Benutzen Sie alle Wörter von der Liste, um den Brief zu Ende zu schreiben.

ERSTER SATZ: Hallo Vater, mir ist viel Schreckliches und auch etwas Wunderbares passiert.

der Jäger, der Wald, wilde Tiere, das Häuslein, das Gemüse und Brot, die Zwerge, schlafen, das Haus in Ordnung halten, die Warnung, die Stiefmutter, die Schnürriemen, der Kamm, der Apfel, die eisernen Pantoffeln

D Persönliche Fragen. In einer Gruppe stellen Sie sich gegenseitig die folgenden Fragen. Antworten Sie aus Ihrer persönlichen Erfahrung heraus.

1. Wie wichtig finden Sie das äußerliche Aussehen einer Person?
2. Was tun Leute heute um ihr Aussehen zu verbessern?
3. Finden Sie Ohrringe, Nasenringe, Nabelringe und andere Körperpiercings attraktiv? Warum (nicht)?
4. Ist die Strafe, die die Stiefmutter bekommen hat, fair? Wieso (nicht)?

E Interpretation. Gebrauchen Sie Ihre Fantasie und denken Sie über die tiefere Bedeutung dieser Geschichte nach.

1. Warum muss ein Prinz kommen, um Schneewittchen zu retten?
2. Warum ist ein friedliches Leben mit den Zwergen nicht genug für Schneewittchen?
3. Warum isst die Stiefmutter die Lunge und die Leber?

F Rollenspiel. Vier oder mehr Personen schreiben als Team ein Rollenspiel. Spielen Sie das Rollenspiel in Ihrem Kurs vor. Wählen Sie eines der folgenden Themen:

1. Ein Rollenspiel für die Hochzeit von Schneewittchen und dem Königssohn.
2. Ein kurzes Rollenspiel über einen der drei Versuche der Stiefmutter, Schneewittchen zu töten.
3. Ein anderes Märchen der Brüder Grimm.
4. Ein selbst erfundenes Märchen. Erfinden Sie ein Märchen und spielen Sie es in Ihrem Kurs vor.

Kapitel 10

Der Mann mit dem Gedächtnis

PETER BICHSEL (1935–)

Peter Bichsel was born in 1935 in Lucerne, Switzerland. He began his career as an elementary school teacher, living first in Zuchwill, then in Solothurn, Switzerland. In 1964 he became known for his book of short stories about everyday people entitled Eigentlich möchte Frau Blum den Milchmann kennenlernen. *A year later he received the* LessingPreis *from the city of Hamburg and the prestigious* Preis der Gruppe 47, *awarded by a group of German-speaking authors, most of whom enjoy an established international reputation. In 1966 Bichsel was awarded the* Förderungspreis *by the city of Olten, where he grew up.*

Bichsel gave up teaching two years later to work solely as a freelance writer and journalist. In 1969 his "Des Schweizers Schweiz" appeared in print. In it Bichsel informs the Swiss of their shortcomings much as a school teacher might tell students of their weaknesses. This essay and one that followed it received national and international acclaim.

In the 1970s and 1980s Bichsel placed his literary work in the background in favor of journalistic work. But with "Der Busant" (1985) and "Warten in Baden-Baden" (1985) Bichsel returned to literary stories. Bichsel has written several novels, volumes of short stories, and collections of essays. One of his most recent books of short stories is entitled Eisenbahnfahren (2002). *Bichsel has received numerous prizes for his literary achievement. He and his wife currently reside in Bellach, Switzerland.*

Bichsel writes about the individual's relationship to reality rather than about reality itself: "Mich interessiert nicht die Wirklichkeit, sondern das Verhältnis zu ihr." He feels that his stories must surprise him while he is writing them. Bichsel's stories will also surprise the reader, because they do not fit into any standard mold.

Bichsel writes about ordinary people, using great care and detail so that the reader is drawn into the story. His language is simple and logical, and his themes are universal—such as the loneliness of an old man, the inability of an inventor to communicate with average people, or a couple's pride in their daughter.

Aktiver Wortschatz

SUBSTANTIVE

die Ahnung, -en notion, idea; **keine Ahnung (von etwas) haben** to have no idea (about something)

die Änderung, -en change

der Anschluss, ⁻e connection

die Auskunft, ⁻e information

das Auskunftsbüro, -s information office

der Bahnhofsvorstand (*no pl.*) stationmaster

der Beamte, -n, -n / die Beamtin, -nen (*noun declined as an adjective when masculine*) official, civil servant

Eilzug, ⁻e semi-fast train

der Fahrplan, ⁻e schedule, timetable (*for trains, busses, etc.*)

das Gedächtnis (*no pl.*) memory

die Kraft, ⁻e power

der Luftsprung, ⁻e leap in the air, jump for joy

das Rad, ⁻er wheel

der Schalter, - counter

der Speisewagen, - dining car

die Treppenstufe, -n step

das Trittbrett, -er running board

die Wirtschaft, -en economy; bar, tavern

das Wissen (*no pl.*) knowledge

VERBEN

ab·warten to wait (*for something*)

aus·lachen (jemanden) to laugh at (someone)

begreifen, begriff, begriffen to comprehend, understand

erleben to experience

sich (*dat.*) **merken** to note

um·steigen, ie, ie (*with* **sein**) to change (*trains, busses, etc.*)

verbieten, o, o to prohibit

verbrauchen to use up, consume

verbringen, verbrachte, verbracht to spend, pass (*time*)

verpassen to miss (*trains, busses, etc.*)

verprügeln to beat up

vor·kommen, kam vor, vorgekommen (*with* **sein**) to occur, happen

wechseln to exchange; to replace; to change

ANDERE WÖRTER UND AUSDRÜCKE

auswendig lernen to learn by heart, memorize

bereits already

dazu in addition; for that purpose

irgendwohin somewhere; anywhere; to some place or other

übrig bleiben, ie, ie (*with* **sein**) to remain, be left over

A **Meine Reise nach Deutschland.** Ergänzen Sie den Lückentext mit einem passenden Wort bzw. mit passenden Wörtern aus der folgenden Liste. (Nicht alle Wörter passen.) Verwenden Sie die richtige Form der Wörter.

der Speisewagen, auswendig lernen, der Luftsprung, verbringen, die Auskunft, der Eilzug, das Wissen, der Bahnhofsvorstand, erleben, umsteigen, der Schalter, die Ahnung

Als ich an der High-School Deutsch lernte, wollte ich nach Deutschland reisen, um die „Old World" persönlich zu **1**_____. Ich wollte unbedingt etwas Zeit in den Alpen **2**_____. Leider hatte ich keine **3**_____, wie man am besten dahin kommt.

Mein Lehrer erklärte uns, wie Studenten Europässe gebrauchen, um durch ganz Europa zu reisen. Mit einem Europass in der Hand und etwas **4**_____ im Kopf sind meine Freundin und ich nach Deutschland geflogen.

Wir landeten in Frankfurt und – Gott sei Dank – der Bahnhof war direkt unter dem Flughafen. Leider war dieser Bahnhof aber sehr groß, sodass wir doch um **5**_____ bitten mussten. Wir gingen an einen **6**_____ und sprachen mit dem **7**_____. Er sagte, dass wir nicht **8**_____ müssten, denn es gäbe einen **9**_____, der direkt nach München fahren würde. Es gab sogar einen **10**_____, wo wir etwas Warmes zu essen bekamen. Am Bahnhof in München trafen wir einen High-School-Kameraden, der in München als Austauschschüler war. Wir waren so froh, ihn und seine Gastfamilie zu treffen, dass meine Freundin und ich gleich an der Stelle einen **11**_____ machten.

◆ **B** **Substantive und verwandte Verben.** Viele Wörter in diesem aktiven Wortschatz sind entweder von Substantiven oder Verben abgeleitet worden. Schreiben Sie Sätze, indem Sie das Substantiv oder das Verb gebrauchen. Vergessen Sie nicht die richtige Form der Wörter zu gebrauchen.

BEISPIEL: die Ahnung ↔ ahnen → Ich habe keine Ahnung, wie spät es ist.
or Ich konnte nicht ahnen, wie spät es war.

1. die Ahnung ↔ ahnen
2. die Änderung, -en ↔ ändern
3. der Anschluss, ⁓e ↔ anschließen
4. der Begriff, -e ↔ begreifen
5. das Erlebnis, -se ↔ erleben
6. das Verbot, -e ↔ verbieten
7. der Verbrauch ↔ verbrauchen
8. die Verprügelung ↔ verprügeln
9. der Wechsel, - ↔ wechseln

◆◆◆ Vor dem Lesen ◆◆◆

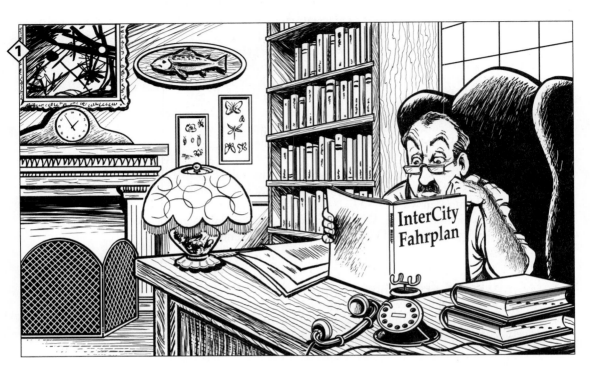

A **Anregung zum Lesen.** Sehen Sie sich
die Zeichnungen an und beschreiben Sie die
Bilder. Die folgenden Fragen können Ihnen
dabei helfen. Gebrauchen Sie Ihre Fantasie!

1. Was liest der Mann im ersten Bild?
   Warum?

2. Was liegt auf dem Schreibtisch?

3. Was findet man auf einem Fahrplan?

4. Sehen Sie sich das zweite Bild an. Wo
   findet man gewöhnlich ein
   Auskunftsbüro?

5. Was muss man wissen, wenn man im
   Auskunftsbüro arbeitet?

6. Was macht der Mann im dritten Bild?

7. Was könnten das erste und das dritte Bild
   mit dem Titel dieser Geschichte zu tun
   haben?

B ◆ **Zum Hören.**   Lesen Sie die Fragen und hören Sie sich dann die Geschichte an. Machen Sie sich Notizen während Sie zuhören.

1. Was war das einzige Interesse des Mannes? Was hat er darüber gewusst? Wie hat er seine Tage verbracht?

2. Worüber hat er sich gefreut? Wann ist er böse geworden?

3. Was hat er geglaubt, wäre der Grund, dass andere Leute mit dem Zug fahren?

4. Was ist passiert, als eines Tages ein Auskunftsbüro eröffnet wurde?

5. Was hat der Mann am Ende getan? Inwiefern ist sein Leben anders als vorher, und inwiefern ist es dasselbe?

◆◆◆ Lesestück ◆◆◆

Der Mann mit dem Gedächtnis

Ich kannte einen Mann, der wusste den ganzen Fahrplan auswendig, denn das Einzige, was ihm Freude machte°, waren Eisenbahnen, und er verbrachte seine Zeit auf dem Bahnhof, schaute, wie die Züge ankamen und wie sie wegfuhren. Er bestaunte° die Wagen, die Kraft der
5 Lokomotiven, die Größe der Räder, bestaunte die aufspringenden Kondukteure und den Bahnhofsvorstand.

Er kannte jeden Zug, wusste, woher er kam, wohin er ging, wann er irgendwo ankommen wird und welche Züge von da wieder abfahren und wann diese ankommen werden.

10 Er wusste die Nummern der Züge, er wusste, an welchen Tagen sie fahren, ob sie einen Speisewagen haben, ob sie die Anschlüsse abwarten oder nicht. Er wusste, welche Züge Postwagen führen° und wie viel eine Fahrkarte nach Frauenfeld, nach Olten, nach Niederbipp[1] oder irgendwohin kostet.

15 Er ging in keine Wirtschaft, ging nicht ins Kino, nicht spazieren, er besaß kein Fahrrad, kein Radio, keinen Fernseher, las keine Zeitungen, keine Bücher, und wenn er Briefe bekommen hätte, hätte er auch diese nicht gelesen. Dazu fehlte ihm die Zeit, denn er verbrachte seine Tage im Bahnhof, und nur wenn der Fahrplan wechselte, im Mai und im
20 Oktober[2], sah man ihn einige Wochen nicht mehr.

Dann saß er zu Hause an seinem Tisch und lernte auswendig, las den neuen Fahrplan von der ersten bis zur letzten Seite, merkte sich die Änderungen und freute sich über sie.

Es kam auch vor, dass ihn jemand nach einer Abfahrtszeit fragte.
25 Dann strahlte er übers ganze Gesicht und wollte genau wissen, wohin die Reise gehe, und wer ihn fragte, verpasste die Abfahrtszeit bestimmt, denn er ließ den Frager nicht mehr los, gab sich nicht damit zufrieden, die Zeit

was ... that made him happy

looked at with astonishment

Postwagen ... *here:* have mail cars

[1]**Frauenfeld, Olten, Niederbipp**   cities in Switzerland
[2]In Europe, schedules are changed for the summer and winter months.

zu nennen, er nannte gleich die Nummer des Zuges, die Anzahl der
Wagen, die möglichen Anschlüsse, die Fahrzeiten; erklärte, dass man mit
30 diesem Zug nach Paris fahren könne, wo man umsteigen müsse und wann
man ankäme°, und er begriff nicht, dass das die Leute nicht interessierte.
Wenn ihn aber jemand stehen ließ und weiterging, bevor er sein ganzes
Wissen erzählt hatte, wurde er böse, beschimpfte die Leute und rief
ihnen nach: „Sie haben keine Ahnung von Eisenbahnen!"

35   Er selbst bestieg° nie einen Zug.

     Das hätte auch keinen Sinn°, sagte er, denn er wisse ja zum Voraus°,
wann der Zug ankomme. „Nur Leute mit schlechtem Gedächtnis fahren
Eisenbahn", sagte er, „denn wenn sie ein gutes Gedächtnis hätten,
könnten sie sich doch wie ich die Abfahrts- und die Ankunftszeit merken,
40 und sie müssten nicht fahren, um die Zeit zu erleben."

     Ich versuchte es ihm zu erklären, ich sagte: „Es gibt aber Leute, die
freuen sich über die Fahrt, die fahren gern Eisenbahn und schauen zum
Fenster hinaus und schauen, wo sie vorbeikommen."

     Da wurde er böse, denn er glaubte, ich wolle ihn auslachen, und er
45 sagte: „Auch das steht im Fahrplan, sie kommen an Luterbach vorbei und
an Deitigen, an Wangen, Niederbipp, Önsingen, Oberbuchsiten,
Egerkingen und Hägendorf[1]."

     „Vielleicht müssen die Leute mit der Bahn fahren, weil sie
irgendwohin wollen", sagte ich.

50   „Auch das kann nicht wahr sein", sagte er, „denn fast alle kommen
irgendeinmal zurück, und es gibt sogar Leute, die steigen jeden Morgen
hier ein und kommen jeden Abend zurück – so ein schlechtes Gedächtnis
haben sie."

     Und er begann die Leute auf dem Bahnhof zu beschimpfen. Er rief
55 ihnen nach: „Ihr Idioten, ihr habt kein Gedächtnis." Er rief ihnen nach:
„An Hägendorf werdet ihr vorbeikommen", und er glaubte, er verderbe
ihnen damit den Spaß.

     Er rief: „Sie Dummkopf, Sie sind schon gestern gefahren." Und als
die Leute nur lachten, begann er sie von den Trittbrettern zu reißen und
60 beschwor° sie, ja nicht mit dem Zug zu fahren.

     „Ich kann Ihnen alles erklären", schrie er, „Sie kommen um
14 Uhr 27 an Hägendorf vorbei, ich weiß es genau, und Sie werden es
sehen, Sie verbrauchen Ihr Geld für nichts, im Fahrplan steht alles."

     Bereits versuchte er die Leute zu verprügeln.

65   „Wer nicht hören will, muss fühlen°", rief er. Da blieb dem
Bahnhofsvorstand nichts anderes übrig, als dem Mann zu sagen, dass er

[1]cities and towns in Switzerland and Germany

könne, müsse, ankäme (*subjunctive forms for indirect speech*)

boarded

Das ... That wouldn't make any sense / **zum** ... (*dial. for* im Voraus) in advance

implored

Wer ... (*proverb*) Pay attention or pay the consequences

ihm den Bahnhof verbieten müsse, wenn er sich nicht anständig aufführe°. Und der Mann erschrak, weil er ohne Bahnhof nicht leben konnte, und er sagte kein Wort mehr, saß den ganzen Tag auf der Bank, sah die Züge ankommen und die Züge wegfahren, und nur hie und da° flüsterte er einige Zahlen vor sich hin°, und er schaute den Leuten nach und konnte sie nicht begreifen.

Hier wäre die Geschichte eigentlich zu Ende.

Aber viele Jahre später wurde im Bahnhof ein Auskunftsbüro eröffnet. Dort saß ein Beamter in Uniform hinter dem Schalter, und er wusste auf alle Fragen über die Bahn eine Antwort. Das glaubte der Mann mit dem Gedächtnis nicht, und er ging jeden Tag ins neue Auskunftsbüro und fragte etwas sehr Kompliziertes, um den Beamten zu prüfen.

Er fragte: „Welche Zugnummer hat der Zug, der um 16 Uhr 24 an den Sonntagen im Sommer in Lübeck[1] ankommt?"

Der Beamte schlug ein Buch auf und nannte die Zahl.

Er fragte: „Wann bin ich in Moskau, wenn ich hier mit dem Zug um 6 Uhr 59 abfahre?", und der Beamte sagte es ihm.

Da ging der Mann mit dem Gedächtnis nach Hause, verbrannte seine Fahrpläne und vergaß alles, was er wusste.

Am andern Tag aber fragte er den Beamten: „Wie viele Stufen hat die Treppe vor dem Bahnhof?" und der Beamte sagte: „Ich weiß es nicht."

Jetzt rannte der Mann durch den ganzen Bahnhof, machte Luftsprünge vor Freude und rief: „Er weiß es nicht, er weiß es nicht."

Und er ging hin und zählte die Stufen der Bahnhoftreppe und prägte sich die Zahl in sein Gedächtnis ein°, in dem jetzt keine Abfahrtszeiten mehr waren.

Dann sah man ihn nie mehr im Bahnhof.

Er ging jetzt in der Stadt von Haus zu Haus und zählte die Treppenstufen und merkte sie sich, und er wusste jetzt Zahlen, die in keinem Buch der Welt stehen.

Als er aber die Zahl der Treppenstufen in der ganzen Stadt kannte, kam er auf den Bahnhof, ging an den Bahnschalter, kaufte sich eine Fahrkarte und stieg zum ersten Mal in seinem Leben in einen Zug, um in eine andere Stadt zu fahren und auch dort die Treppenstufen zu zählen, und dann weiter zu fahren, um die Treppenstufen in der ganzen Welt zu zählen, um etwas zu wissen, was niemand weiß und was kein Beamter in Büchern nachlesen kann.

sich ... didn't behave decently

hie ... now and then

flüsterte vor sich hin whispered to himself

prägte ... impressed the number upon his memory

[1]city in northern Germany near the Baltic Sea

◆◆◆ Nach dem Lesen ◆◆◆

A **Fragen zum Lesestück.** Lesen Sie die Geschichte noch einmal ganz durch. Versuchen Sie unbekannte Wörter durch den Kontext zu verstehen oder schlagen Sie im Wörterbuch nach. Die Fragen leiten Sie chronologisch durch die Geschichte. Prüfen Sie, ob Sie alles verstanden haben.

1. Wo verbrachte der Mann die meiste Zeit?
2. Welche Einzelheiten wusste der Mann von jedem Zug?
3. Welche anderen Interessen hatte er?
4. Warum blieb er einige Wochen im Mai und im Oktober zu Hause?
5. Warum wollten sich die Leute nicht alles von ihm anhören?
6. Wie reagierte der Mann, wenn die Leute weitergingen, bevor er ihnen alles erzählen konnte?
7. Warum fuhr er selbst nie mit dem Zug?
8. Wie reagierten die Leute, wenn der Mann schimpfte?
9. Was tat er einigen Leuten an?
10. Was sagte der Bahnhofsvorstand zu dem Mann? Warum?
11. Was wurde später im Bahnhof eröffnet?
12. Warum fragte der Mann den Beamten im neuen Auskunftsbüro etwas Kompliziertes?
13. Warum verbrannte der Mann alle seine Fahrpläne?
14. Warum fuhr der Mann eines Tages doch mit dem Zug?
15. Was tat der Mann am Ende der Geschichte?

B **Anregung zum Gespräch.** Besprechen Sie die folgenden Fragen mit einer Partnerin oder einem Partner.

1. Ist „der Mann mit dem Gedächtnis" verrückt oder nicht? Warum?
2. Ist es gefährlich, wenn man sich einer Idee total hingibt? Kann es auch gut sein? Geben Sie Beispiele, die Ihre Meinung rechtfertigen. (Einige Möglichkeiten sind: Jesus, Napoleon, Hitler, Gandhi, Martin Luther King usw.)
3. Hat es einen Zweck, etwas zu wissen, wenn das Wissen nicht nützlich oder sogar unsinnig ist? Was ist Ihrer Meinung nach unsinnig? Warum?

C ◆ **Zum Schreiben.**   Schreiben Sie eine Zusammenfassung der Geschichte mit etwa 100 bis 150 Wörtern, indem Sie die folgenden Substantive oder Verben gebrauchen. Verwenden Sie den Konjunktiv, wenn möglich.

BEISPIEL: die Leute / gutes Gedächtnis / haben // können / sie / sich erinnern an / die Abfahrtszeit / und / die Ankunftszeit

ERSTER SATZ: 1. Wenn die Leute ein gutes Gedächtnis hätten, könnten sie sich an die Abfahrtszeit und die Ankunftszeit erinnern.

2. der Mann / Leute / erklären / können / Zug / nach Paris / fahren / können

3. Mann / meinen // Leute / haben / schlechtes Gedächtnis

4. er / sagen // verprügeln / Leute / werden

5. Bahnhofsvorstand / sagen // müssen / verbieten / Mann / Bahnhof

6. Beamte / sagen // wissen / Antwort / auf alle Fragen

7. Mann / denken // Beamte / prüfen / müssen

8. Mann / sagen // Stufe / zählen / von Treppen / wollen

9. Mann / denken // können / Zahl / sich merken / er / Treppen

10. er / etwas / wünschen / zu wissen // niemand / wissen / was

D ◆ **Persönliche Fragen.**   In einer Gruppe stellen Sie sich gegenseitig die folgenden Fragen. Antworten Sie aus Ihrer persönlichen Erfahrung heraus.

1. Ist alles, was Sie lernen, nützlich? Muss alles nützlich sein? Woher soll man wissen, was nützlich und brauchbar ist?

2. Wie reagieren Sie, wenn andere Leute Sie nicht anhören wollen?

3. Wie reagieren Sie, wenn Sie von einem eigenartigen Menschen angesprochen werden? Lachen Sie? Versuchen Sie wegzulaufen? Sprechen Sie trotzdem mit dieser Person?

4. Stellen Sie sich vor, der Mann in der Geschichte wohnt neben Ihnen. Was halten Sie von ihm? Haben Sie etwas Angst vor ihm, oder finden Sie ihn ganz harmlos?

5. Haben Sie irgendwann einmal eine fixe Idee gehabt? Was für eine? Wie hat sich Ihr Benehmen geändert?

P E R S Ö N L I C H E   F R A G E N

E **Interpretation.**   Gebrauchen Sie Ihre Fantasie und denken Sie über die tiefere Bedeutung dieser Geschichte nach.

1. Analysieren Sie den Charakter des Mannes. Warum will er etwas wissen, was kein anderer weiß? Was ist eine mögliche Erklärung für diese Besessenheit?
2. Inwiefern ist diese Geschichte realistisch? Inwiefern ist sie absurd?
3. Was will Peter Bichsel mit dieser Erzählung sagen?

F **Rollenspiel.**   In einer Gruppe schreiben Sie einen Dialog zu einer der folgenden Szenen aus der Geschichte und spielen Sie ihn der Klasse vor. Wählen Sie eines der folgenden Themen:

1. Ein Gespräch zwischen dem Mann mit dem Gedächtnis und einem Mann am Bahnhof, der irgendwohin reisen will.
2. Ein Gespräch zwischen dem Mann mit dem Gedächtnis und dem Beamten im neuen Auskunftsbüro.

Kapitel II

Anekdote zur Senkung der Arbeitsmoral

HEINRICH BÖLL (1917–1985)

Born in Cologne in 1917, Heinrich Böll grew up in a strict Catholic family of pacifists. He had just begun his university studies when he was drafted into military service in World War II. He was wounded four times during his tour of duty and spent five months in an American prisoner-of-war camp. After the war he continued his studies of German literature and began to publish short stories and radio plays. His first collection of short stories, Der Zug war pünktlich, *appeared in 1949. Just two years later his first novel,* Wo warst du, Adam? *was published, and after two more years a second novel,* Und sagte kein einziges Wort, *followed. Böll also wrote a number of short stories and radio plays that were published in the 1960s. Other noteworthy novels are* Ansichten eines Clowns *(1963),* Gruppenbild mit Dame *(1971), and* Die verlorene Ehre der Katharina Blum *(1974).*

In his writings, Böll dealt not only with the past, but also with the problems of contemporary well-to-do society. His early works, which are strongly anti-war, are based on historical documentation as well as personal experience. Several of Böll's writings of the 1970s have been sharply criticized because of his support of labor unions and his sympathy toward certain terrorists. Germany's post-war facades, bureaucracy, institutionalized religion, fear of war, and poverty are all themes of Böll's later novels. Satire is the main weapon he used to attack people and institutions.

In 1972 Böll received the Nobel Prize for Literature. As president of PEN, an international group of writers, he championed intellectual freedom, especially for suppressed writers throughout the world.

The short story presented here, "Anekdote zur Senkung der Arbeitsmoral," is taken from Erzählungen 1950–1970. *In it Böll clearly defines the difference in attitude towards work between a capitalistic society and a traditional socialistic society, represented by a tourist and a fisherman, respectively.*

◇◇◇ **Aktiver Wortschatz** ◇◇◇

SUBSTANTIVE

die Angelegenheit, -en affair, business
der Ausdruck, ⁻e expression
die Begeisterung (*no pl.*) enthusiasm, inspiration
der Fang, ⁻e catch (*of fish, etc.*)
das Feuerzeug, -e lighter
das Geräusch, -e noise
die Höflichkeit, -en politeness, courtesy
der Hubschrauber, - helicopter
die Kümmernis, -se concern, worry
der Kutter, - large fishing vessel
die Landessprache, -n native language
die Mütze, -n cap
der Neid (*no pl.*) envy, jealousy
der Rand, ⁻er edge
die Schachtel, -n box, pack (of cigarettes, etc.)
die Trauer (*no pl.*) grief, sorrow
die Verlegenheit (*no pl.*) embarrassment

VERBEN

angeln (nach) to fish (for); to grope (for)
auf•tauen to thaw; to become talkative, become
    sociable
(sich) beruhigen to calm down
dösen to doze
erleichtern to relieve
erwerben (i), a, o to gain, acquire
nagen (an + *dat.*) to gnaw (at)
rühren to stir, move
überbrücken to bridge; to smooth over
unterdrücken to suppress

ANDERE WÖRTER UND AUSDRÜCKE

besorgt concerned
eifrig eager(ly), zealous(ly)
gewiss sure(ly), certain(ly)
günstig favorable/favorably
mit dem Kopf nicken to nod one's head
den Kopf schütteln to shake one's head
munter lively, cheerful(ly)
schläfrig sleepy/sleepily
verlustig deprived

A **Wörtersuche.** Suchen Sie die 15 deutschen Wörter, die die folgenden Bedeutungen haben. Die Wörter können vorwärts, rückwärts, schräg oder senkrecht erscheinen. Schreiben Sie dann einen Satz mit jedem gefundenen Wort.

1. lively
2. envy
3. concerned
4. large fishing vessel
5. sure(ly)
6. pity, compassion
7. mouth
8. eager(ly)
9. (the) catch
10. grief, sorrow
11. to stir, move
12. to gnaw
13. box, pack
14. to doze
15. lighter

E	I	F	R	O	B	E	S	O	R	G	T
F	E	U	E	R	Z	E	U	G	N	U	O
A	N	A	G	E	N	G	E	H	E	I	T
B	E	S	E	D	E	U	N	G	I	U	M
A	N	G	E	Ö	I	M	U	N	D	A	I
G	E	W	I	S	S	T	U	M	O	R	T
R	Ü	H	R	E	N	R	A	U	E	R	L
E	I	E	R	N	E	I	F	R	I	G	E
T	R	A	U	E	R	A	N	D	O	M	I
N	O	O	K	K	U	T	T	E	R	U	D
U	N	S	C	H	A	C	H	T	E	L	O
M	U	F	A	N	G	A	R	A	N	K	N

B **Eine Schreibübung mit Komposita.**   In der Kurzgeschichte „Anekdote zur Senkung der Arbeitsmoral" gibt es viele Komposita. Unten sehen Sie Substantive aus dieser und anderen Geschichten, die Sie gelesen haben.

1. Stellen Sie Ihre eigenen Komposita zusammen, indem Sie die Wörter aus der Liste A mit passenden Wörtern aus der Liste B zusammensetzen. Viele Wörter können mindestens zweimal gebraucht werden.

2. Gebrauchen Sie jedes der neuen Komposita in einem Satz.

A	B
1. Fahr-	Schrank
2. Feuer	Ausdruck
3. Müll	Rand
4. Puppe(n)	Plan
5. Gesicht(s)	Restaurant
6. Speise	Eimer
7. Foto	Haus
8. Urlaub(s)	Wagen
	Mütze
	Apparat
	Zeug

◆◆◆ Vor dem Lesen ◆◆◆

A **Anregung zum Lesen.** Sehen Sie sich die Zeichnungen an und beschreiben Sie die Bilder. Die folgenden Fragen können Ihnen dabei helfen. Gebrauchen Sie Ihre Fantasie!

1. Was tut der Mann im ersten Bild?

2. Glauben Sie, dass der Mann reich oder arm ist? Glücklich oder unglücklich? Warum?

3. Wo ist der andere Mann im zweiten Bild? Was ist er?

4. Warum will er den Fischer fotografieren?

5. Wie kann man alles bekommen, was man im dritten Bild sieht?

6. Warum wollen manche Leute viele Dinge besitzen?

B Zum Hören.   Lesen Sie die Fragen und hören Sie sich dann die
Geschichte an. Machen Sie sich Notizen während Sie zuhören.

1. Wie ist die Szene am Anfang der Geschichte?
2. Warum verläuft die Unterhaltung des Touristen mit dem Fischer
   etwas einseitig?
3. Warum will der Fischer an diesem Tag nicht noch einmal
   hinausfahren?
4. Welchen Rat gibt der Tourist dem Fischer? Was wäre das Resultat
   gewesen?
5. Warum hätte dies das Leben des Fischers *nicht* geändert?
6. Wie reagiert der Tourist auf die letzte Bemerkung des Fischers?

◆◆◆ Lesestück ◆◆◆

Anekdote zur Senkung der Arbeitsmoral

In einem Hafen an der westlichen Küste Europas liegt ein ärmlich gekleideter° Mann in seinem Fischerboot und döst. Ein schick angezogener Tourist legt eben einen neuen Farbfilm in seinen Fotoapparat, um das idyllische Bild zu fotografieren: blauer Himmel,
5   grüne See mit friedlichen schneeweißen Wellenkämmen°, schwarzes Boot, rote Fischermütze. Klick. Noch einmal: klick, und da aller guten Dinge drei sind, und sicher sicher ist, ein drittes Mal: klick. Das spröde°, fast feindselige° Geräusch weckt den dösenden Fischer, der sich schläfrig aufrichtet, schläfrig nach seiner Zigarettenschachtel angelt, aber bevor er
10   das Gesuchte gefunden hat, hat ihm der eifrige Tourist schon eine Schachtel vor die Nase gehalten, ihm die Zigarette nicht gerade in den Mund gesteckt, aber in die Hand gelegt, und ein viertes Klick, das des Feuerzeuges, schließt die eilfertige° Höflichkeit ab. Durch jenes kaum messbare, nie nachweisbare Zuviel an flinker Höflichkeit ist eine gereizte
15   Verlegenheit entstanden°, die der Tourist – der Landessprache mächtig° – durch ein Gespräch zu überbrücken versucht.

„Sie werden heute einen guten Fang machen." Kopfschütteln des Fischers.

„Aber man hat mir gesagt, dass das Wetter günstig ist."
20   Kopfnicken des Fischers.

„Sie werden also nicht ausfahren?"

Kopfschütteln des Fischers, steigende Nervosität des Touristen.

Gewiss liegt ihm das Wohl° des ärmlich gekleideten Menschen am Herzen°, nagt an ihm die Trauer über die verpasste Gelegenheit.
25   „Oh, Sie fühlen sich nicht wohl?" Endlich geht der Fischer von der Zeichensprache zum wahrhaft° gesprochenen Wort über. „Ich fühle mich großartig", sagte er. „Ich habe mich nie besser gefühlt." Er steht auf,

ärmlich ... shabbily dressed

crests of waves

brittle
hostile

schließt ... concludes the hasty

Durch ... Through this unprovable, scarcely measurable excess of quick politeness an irritated embarrassment arose / **der ...** conversant with the native language

well-being
liegt ihm am Herzen he takes to heart

truly

reckt sich°, als wollte er demonstrieren, wie athletisch er gebaut ist. „Ich fühle mich fantastisch!"

30 Der Gesichtsausdruck des Touristen wird immer unglücklicher, er kann die Frage nicht mehr unterdrücken, die ihm sozusagen das Herz zu sprengen° droht: „Aber warum fahren Sie dann nicht aus?"

Die Antwort kommt prompt und knapp. „Weil ich heute Morgen schon ausgefahren bin."

35 „War der Fang gut?"

„Er war so gut, dass ich nicht noch einmal auszufahren brauche, ich habe vier Hummer° in meinen Körben gehabt, fast zwei Dutzend Makrelen gefangen ..."

Der Fischer, endlich erwacht, taut jetzt auf und klopft dem Touristen

40 beruhigend auf die Schultern. Dessen besorgter Gesichtsausdruck erscheint ihm als ein Ausdruck zwar unangebrachter°, doch rührender Kümmernis.

„Ich habe sogar für morgen und übermorgen genug", sagt er, um des Fremden Seele zu erleichtern. „Rauchen Sie eine von meinen?"

45 „Ja, danke."

Zigaretten werden in Münder gesteckt, ein fünftes Klick, der Fremde setzt sich kopfschüttelnd auf den Bootsrand, legt die Kamera aus der Hand, denn er braucht jetzt beide Hände, um seiner Rede Nachdruck zu verleihen°.

50 „Ich will mich ja nicht in Ihre persönlichen Angelegenheiten mischen°", sagt er, „aber stellen Sie sich mal vor, Sie führen heute ein zweites, ein drittes, vielleicht sogar ein viertes Mal aus° und Sie würden drei, vier, fünf, vielleicht gar zehn Dutzend Makrelen fangen ... stellen Sie sich das mal vor."

55 Der Fischer nickt.

„Sie würden", fährt der Tourist fort, „nicht nur heute, sondern morgen, übermorgen, ja, an jedem günstigen Tag zwei-, dreimal, vielleicht viermal ausfahren – wissen Sie, was geschehen würde?"

Der Fischer schüttelt den Kopf.

60 „Sie würden sich in spätestens einem Jahr einen Motor kaufen können, in zwei Jahren ein zweites Boot, in drei oder vier Jahren könnten Sie vielleicht einen kleinen Kutter haben, mit zwei Booten oder dem Kutter würden Sie natürlich viel mehr fangen – eines Tages würden Sie zwei Kutter haben, Sie würden ...", die Begeisterung verschlägt° ihm für

65 ein paar Augenblicke die Stimme, „Sie würden ein kleines Kühlhaus bauen, vielleicht eine Räucherei°, später eine Marinadenfabrik, mit einem eigenen Hubschrauber rundfliegen, die Fischschwärme° ausmachen und Ihren Kuttern per Funk Anweisung° geben. Sie könnten die Lachsrechte

---

reckt ... stretches

zu ... to burst

lobsters

inappropriate

Nachdruck ... to put emphasis on

mich ... not interfere in your personal affairs
führen aus would go out (*subjunctive*)

takes away

smokehouse
schools of fish
per ... directions by radio

erwerben°, ein Fischrestaurant eröffnen, den Hummer ohne
70 Zwischenhändler° direkt nach Paris exportieren – und dann ...“, wieder
verschlägt die Begeisterung dem Fremden die Sprache. Kopfschüttelnd,
im tiefsten Herzen betrübt°, seiner Urlaubsfreude schon fast verlustig,
blickt er auf die friedlich hereinrollende Flut°, in der die ungefangenen
Fische munter springen.

75   „Und dann“, sagt er, aber wieder verschlägt ihm die Erregung° die
Sprache. Der Fischer klopft ihm auf den Rücken, wie einem Kind, das
sich verschluckt° hat. „Was dann?“ fragte er leise.

       „Dann“, sagt der Fremde mit stiller Begeisterung, „dann könnten Sie
beruhigt hier am Hafen sitzen, in der Sonne dösen – und auf das
80 herrliche Meer blicken.“

       „Aber das tu’ ich ja schon jetzt“, sagt der Fischer, „ich sitze beruhigt
am Hafen und döse, nur Ihr Klicken hat mich dabei gestört.“

       Tatsächlich zog der solcherlei belehrte Tourist nachdenklich von
dannen°, denn früher hatte er auch einmal geglaubt, er arbeite, um eines
85 Tages einmal nicht mehr arbeiten zu müssen, und es blieb keine Spur von
Mitleid mit dem ärmlich gekleideten Fischer in ihm zurück, nur ein
wenig Neid.

die Lachsrechte ... get permission to catch salmon / middleman

saddened

die ... the tide rolling in peacefully

excitement

choked

Tatsächlich ... Indeed, instructed in such a manner, the tourist left pensively

◆◆◆ **Nach dem Lesen** ◆◆◆

A Fragen zum Lesestück.   Lesen Sie die Geschichte noch einmal
ganz durch. Versuchen Sie unbekannte Wörter durch den Kontext zu
verstehen oder schlagen Sie im Wörterbuch nach. Die Fragen leiten Sie
chronologisch durch die Geschichte. Prüfen Sie, ob Sie alles verstanden
haben.

1. Wo spielt sich diese Geschichte ab?
2. Warum kommt der Tourist zum Hafen?
3. Wie sieht der Fischer aus?
4. Warum macht der Tourist drei Fotos?
5. Warum erwacht der Fischer von seinem friedlichen Dösen?
6. Warum bietet der Tourist dem Fischer eine Zigarette an?
7. Wie beginnt das Gespräch der beiden?
8. Warum steigert sich die Nervosität des Touristen?
9. Warum wird der Tourist immer unglücklicher?

10. Wie war der Fang des Fischers am frühen Morgen?

11. Was könnte der Fischer in einem Jahr kaufen, wenn er öfter am Tag hinausfahren würde?

12. Wie stellt sich der Tourist eine ideale, erfolgreiche Zukunft für den Fischer vor?

13. Wie zeigt sich die Begeisterung des Touristen?

14. Wenn der Fischer alles hätte, was könnte er dann tun?

15. Hat der Tourist nach dem Gespräch immer noch Mitleid mit dem ärmlich gekleideten Fischer? Warum oder warum nicht?

B **Anregung zum Gespräch.** Besprechen Sie die folgenden Fragen mit einer Partnerin oder einem Partner.

1. Hat sich der Tourist vernünftig verhalten?

2. Welche Arbeitsmoral finden Sie besser, die des Fischers oder die des Touristen? Warum?

3. Wenn der Tourist wieder zu Hause ist, wird er seinen Lebensstil ändern? Warum oder warum nicht?

4. Mit welcher Person haben Sie sich identifiziert, als Sie sich die Bilder angeschaut haben? Haben Sie Ihre Meinung geändert, nachdem Sie die Geschichte gelesen haben?

C **Zum Schreiben.** Schreiben Sie eine Zusammenfassung der Geschichte im Imperfekt mit etwa 100 bis 150 Wörtern. Verwenden Sie den Konjunktiv, wenn nötig. Benutzen Sie alle Stichwörter.

BEISPIEL: Hafen / Europas / Fischer / können / dösen // wenn / Tourist / ihn / nicht wecken / haben

ERSTER SATZ: 1. In einem Hafen Europas könnte der Fischer dösen, wenn der Tourist ihn nicht geweckt hätte.

2. schick / angezogen / Tourist / fotografieren / Szene

3. Tourist / wecken / Fischer / mit / Geräusch / Kamera

4. Tourist / geben / Zigarette / Fischer

5. Tourist / versuchen / Verlegenheit / zu überbrücken

6. wenn / Fischer / wieder hinausfahren // er / ein- / besser- / Fang / haben

7. Trauer / verpassen / Gelegenheit / nagen an / Tourist

8. wenn / Fischer / mehr / Fische / fangen // können / kaufen

9. wenn / Tourist / verlieren / Stimme // Fischer / ihn / auf / Rücken / klopfen

10. Fischer / sein / zufrieden // weil / er / schon / haben // was / er / wollen

11. Tourist / haben / kein / Mitleid / mit / Fischer // sondern / Neid

D Persönliche Fragen.   In einer Gruppe stellen Sie sich gegenseitig die folgenden Fragen. Antworten Sie aus Ihrer persönlichen Erfahrung heraus.

1. Arbeiten Sie im Sommer? Warum oder warum nicht?

2. Geben Sie Fremden manchmal einen Rat? Wie reagieren Sie, wenn ein Fremder Ihnen einen Rat gibt?

3. Würden Sie versuchen, den Fischer zu überreden, noch einmal hinauszufahren? Wenn ja, was würden Sie ihm sagen? Wenn nein, warum nicht?

4. Möchten Sie lieber der Fischer oder der Tourist sein? Warum?

5. Wollen Sie eines Tages reich sein? Warum (nicht)?

6. Wie stellen Sie sich Ihre Zukunft vor?

E Interpretation.   Gebrauchen Sie Ihre Fantasie und denken Sie über die tiefere Bedeutung dieser Geschichte nach.

1. Wann wollen manche Menschen andere Menschen belehren?

2. Wieso wollen einige Menschen weniger arbeiten? Warum wollen andere mehr arbeiten?

3. Warum arbeiten die Leute in kapitalistischen Ländern so schwer?

F Rollenspiel.   In einer Gruppe schreiben Sie einen Dialog zu einer der folgenden Szenen aus der Geschichte und spielen Sie dann den Dialog der Klasse vor.

1. Ein Gespräch zwischen dem Fischer und dem Touristen in drei Jahren.

2. Ein Gespräch zwischen dem Fischer und seiner Frau. (Stellen Sie sich vor, dass er eine Frau hat.)

PERSÖNLICHE FRAGEN

Die Rolltreppe

GÜNTER GRASS (1927–)

Günter Grass was born near Gdansk, which became part of Poland at the end of World War II. Grass attended the Gymnasium *in Gdansk, then served in the military in World War II until he was taken prisoner by the Americans in 1945. Upon his release from a prisoner-of-war camp, he returned to Germany, worked in a potash mine, and completed his training as a stonemason. From 1948 to 1951 he studied sculpting and graphic design in Düsseldorf, then continued to do so for three more years in Berlin. It was in 1955, while Grass was in Berlin, that he came in contact with the* Gruppe 47, *a group of well-known contemporary German writers. At the same time, he completed his early literary works, among them the plays* Hochwasser *(1957) and* Onkel, Onkel *(1958).*

Grass married in 1954; in 1956 he moved to Paris, where his wife studied ballet. It was there that Grass wrote his first and best-known novel, Die Blechtrommel (The Tin Drum), *which was published in 1959. Grass received the* Förderpreis des Kulturkreises im Bundesverband der Deutschen Industrie *and the* Preis der Gruppe 47 *for* Die Blechtrommel. *He became famous overnight. Grass later received the Nobel Prize for Literature in 1999.*

In his novels Grass sometimes uses his artistic imagination to depict brutal events, while also presenting a blueprint for survival. Grass often ridicules the powerful and influential while cheering for the survival of the lowly. Many of his works, such as Katz und Maus *(1961) and* Hundejahre *(1963), show a relentless openness, a realism free of prejudice, and a grotesquely comic tone in the tradition of the baroque picaresque novel. His novels are a critique as well as a mirror of the times and have therefore been received with both praise and rejection. The senate of Bremen refused to approve the awarding of a literary prize to Grass in 1959— evidence of the controversial nature of some of his writings.*

In the short selection "Die Rolltreppe," the reader can find elements of Grass' realism and macabre humor. In less than 100 lines, the author lets us look into the mind of a character who has made arrangements for his lover to flee Germany from Bremerhaven. We experience the thoughts and feelings of one of the many people who tried futilely to escape from Germany during the war.

Aktiver Wortschatz

SUBSTANTIVE

die Abfahrt, -en departure
der Abgang (*no pl.*) departure, exit
der Eilzug, ⁻e semi-fast train; *formerly:* express train
die Einzelheit, -en detail
der Gummimantel, ⁻ rubber raincoat
die Kopfbedeckung, -en headgear, hat
das Opfer, - sacrifice; victim
das Päckchen, - small package; pack (*of cigarettes, etc.*)
der Passant, -en, -en (*wk.*) / **die Passantin, -nen** passer-by
die Richtung, -en direction
die Schwierigkeit, -en difficulty
das Streichholz, ⁻er match
das Vertrauen (*no pl.*) confidence, trust
der Zeuge, -n, -n (*wk.*) / **die Zeugin, -nen** witness

VERBEN

an·stoßen (ö), ie, o (etwas) to bump into (something)
auf·saugen, sog auf, aufgesogen (*or reg.*) to suck up, absorb
sich aus·weisen, ie, ie to identify oneself
(sich) beschäftigen (mit etwas) to occupy (oneself) (with something); **beschäftigen (jemanden)** to employ (someone)

bestätigen to confirm, verify
durchqueren to cross
ein·treffen (i), traf ein, eingetroffen (*with* **sein**) to arrive
ein·ziehen, zog ein, eingezogen (*with* **sein**) to draw in; to move in
locken to entice; to attract; **hervor·locken** to entice out, draw out
lösen to remove; to resolve; to dissolve; **sich lösen** to detach oneself
schluchzen to sob
umarmen (jemanden) to hug (someone)
verführen to tempt; to seduce
verlassen (verlässt), verließ, verlassen to leave; **sich verlassen auf (etwas/jemanden** + *acc.*) to depend on (something/someone)
vermeiden, ie, ie to avoid
(sich) verringern to lessen

ANDERE WÖRTER UND AUSDRÜCKE

drüben over there; in another country
es geht glatt, ging glatt, glatt gegangen (*with* **sein**) to go smoothly
in der Reihe stehen, stand, gestanden to stand in line
Pech haben to have bad luck
pünktlich punctual(ly)
(so)eben just (this moment)

A **Redewendungen.**   In diesem und besonders in den vorhergehenden Lesestücken werden viele Ausdrücke und Redewendungen verwendet. Gebrauchen Sie jede der folgenden Redewendungen in einem Satz.

1. neugierig (auf etwas) sein (+ *acc.*)
2. ein Kind kriegen
3. den Mund halten
4. mit (etwas/jemandem) fertig werden
5. es geht dich nichts an
6. es ist mir wurscht
7. Pech haben
8. in der Reihe stehen
9. Bescheid wissen
10. glatt gehen

B **Kreuzworträtsel.** Lösen Sie das Kreuzworträtsel. Schreiben Sie Ausdrücke als ein einzelnes Wort. Schreiben Sie dann Sätze mit den Antworten.

Waagerecht	Senkrecht
1. to solve	2. difficulty, problem
4. small package	3. to avoid
6. to embrace	4. passer-by
8. to have bad luck	5. direction
11. over there	7. one, you, everyone
12. departure (*on foot*), exit	9. end
14. semi-fast train, express train	10. on time
15. hat	12. departure
16. to attract; to tempt, entice	13. witness
17. sacrifice	14. hurry; "_____ mit Weile"

◆◆◆ Vor dem Lesen ◆◆◆

A **Anregung zum Lesen.**   Sehen Sie sich
die Zeichnungen an und beschreiben Sie die
Bilder. Die folgenden Fragen können Ihnen
dabei helfen. Gebrauchen Sie Ihre Fantasie!

1. Wo sind der Mann und die Frau im
   ersten Bild?

2. Fahren die beiden irgendwohin
   zusammen?

3. Welche Zeitperiode ist es?

4. Woran denkt der Mann im zweiten Bild?

5. Warum hat die Frau, an die er denkt,
   ein Taschentuch in der Hand?

6. Wo ist der Mann im dritten Bild?

7. Wer steht vor ihm und wer steht
   hinter ihm?

B **Zum Hören.** Lesen Sie die Fragen und hören Sie sich dann die Geschichte an. Machen Sie sich Notizen während Sie zuhören.

1. Warum war der Erzähler am Bahnhof?
2. Was für ein Gefühl hat er auf der Rolltreppe gehabt?
3. Woran hat er gedacht?
4. Was hat Herr Vogelsang für den Erzähler getan?
5. Was hat der Erzähler auf der Treppe gespürt?
6. Was haben die beiden Herren zum Erzähler gesagt?

◆◆◆ **Lesestück** ◆◆◆

Die Rolltreppe

Soeben brachte ich Maria zum Eilzug nach Bremerhaven. Ich durfte nicht auf dem Bahnhof stehen bleiben und Zeuge ihrer Abfahrt sein. Weder Maria noch ich haben es gerne, einander zurückzulassen und zu Opfern einer fast immer pünktlichen Eisenbahn zu machen.

5   Wir umarmten uns ruhig und lösten uns, als wäre es nur bis morgen. Jetzt durchquere ich die Halle, stoße an, entschuldige mich, zu spät, locke, ohne das Päckchen aus der Tasche zu nehmen, eine Zigarette hervor und muss mir Streichhölzer kaufen. Schon den Rauch einziehend, verlange ich eine Zeitung, um gegen die lange Autobusfahrt versichert°   saved (*from boredom*)
10   zu sein.

       Dann muss ich warten. Nur langsam saugt die Rolltreppe die herbstlich gekleideten Passanten auf. Jetzt mache ich den Schritt, stehe auch in der Reihe, zwischen zwei feuchtigkeitsatmenden°   wet breathing Gummimänteln. Ich stehe gern auf einer Rolltreppe. Ganz darf ich mich
15   der Zigarette hingeben° und, ähnlich dem Rauch, aufsteigen. Die   indulge in Maschinerie erfüllt mich mit Vertrauen. Weder über noch unter mir meldet sich Verlangen nach einem Gespräch an°. Die Treppe spricht.   **meldet** ... is a demand for a conversation made Gut reihen sich° die Gedanken: Maria wird jetzt den Stadtrand erreicht   **Gut** ... follow in a series haben, der Zug wird pünktlich in Bremerhaven eintreffen. Hoffentlich
20   hat sie keine Schwierigkeiten. Schulte-Vogelsang meint, wir können uns ganz auf seine Arbeit verlassen. Und auch drüben würde alles glatt gehen. Vielleicht hätten wir es doch besser über die Schweiz versucht? Man hat mir bestätigt, dass Vogelsang verlässlich ist. Er soll schon für viele gearbeitet haben, und immer sei es gut gegangen. Warum sollte Maria,
25   zumal sie wirklich nur kurze Zeit bei uns beschäftigt war, Pech haben?

       Die Frau vor mir reibt sich die Augen. Sie schluchzt durch die Nase. Sicher hat sie die Abfahrt des Zuges, irgendeines Zuges erlebt. Sie hätte, wie ich, vorher gehen sollen. Die Abfahrt eines Zuges überragt das menschliche Fassungsvermögen°. Maria hat einen Fensterplatz. Ich werfe   **überragt** ... extends beyond the human ability
30   einen Blick zurück. Unter mir reihen sich die Hüte. Auch die Traube am   to comprehend

Treppenabsatz bildet sich nur aus° Kopfbedeckungen. Es tut mir gut, nicht mehr den Einzelheiten menschlicher Gesichtszeichnungen ausgesetzt zu sein°. Deshalb will mein Blick auch die Auffahrtsrichtung vermeiden. Nun drehe ich mich doch. Ich sollte das nicht tun. Oben, wo

35 sich die hartgummibelegte Treppe selbst verschluckt, wo es Nacken um Nacken, Hut um Hut wegstreicht°, stehen zwei Herren. Es gibt keinen Zweifel, ihre ernsten Augen sind für mich aufgespart°. Es kommt mir weder der Gedanke, mich wieder zu drehen, geschweige denn° der, gegen die strebende° Treppe, gegen die Hüte unter mir, meinen Weg zu

40 nehmen°. Dieses lächerliche Geborgensein, dieses verführerische Gefühl, solange du auf der Treppe lebst, lebst du, solange jemand vor dir, jemand hinter dir atmet, kann sich niemand dazwischendrängen°. Der Stufenabstand verringert sich, ich trete etwas zurück, um mit den Fußspitzen nicht unter die vorstehenden Hartgummikanten zu geraten°.

45 Fast freue ich mich noch, dass mir der Abgang von der Treppe so sicher gelingt.

    Die Herren nennen meinen Namen, weisen sich aus und verraten mir lächelnd, dass Marias Eilzug pünktlich in Bremerhaven eintrifft und dass auch dort einige Herren warten werden, doch nicht, um ihr Blumen

50 zu reichen. Wie effektvoll, dass meine Zigarette jetzt gerade aufgeraucht ist. Ich folge den Herren.

Auch ... The cluster (of people) on the landing (of the escalator) is also made up only of
Gesichtszeichnungen ... to be exposed to facial expressions

Oben ... Above, where the hard rubber-covered staircase swallows itself, where it erases neck by neck, hat by hat
aufgespart ... reserved for
geschweige ... not to mention
strebende ... moving, straining
meinen ... to make my way squeeze in between

unter ... get caught under the hard rubber edges

◇◇◇ Nach dem Lesen ◇◇◇

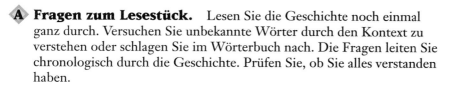

A **Fragen zum Lesestück.** Lesen Sie die Geschichte noch einmal ganz durch. Versuchen Sie unbekannte Wörter durch den Kontext zu verstehen oder schlagen Sie im Wörterbuch nach. Die Fragen leiten Sie chronologisch durch die Geschichte. Prüfen Sie, ob Sie alles verstanden haben.

1. Mit welchem Zug fuhr Maria nach Bremerhaven?
2. Was hatten die beiden nicht gern?
3. Warum kaufte er eine Zeitung?
4. Warum fühlte er sich sicher auf der Rolltreppe?
5. Auf wen konnte man sich verlassen?
6. Wie hätte er vielleicht Marias Flucht anders arrangiert?
7. Warum verließ er sich auf Vogelsang?

8. Warum rieb sich die Frau vor ihm die Augen?

9. Was hätte sie schon vorher tun sollen?

10. Warum warf der Mann einen Blick zurück?

11. Warum wollte der Mann nicht nach oben schauen?

12. Wer wartete oben auf den Mann?

13. Warum freute sich der Mann fast auf seinen Abgang von der Rolltreppe?

14. Wie wusste er, dass die zwei Männer auf ihn gewartet hatten?

15. Woher wissen wir, dass der Mann freiwillig mit den Herren ging?

B **Anregung zum Gespräch.**   Besprechen Sie die folgenden Fragen mit einer Partnerin oder einem Partner.

1. Warum umarmen sich die beiden nur kurz, so „als ob es nur bis morgen wäre"?

2. Warum versucht der Erzähler nicht die Treppe hinunterzulaufen, um den Männern zu entkommen?

3. Die Männer sind der Frau und dem Mann gefolgt? Weshalb?

4. Schauen Sie sich das zweite Bild noch einmal an. Welche Bedeutung haben die Sachen und Menschen, die dargestellt sind?

C **Zum Schreiben.**   Schreiben Sie einen Brief, den der Mann wohl an Maria hätte schreiben wollen, nachdem er verhaftet worden war. Der Brief soll eine Länge von 100 bis 150 Wörtern haben. Der erste Satz ist schon vorgegeben. Benutzen Sie alle Stichwörter, um den Brief zu Ende zu schreiben.

BEISPIEL: Eilzug / bringen / dich // mein- / allerliebst- / Maria // nach Bremerhaven

ERSTER SATZ: 1. Der Eilzug brachte dich, meine allerliebste Maria, nach Bremerhaven.

2. Maria / arbeiten / kurz / Zeit / bei / uns

3. ich / kaufen / Zeitung // zu sein / um / gegen / Langeweile / versichern

4. ich / stehen / zwei Gummimänteln / zwischen / in der Reihe

5. ich / hoffen // dass / für Maria / alles / glatt gehen / werden

6. mir / sagen / haben / man // dass / Vogelsang / verlässlich / sein

7. Frau / vor mir / sich reiben / Augen

8. es / kein Zweifel / geben // ihre Augen / ernst / aufsparen / für mich / sein

9. Herren / nennen / mein Name // und / sich ausweisen

10. ich / Herren / folgen

D **Persönliche Fragen.** In einer Gruppe stellen Sie sich gegenseitig die folgenden Fragen. Antworten Sie aus Ihrer persönlichen Erfahrung heraus.

1. Sind Sie schon mal mit dem Zug gefahren? Warum? Warum fährt man in Amerika nicht so oft mit dem Zug wie in Europa?

2. Wie benehmen Sie sich, wenn Sie sich am Bahnhof oder am Flughafen von jemandem verabschieden müssen, den Sie gern haben? Gehen Sie schnell weg oder bleiben Sie lange dort? Warum?

3. Wie fühlen Sie sich auf einer Rolltreppe, in einem Fahrstuhl oder in einem Auto? Achten Sie darauf, was um Sie herum passiert, oder verlieren Sie sich in Ihren eigenen Gedanken?

4. Haben Sie sich je auf andere Leute verlassen müssen? Warum? Was waren die Folgen?

5. Was halten Sie von dem deutschen Brauch, am Bahnhof oder Flughafen den Reisenden bei der Ankunft Blumen zu schenken?

E **Interpretation.** Gebrauchen Sie Ihre Fantasie und denken Sie über die tiefere Bedeutung dieser Geschichte nach.

1. Welche Bedeutung hat die Rolltreppe in dieser Erzählung?

2. Könnte diese Geschichte heute passieren? Könnte sie auch in ihrem Land passieren? Warum oder warum nicht?

F **Rollenspiel.** Schreiben Sie mit einer Partnerin oder einem Partner ein Gespräch, das auf der Geschichte basiert. Spielen Sie das Gespräch in Ihrem Kurs vor. Wählen Sie eines der folgenden Themen:

1. Ein Gespräch zwischen dem Mann und seiner Geliebten am Bahnhof.

2. Ein Gespräch zwischen dem Mann und den zwei Herren am Ende der Rolltreppe.

PERSÖNLICHE FRAGEN

Kapitel 13

Eine größere Anschaffung

WOLFGANG HILDESHEIMER (1916–1991)

Wolfgang Hildesheimer was born in Hamburg in 1916. He attended a German secondary school in Mannheim and then a private school in England. At age 17 he emigrated to Palestine, where he worked as a cabinetmaker and interior designer. Hildesheimer returned to England in 1937 to study painting and set building. From 1939 to 1945 he served as a British information officer in Palestine. After World War II Hildesheimer was an interpreter and an editor of the proceedings of the Nuremburg trials. At the same time, he worked as a commercial artist and journalist. He began writing literature in 1950. Hildesheimer's first collection of short stories, Lieblose Legenden, *was published in 1952. Many of his radio plays and dramas are based on ideas presented in these and other short stories. Wolfgang Hildesheimer died in Poschiavo, Switzerland, in 1991. The city of Poschiavo has named him as an honorary Swiss citizen.*

Perhaps most enlightening on the subject of Hildesheimer's themes are the author's words from Das Ende der Fiktionen *(1984), in which he states that he does not want to "demythologize the myths," but to portray his heroes as his imagination dictates. The confrontation of inner world and outer world, as represented by a fantasizing intellectual versus a robust opponent, is the central theme in his novel* Tynset *(1965). Wolfgang Hildesheimer is also concerned about social, artistic, and aesthetic charlatans. He describes our world as a "Paradies der falschen Vögel," where people are really something other than what they profess to be. The short story "Eine größere Anschaffung" provides an example of this theme.*

◆◆◆ **Aktiver Wortschatz** ◆◆◆

SUBSTANTIVE

die Anschaffung, -en purchase
die Ansicht, -en picture, diagram; view; opinion
die Ausstellung, -en fair; exhibit
der Bau, -ten building; construction
der Fesselballon, -s *or* **-e** hot-air balloon, gas balloon
der Handel (*no pl.*) deal, transaction
die Kenntnis, -se knowledge
die Last, -en load, burden
die Lieferung, -en delivery
die Meldung, -en news; announcement
die Seife, -n soap
die Tatsache, -n fact; happening
das Wirtshaus, ¨-er restaurant with bar
der Zwilling, -e twin

VERBEN

bestellen to order
beschließen, beschloss, beschlossen to decide
dar•stellen to show; to display
sich einigen (über) (+ *acc.*) to agree (on); to come to terms with
sich ein•lassen (lässt ein), ließ ein, eingelassen (**auf** + *acc.*) to get involved (with)
entgegnen to reply
erstaunen to amaze
gestatten to permit
sich verabschieden (von jemandem) to say goodbye (to someone); to take leave (from someone)
widerstehen, widerstand, widerstanden (+ *dat.*) to resist

ANDERE WÖRTER UND AUSDRÜCKE

angemessen suitable/suitably
ausreichend sufficient(ly)
benachbart neighboring
bereitwillig willing(ly); eager(ly)
ein freudiges Ereignis erwarten (*euphemistic*) to expect the birth of a baby
es handelt sich um (**etwas/jemanden**) to be about (something/someone); to concern (something/someone)
die Katze im Sack kaufen to buy a pig in a poke
kurzfristig for a short period of time
offensichtlich obvious(ly)
ohnehin anyway
peinlich embarrassing
(un)ausstehlich (in)tolerable/(in)tolerably
Vorsicht ist am Platze caution is warranted

A Der Handel. Welche Definition in Spalte B passt zu dem Ausdruck in Spalte A?

Spalte A	Spalte B
1. die Lieferung _____	a) veranlassen; reservieren lassen
2. darstellen _____	b) Bild, Abbildung; sichtbarer Teil
3. Vorsicht ist am Platze _____	c) zu einer Übereinstimmung kommen
4. die Ausstellung _____	d) einen bestimmten Schluss fassen
5. bestellen _____	e) abbilden; auf einer Bühne spielen
6. sich einigen _____	f) bestimmte Menge von einer gelieferten Ware
7. sich handeln um etwas _____	g) das Wissen von etwas
8. die Kenntnis _____	h) aufmerksames, besorgtes Verhalten ist erwünscht
9. die Ansicht _____	i) die Schau
10. beschließen _____	j) um etwas gehen

B Der rot-weiße Fesselballon. Diese Übung soll man als Partner- oder Gruppenübung machen. Ergänzen Sie den Lückentext mit einem passenden Wort bzw. mit passenden Wörtern aus der folgenden Liste. (Nicht alle Wörter passen.) Verwenden Sie die richtige Form der Wörter.

die Last, die Ausstellung, bestellen, erstaunen, die Lieferung, der Bau, offensichtlich, peinlich, der Fesselballon, sich auf etwas einlassen, das Wirtshaus, sich einigen, die Ansicht, die Katze im Sack kaufen, widerstehen, Vorsicht ist am Platze

Eines Tages, als ich in der Bibliothek eine Arbeit schrieb, zeigte mir ein junger Mann Bilder mit verschiedenen [1]_____ von einem großen rot-weißen [2]_____, mit dem ich über die Stadt fliegen könnte. Ich wollte schon immer mal fliegen, darum bat ich um mehr Auskunft darüber, wie ich den Fesselballon preiswert kaufen könnte. Ich fragte nach dem [3]_____ des Ballonkorbes und nach der Art der Füllung (z.B. Helium), um dem jungen Mann klar zu machen, dass ich nicht ganz naiv war. Obwohl wir uns über den Preis [4]_____ hatten, war ich nicht zufrieden. Aber ich konnte der Versuchung nicht [5]_____, meiner lieben Frau zu imponieren. Deshalb habe ich den Fesselballon [6]_____.

Nachdem ich mich auf das Geschäft [7]_____ und bezahlt hatte, sollte die [8]_____ des Fesselballons in drei Tagen erfolgen. Am nächsten Tag ging ich ins [9]_____, um ein Glas Bier zu trinken, und dort traf ich eine Freundin. Sie hatte eine Zeitung, worin ein Artikel stand über eine große [10]_____ in San Francisco. Ich las in der Zeitung, dass man einen rot-weißen Fesselballon von der Ausstellung gestohlen hatte. Es war [11]_____, dass ich Opfer eines Betruges geworden war. Übrigens kann ich schlecht „nein" sagen, aber das nächste Mal werde ich vorsichtiger sein und keine [12]_____ _____ _____ _____.

C Komposita. Finden Sie für jedes Wort in Liste A ein passendes Wort in Liste B, um ein zusammengesetztes Wort zu bilden. Alle Wörter in Liste B können mehrmals gebraucht werden. Schreiben Sie die neuen Wörter und ihre Bedeutungen auf.

BEISPIEL: Feier + Tag → Feiertag (*holiday*)

A	B
1. Bahn	Tag
2. Werk	Haus
3. Flug	Platz
4. Gast	Sache
5. Feier	Zeug
6. Schul-	Hof
7. Spiel	
8. Schau	
9. Markt	
10. Wirt(s)	
11. Kranken	
12. Arbeit(s)	
13. Wochen	
14. Bauern	
15. Fahr-	
16. Tat	

◆◆◆ Vor dem Lesen ◆◆◆

A **Anregung zum Lesen.** Sehen Sie sich die Zeichnungen an und beschreiben Sie die Bilder. Die folgenden Fragen können Ihnen dabei helfen. Gebrauchen Sie Ihre Fantasie!

1. Wo sind die Männer im ersten Bild? Beschreiben Sie die Szene.

2. Worüber sprechen die Männer wohl?

3. Was steht im zweiten Bild in der Garage?

4. Wieso hat der Mann wohl eine Lokomotive?

5. Was macht der Mann im dritten Bild?

6. Wie sieht er aus? Warum wohl?

B **Zum Hören.** Lesen Sie die Fragen und hören Sie sich dann die Geschichte an. Machen Sie sich Notizen während Sie zuhören.

1. Warum waren die beiden Männer im Wirtshaus?
2. Was war das Resultat ihres Gesprächs?
3. Was für ein Mensch ist der Vetter des Erzählers?
4. Was hat der Erzähler seinem Vetter über die Lokomotive gesagt?
5. Wie hat der Vetter auf diese Geschichte reagiert?
6. Warum hat der Erzähler den Kran nicht gekauft?

◆◆◆ **Lesestück** ◆◆◆

Eine größere Anschaffung

Eines Abends saß ich im Dorfwirtshaus vor (genauer gesagt, hinter)
einem Glas Bier, als ein Mann gewöhnlichen Aussehens sich neben
mich setzte und mich mit gedämpft°-vertraulicher Stimme fragte, ob ich

muted

eine Lokomotive kaufen wolle. Nun ist es zwar ziemlich leicht, mir

5   etwas zu verkaufen, denn ich kann schlecht nein sagen, aber bei einer
größeren Anschaffung dieser Art schien mir doch Vorsicht am Platze.
Obgleich ich wenig von Lokomotiven verstehe, erkundigte ich mich
nach Typ, Baujahr und Kolbenweite°, um bei dem Mann den Anschein°
zu erwecken, als habe er es hier mit einem Experten zu tun, der nicht

width of the pistons /
impression

10   gewillt sei, die Katze im Sack zu kaufen. Ob ich ihm wirklich diesen
Eindruck vermittelte°, weiß ich nicht; jedenfalls gab er bereitwillig
Auskunft und zeigte mir Ansichten, die das Objekt von vorn, von hinten
und von den Seiten darstellten. Sie sah gut aus, diese Lokomotive, und
ich bestellte sie, nachdem wir uns vorher über den Preis geeinigt hatten.

conveyed

15   Denn sie war bereits gebraucht, und obgleich Lokomotiven sich
bekanntlich nur sehr langsam abnützen°, war ich nicht gewillt, den
Katalogpreis zu zahlen.

wear out

　　　Schon in derselben Nacht wurde die Lokomotive gebracht. Vielleicht
hätte ich dieser allzu kurzfristigen Lieferung entnehmen° sollen, dass

entnehmen (+ *dat.*) to infer
from

20   dem Handel etwas Anrüchiges innewohnte°, aber arglos° wie ich war,
kam ich nicht auf die Idee. Ins Haus konnte ich die Lokomotive nicht
nehmen, die Türen gestatteten es nicht, zudem wäre es wahrscheinlich
unter der Last zusammengebrochen, und so musste sie in die Garage
gebracht werden, ohnehin der angemessene Platz für Fahrzeuge.

etwas ... there was
something wrong with /
innocent

25   Natürlich ging sie der Länge nach nur etwa halb hinein, dafür war die
Höhe ausreichend; denn ich hatte in dieser Garage früher einmal meinen
Fesselballon untergebracht, aber der war geplatzt.

　　　Bald nach dieser Anschaffung besuchte mich mein Vetter. Er ist ein
Mensch, der, jeglicher Spekulation und Gefühlsäußerung abhold°, nur

jeglicher ... adverse to
speculation and
expression of feeling

30   die nackten Tatsachen gelten lässt. Nichts erstaunt ihn, er weiß alles,

bevor man es ihm erzählt, weiß es besser und kann alles erklären. Kurz, ein unausstehlicher Mensch. Wir begrüßten einander, und um die darauf folgende peinliche Pause zu überbrücken, begann ich: „Diese herrlichen Herbstdüfte°..." – „Welkendes Kartoffelkraut°", entgegnete er, und an

35 sich hatte er Recht. Fürs Erste steckte ich es auf° und schenkte mir von dem Kognak ein, den er mitgebracht hatte. Er schmeckte nach Seife, und ich gab dieser Empfindung Ausdruck°. Er sagte, der Kognak habe, wie ich auf dem Etikett° ersehen könne, auf den Weltausstellungen in Lüttich und Barcelona große Preise, in St. Louis gar die goldene Medaille

40 erhalten, sei daher gut. Nachdem wir schweigend mehrere Kognaks getrunken hatten, beschloss er, bei mir zu übernachten, und ging den Wagen einstellen°. Einige Minuten darauf kam er zurück und sagte mit leiser, leicht zitternder Stimme, dass in meiner Garage eine große Schnellzugslokomotive stünde°.

45 „Ich weiß", sagte ich ruhig und nippte von meinem Kognak, „ich habe sie mir vor kurzem angeschafft." Auf seine zaghafte° Frage, ob ich öfters damit fahre, sagte ich, nein, nicht oft, nur neulich, nachts, da hätte ich eine benachbarte Bäuerin, die ein freudiges Ereignis erwartete, in die Stadt ins Krankenhaus gefahren. Sie hätte noch in derselben Nacht

50 Zwillingen das Leben geschenkt, aber das habe wohl mit der nächtlichen Lokomotivfahrt nichts zu tun. Übrigens war das alles erlogen, aber bei solchen Gelegenheiten kann ich der Versuchung nicht widerstehen, die Wirklichkeit ein wenig zu schmücken°. Ob er es geglaubt hat, weiß ich nicht, er nahm es schweigend zur Kenntnis, und es war offensichtlich,

55 dass er sich bei mir nicht mehr wohl fühlte. Er wurde ganz einsilbig°, trank noch ein Glas Kognak und verabschiedete sich. Ich habe ihn nicht mehr gesehen.

Als kurz darauf die Meldung durch die Tageszeitungen ging, dass den französischen Staatsbahnen eine Lokomotive abhanden gekommen sei°

60 (sie sei eines Nachts vom Erdboden – genauer gesagt vom Rangier-bahnhof° – verschwunden), wurde mir natürlich klar, dass ich das Opfer einer unlauteren° Transaktion geworden war. Deshalb begegnete ich auch dem Verkäufer, als ich ihn kurz darauf im Dorfgasthaus sah, mit zurückhaltender Kühle. Bei dieser Gelegenheit wollte er mir einen Kran

65 verkaufen, aber ich wollte mich in ein Geschäft mit ihm nicht mehr einlassen, und außerdem, was soll ich mit einem Kran?

fall air (fragrances) / welkendes ... withering potato leaves
steckte ... I abandoned it

gab ... expressed this perception
label

put in (the garage)

subjunctive of **stehen**

timid

die ... to embellish the truth a little

taciturn (*lit.* monosyllabic)

abhanden ... had disappeared

railroad switchyard
sordid

◆◆◆ Nach dem Lesen ◆◆◆

A **Fragen zum Lesestück.** Lesen Sie die Geschichte noch einmal ganz durch. Versuchen Sie unbekannte Wörter durch den Kontext zu verstehen oder schlagen Sie im Wörterbuch nach. Die folgenden Fragen leiten Sie chronologisch durch die Geschichte. Prüfen Sie, ob Sie alles verstanden haben.

1. Wo fing die Geschichte an?
2. Wer setzte sich neben den Erzähler?
3. Was wollte der Fremde?
4. Warum war es ziemlich leicht, dem Erzähler etwas zu verkaufen?
5. Wonach erkundigte sich der Erzähler?
6. Wann bekam er die Lokomotive?
7. Warum lieferte der Fremde die Lokomotive so schnell?
8. Warum passte die Lokomotive nicht ganz in die Garage hinein?
9. Was hatte der Erzähler früher in seiner Garage untergebracht?
10. Wer kam zu Besuch?
11. Warum sollte der Kognak gut sein?
12. Warum wollte der Vetter bei dem Erzähler übernachten?
13. Was bemerkte der Vetter, als er seinen Wagen in die Garage stellen wollte?
14. Was stand später in der Tageszeitung?
15. Warum wollte sich der Erzähler nicht mit dem Verkäufer auf ein neues Geschäft einlassen?

B **Anregung zum Gespräch.** Besprechen Sie die folgenden Fragen mit einer Partnerin oder einem Partner.

1. Was halten Sie von dem Erzähler? Finden Sie ihn sympathisch? Naiv? Dumm? Interessant? Warum?
2. Was war Ihr erster Eindruck, als Sie die Lokomotive in der Garage gesehen haben?
3. Woher weiß man, ob man bei einer Anschaffung vorsichtig sein muss (bei gebrauchten oder neuen Sachen)? Warum? Muss man heutzutage vorsichtiger sein als früher? Warum?
4. Hat der Erzähler etwas bei dem Kauf der Lokomotive gelernt? Was ist der Beweis dafür/dagegen?

C Zum Schreiben. Schreiben Sie eine Zusammenfassung der Geschichte im Imperfekt und Plusquamperfekt mit 100 bis 150 Wörtern. Der erste Satz ist schon vorgegeben. Benutzen Sie alle Stichwörter, um die Zusammenfassung zu Ende zu schreiben. Artikel und Konjunktionen müssen hinzugefügt werden, wenn nötig. Verwenden Sie Relativsätze, wenn möglich.

BEISPIEL: Erzähler // Durst haben // sein / im Dorfwirtshaus

ERSTER SATZ: 1. Der Erzähler, der Durst hatte, war im Dorfwirtshaus.

2. Fremde // der sich setzen / neben / Erzähler // Bild / Lokomotive / zeigen
3. Erzähler // der / Lokomotive / nicht / sehen // bestellen / sie
4. Lokomotive // die / er / kaufen // werden / in der Nacht / bringen
5. er / können / nicht widerstehen / Gelegenheit / Lokomotive / zu kaufen
6. Fesselballon // den / er / früher / kaufen // platzen / in der Garage
7. Vetter / bringen / Kognak // der / auf der Weltausstellung / Preis / gewinnen
8. Vetter // den / er / nicht / mögen // sich verabschieden / am Abend
9. Meldung / Zeitung / stehen // Mann / lesen / Zeitung // dass / Lokomotive / verschwinden / sein
10. Erzähler / Verkäufer / begegnen // mit dem Verkäufer / sich einlassen / nicht mehr / wollen / er // der / ihm / Kran / verkaufen / wollen

D Persönliche Fragen. In einer Gruppe stellen Sie sich gegenseitig die folgenden Fragen. Antworten Sie aus Ihrer persönlichen Erfahrung heraus.

1. Gehen Sie gern in eine Kneipe? Warum?
2. Haben Sie je einen „Secondhandartikel" gekauft? Was? Wo? Warum?
3. Haben Sie es mal bedauert, etwas gekauft zu haben? Was? Warum?
4. Wie würden Sie reagieren, wenn Ihnen jemand einen Kran oder eine Lokomotive anbieten würde? Einen Porsche? Einen Farbfernseher? Eine Rolex Armbanduhr?
5. Kennen Sie jemanden, der sich wie der Vetter benimmt?
6. Wie behandeln Sie Besserwisser?

PERSÖNLICHE FRAGEN

E Interpretation.   Gebrauchen Sie Ihre Fantasie und denken Sie über die tiefere Bedeutung dieser Geschichte nach.

1. Gibt es Menschen wie diesen Erzähler? Warum war er so naiv?
2. Warum ist diese Erzählung absurd? Was will der Autor damit erreichen?
3. An welcher Stelle wird diese Erzählung „ein Märchen"?
4. Was ist realistisch an dieser Erzählung?

F Rollenspiel.   Schreiben Sie mit einer Partnerin oder einem Partner ein Gespräch, das auf der Geschichte basiert. Spielen Sie das Gespräch in Ihrem Kurs vor. Wählen Sie eines der folgenden Themen:

1. Ein Gespräch zwischen dem Erzähler und dem Fremden, als sie sich im Wirtshaus wieder begegnen und der Fremde dem Erzähler einen Kran verkaufen will.
2. Ein Gespräch zwischen dem Erzähler und einem Polizisten, der ihn mit der gestohlenen Lokomotive erwischt.

Kapitel 14

Seegeister

ILSE AICHINGER (1921–)

Born in Vienna in 1921, Ilse Aichinger gave up her study of medicine at the University of Vienna to finish her first novel, Die größere Hoffnung (1948). This book, which deals with a young girl who is sought by the Nazis because of her racial background, established Aichinger as a leading writer in Austria and Germany. In "Die Spiegelgeschichte" (1954), Aichinger tells the story of a young woman who had an abortion; she begins with the woman's death and works backwards. Wo ich wohne (1963) contains short stories, dialogues, and poems, some of which have been published in other anthologies. In 1978, a collection of Aichinger's poems appeared under the title Verschenkter Rat. She has also written a number of radio plays. For her literary achievements, Aichinger received the Preis der Gruppe 47 (1952), awards from the cities of Bremen (1955) and Düsseldorf (1957), the Nelly-Sachs-Preis (1971), and the Großen Österreichischen Staatspreis für Literatur (1995). In 1984 she moved to Frankfurt am Main. Ilse Aichinger now resides in Gmain, near Salzburg.

The poetry and prose of Ilse Aichinger are a verbal synthesis of opposites in human existence. The possible and the impossible, the past and the present, the specific instances and the universal truths of existence are woven into a unified whole in her works. Reality in her writings is reduced to situations and actions that contain existential truths.

◆◆◆ Aktiver Wortschatz ◆◆◆

SUBSTANTIVE

das Benzin, -e gasoline
die Bucht, -en bay; creek inlet
der Dampfer, - steamer
der / die Einheimische, -n, -n (*noun declined
    as an adjective*) native resident
die Jacht, -en yacht
der Kamin, -e chimney; fireplace
der Landungssteg, -e dock
der Schwan, ⸚e swan
die Verzweiflung (*no pl.*) despair
die Welle, -n wave (*of water, etc.*)

VERBEN

ab·dichten to make tight, seal up
ab·stellen to turn off
ab·winken to wave aside
aus·brechen (i), a, o (*with* **sein**) to break out
aus·laufen (äu), ie, au (*with* **sein**) to run out
aus·schicken to send out
kehrt·machen to turn around

laden (lädt), u, a to load
löschen to extinguish
**nach·lassen (lässt nach), ließ nach,
    nachgelassen** to diminish, slacken
trösten to comfort
vorüber·gehen, ging vorüber, vorübergegangen
    (*with* **sein**) to go past, pass by
weiter·treiben, ie, ie to propel further; (*with* **sein**)
    to drift further
zu·lassen (lässt zu), ließ zu, zugelassen to allow
zu·rufen, ie, u (jemandem etwas) to yell
    (something to someone)

ANDERE WÖRTER UND AUSDRÜCKE

aufwärts upward(s); **uferaufwärts** along the
    bank upstream
genuss-süchtig pleasure-seeking
kreuz und quer in all directions
sich lustig machen über (etwas/jemanden
    + *acc.*) to make fun of (something/someone)
steil steep(ly)

A **Meine Reise ins Harzgebirge.** Ergänzen Sie den Lückentext mit
einem passenden Wort bzw. mit passenden Wörtern aus der folgenden
Liste. (Nicht alle Wörter passen.) Verwenden Sie die richtige Form der
Wörter.

aufwärts, kreuz und quer, ausbrechen, abwinken, löschen, die
Verzweiflung, sich lustig machen über, die Welle, übermütig, laden,
steil, zurufen, das Benzin, abstellen

Als ich in der elften Klasse war, machte unsere Klasse einen Ausflug ins
Harzgebirge. Wir [1]_____ unsere Rucksäcke in den Zug und fuhren los.
Unsere Lehrerin war unglücklich, denn sie war alleine im Wagen mit dreißig
Schülern. Manche ältere Schüler fingen an, Zigaretten zu rauchen. Die
Lehrerin hatte die Schüler mehrmals gebeten, die Zigaretten auszudrücken,
aber keiner achtete auf sie, denn hier im Zug hatte sie keine Autorität. Sie saß
da in [2]_____. Die Schüler [3]_____ _____ _____
_____ sie . Die Reise war ziemlich lang für die Lehrerin.

Sobald der Zug das Ziel erreichte, **4**_____ die Schüler _____
und liefen wie wild **5**_____ _____ _____ durch die Gegend.
Diese Art von Unterricht machte Spaß! Zuerst war es leicht den Berg
hinaufzusteigen; wir sollten unsere Lehrerin oben auf dem Berg treffen. Als
wir immer weiter **6**_____ kletterten, wurde der Weg sehr **7**_____,
und unsere Lehrerin war nirgendwo zu sehen.

Aber als wir oben ankamen, sahen wir die Lehrerin mit ihrem Freund.
Vor ihnen stand ein Moped. Der Freund hatte den Motor des Mopeds gerade
8_____. Jetzt lächelte die Lehrerin und sagte: „Wenn man nicht die
Energie eines **9**_____ Schülers hat, ist es leichter mit ein bisschen
10_____ ans Ziel zu gelangen.“

B **Wichtige Vorsilben.** Die Vorsilbe *aus-* bedeutet oft „out“ und die
Vorsilbe *ab-* bedeutet „off“ oder „aside“. Unten steht eine Liste von
Verben mit diesen Vorsilben aus diesem und aus früheren Kapiteln.
Ergänzen Sie die Sätze mit passenden Verben. Verwenden Sie die richtige
Form der Verben.

ab•brechen	aus•brechen
ab•sehen	aus•dehnen
ab•stellen	aus•laufen
ab•winken	aus•schicken

1. Ein Eissturm hatte einen Zweig von einem Baum _____.
2. Der Mann _____ seine Schuhe _____, ehe er durchs
   Wasser lief.
3. Der faule Student hat von dem intelligenten Studenten _____.
4. Der König _____ seine Boten _____.
5. Hast du denn den Herd _____?

◆◆◆ Vor dem Lesen ◆◆◆

A Anregung zum Lesen. Sehen Sie sich die Zeichnungen an und beschreiben Sie die Bilder. Die folgenden Fragen können Ihnen dabei helfen. Gebrauchen Sie Ihre Fantasie!

1. Wo ist der Mann im ersten Bild? Wie sehen der See und die Umgebung aus?

2. Warum sieht der Mann froh aus?

3. Warum ist der Mann auf dem See?

4. Was tut der Mann im zweiten Bild?

5. Wo steht die Sonne am Himmel? Warum?

6. Beschreiben Sie das dritte Bild!

7. Warum, meinen Sie, sind die anderen Leute – die Kinder im ersten Bild und das Mädchen im zweiten Bild – nicht mehr da?

B **Zum Hören.**   Lesen Sie die folgenden Stichwörter und hören Sie sich dann die Geschichte an. Schreiben Sie einen oder zwei Sätze, um jedes Stichwort zu erklären.

1. Unglück: das Boot
2. Notlüge: Kinder / Freunde
3. zweites Unglück: Benzin
4. zweite Lüge: Sommer
5. andere Realität: was das Mädchen erwartet
6. Meinung des Mädchens über den Mann
7. die Verzweiflung
8. letztes Unglück

◆◆◆ **Lesestück** ◆◆◆

Seegeister

Da ist der Mann, der den Motor seines Bootes, kurz bevor er landen wollte, nicht mehr abstellen konnte. Er dachte zunächst, das sei weiter kein Unglück und zum Glück sei der See groß, machte kehrt und fuhr vom Ostufer gegen das Westufer zurück, wo die Berge steil

5 aufsteigen und die großen Hotels stehen. Es war ein schöner Abend, und seine Kinder winkten ihm vom Landungssteg, aber er konnte den Motor noch immer nicht abstellen, tat auch, als wollte er nicht landen, und fuhr wieder gegen das flache Ufer zurück. Hier – zwischen entfernten Segelbooten, Ufern und Schwänen, die sich weit vorgewagt hatten –

10 brach ihm angesichts der Röte°, die die untergehende Sonne auf das östliche Ufer warf, zum ersten Mal der Schweiß aus den Poren, denn er konnte seinen Motor noch immer nicht abstellen. Er rief seinen Freunden, die auf der Terrasse des Gasthofs beim Kaffee saßen, fröhlich zu, er wolle noch ein wenig weiterfahren, und sie riefen fröhlich zurück,

15 das solle er nur. Als er zum dritten Mal kam, rief er, er wolle nur seine Kinder holen, und seinen Kindern rief er zu, er wolle nur seine Freunde holen. Bald darauf waren Freunde und Kinder von beiden Ufern verschwunden, und als er zum vierten Mal kam, rief er nicht mehr.
Er hatte entdeckt, dass sein Benzintank leck° war, das Benzin war

20 längst ausgelaufen, aber das Seewasser trieb seinen Motor weiter. Er dachte jetzt nicht mehr, das sei weiter kein Unglück und zum Glück sei der See groß. Der letzte Dampfer kam vorbei, und die Leute riefen ihm übermütig zu, aber er antwortete nicht, er dachte jetzt: „Wenn nur kein Boot mehr käme!" Und dann kam auch keins mehr. Die Jachten lagen

25 mit eingezogenen Segeln in den Buchten, und der See spiegelte die Lichter der Hotels.
Dichter Nebel begann aufzusteigen, der Mann fuhr kreuz und quer und dann die Ufer entlang, irgendwo schwamm noch ein Mädchen und warf sich den Wellen nach, die sein Boot warf, und ging an Land.

angesichts ... in view of the redness

leaking

30   Aber er konnte, während er fuhr, den lecken Tank nicht abdichten
und fuhr immer weiter. Jetzt erleichterte ihn nur mehr der Gedanke, dass
sein Tank doch eines Tages den See ausgeschöpft° haben müsse, er   emptied
dachte, es sei eine merkwürdige Art des Sinkens, den See aufzusaugen
und zuletzt mit seinem Boot auf dem Trockenen zu sitzen. Kurz darauf
35 begann es zu regnen, und er dachte auch das nicht mehr. Als er wieder an
dem Haus vorbeikam, vor dem das Mädchen gebadet hatte, sah er, dass
hinter einem Fenster noch Licht war, aber uferaufwärts, in den Fenstern,
hinter denen seine Kinder schliefen, war es schon dunkel, und als er kurz
danach wieder zurückfuhr, hatte auch das Mädchen sein Licht gelöscht.
40 Der Regen ließ nach, aber das tröstete ihn nun nicht mehr.
    Am nächsten Morgen wunderten sich seine Freunde, die beim
Frühstück auf der Terrasse saßen, dass er schon so früh auf dem Wasser
sei. Er rief ihnen fröhlich zu, der Sommer ginge zu Ende, man müsse ihn
nützen, und seinen Kindern, die schon am frühen Morgen auf dem
45 Landungssteg standen, sagte er dasselbe. Und als sie am nächsten
Morgen eine Rettungsexpedition nach ihm ausschicken wollten, winkte
er ab, denn er konnte doch jetzt, nachdem er sich zwei Tage lang auf die   **er** ... he had been using
Fröhlichkeit hinausgeredet hatte°, eine Rettungsexpedition nicht mehr   happiness as his excuse
zulassen; vor allem nicht angesichts des Mädchens, das täglich gegen   for two days
50 Abend die Wellen erwartete, die sein Boot warf. Am vierten Tag begann
er zu fürchten, dass man sich über ihn lustig machen könne, tröstete sich
bei dem Gedanken, dass auch dies vorüberginge. Und es ging vorüber.
    Seine Freunde verließen, als es kühler wurde, den See, und auch die
Kinder kehrten zur Stadt zurück, die Schule begann. Das Motorengeräusch
55 von der Uferstraße ließ nach, jetzt lärmte nur noch sein Boot auf dem See.
Der Nebel zwischen Wald und Gebirge wurde täglich dichter, und der
Rauch aus den Kaminen blieb in den Wipfeln° hängen. Als Letztes verließ   treetops
das Mädchen den See. Vom Wasser her sah er sie ihre Koffer auf den
Wagen laden. Sie warf ihm eine Kusshand zu und dachte: „Wäre er ein
60 Verwunschener°, ich wäre länger geblieben, aber er ist mir zu   bewitched
genusssüchtig!"
    Bald darauf fuhr er an dieser Stelle mit seinem Boot aus Verzweiflung
auf den Schotter°. Das Boot wurde längsseits aufgerissen und tankt von   gravel, rocks
nun an Luft. In den Herbstnächten hören es die Einheimischen über ihre
65 Köpfe dahinbrausen°.   roaring away (*to
somewhere*)

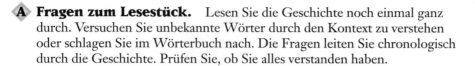

◆◆◆ Nach dem Lesen ◆◆◆

A **Fragen zum Lesestück.** Lesen Sie die Geschichte noch einmal ganz durch. Versuchen Sie unbekannte Wörter durch den Kontext zu verstehen oder schlagen Sie im Wörterbuch nach. Die Fragen leiten Sie chronologisch durch die Geschichte. Prüfen Sie, ob Sie alles verstanden haben.

1. Welches Problem hatte der Mann auf dem See?
2. Hatte er negative oder positive Gedanken über seine Situation?
3. Warum brach ihm der Schweiß aus den Poren?
4. Was rief er seinen Freunden zu?
5. Was rief er seinen Kindern zu?
6. Warum rief er nicht mehr, als er zum vierten Mal vorbeikam?
7. Was trieb das Boot weiter, als kein Benzin mehr im Tank war?
8. Warum gab er die Hoffnung auf, auf dem Trockenen zu sitzen?
9. Warum wollte er am nächsten Tag nicht gerettet werden?
10. Warum fürchtete er sich nicht mehr, dass seine Freunde sich über ihn lustig machen würden?
11. Warum verließen die Freunde den See?
12. Warum verließen die Kinder den See?
13. Warum ist der Mann dem Mädchen nicht sympathisch?
14. Was tat er zuletzt mit dem Boot?
15. Was hören die Einheimischen in den Herbstnächten?

B **Anregung zum Gespräch.** Besprechen Sie die folgenden Fragen mit einer Partnerin oder einem Partner.

1. Soll man einem Menschen helfen, der alle Hilfeversuche ablehnt? Warum oder warum nicht?
2. Warum lügen Leute?
3. Das Mädchen fährt weg und denkt: „Wäre er ein Verwunschener, ich wäre länger geblieben." Was wollte sie damit sagen? Welche Bedeutung hat das für die Geschichte?
4. Warum hören die Einheimischen das Boot *über* ihren Köpfen? Wollte sich der Mann das Leben nehmen?
5. Aus welchen Gründen haben Leute manchmal eine falsche Vorstellung von der Wirklichkeit?
6. Warum oder wann werden manchmal unsere geheimsten Gedanken zur Realität?

◆ **C** **Zum Schreiben.** Schreiben Sie eine Zusammenfassung der Geschichte im Konjunktiv mit 50 bis 100 Wörtern. Meistens wird nur der Nebensatz im Konjunktiv geschrieben. Der erste Satz ist schon vorgegeben. Benutzen Sie alle Stichwörter, um die Zusammenfassung zu Ende zu schreiben.

BEISPIEL: Mann / glauben // er / können / abstellen / Motor / nicht

ERSTER SATZ: 1. Der Mann glaubte, er könnte den Motor nicht abstellen.

2. Mann / auch / tun // als ob / landen / er / wollen / nicht
3. er / zu rufen / Kinder // er / holen / Freunde / wollen
4. Mann / meinen // zum Glück / sein / See / groß
5. er / wünschen // dass / kein / Boot / mehr / kommen
6. er / denken // dass / Tank / eines Tages / See / müssen / ausschöpfen
7. er / zurufen / seinen Kindern // dass / Sommer / zu Ende / gehen
8. er / fürchten // dass / man / sich lustig machen / über ihn / können
9. wenn / er / Verwunschener / sein // Mädchen / sein / bleiben
10. man / sagen // Boot / tanken / Luft / von nun an

◆ **D** **Persönliche Fragen.** In einer Gruppe stellen Sie sich gegenseitig die folgenden Fragen. Antworten Sie aus Ihrer persönlichen Erfahrung heraus.

1. Haben Sie schon mal ein ungewöhnliches Unglück gehabt? Beschreiben Sie es!
2. Ist es Ihnen mal passiert, dass Sie aus irgendeinem Grund gelogen haben, und dass Sie dann bei der Lüge bleiben mussten, auch wenn Sie nicht mehr wollten? Wann? Warum?
3. Waren Sie je in einer Situation, in der Sie Hilfe abgelehnt haben, obwohl Sie sie brauchten? Beschreiben Sie die Situation!
4. Glauben Sie in irgendeiner Form an Geister?

◆ **E** **Interpretation.** Gebrauchen Sie Ihre Fantasie und denken Sie über die tiefere Bedeutung dieser Geschichte nach.

1. Wodurch hat sich der Mann isoliert? Warum? Was für ein Mensch ist er?
2. Sind Glück und Unglück mit dem Schicksal eines Menschen verbunden? Kann man trotz Schicksalsschlägen Glück haben?

3. Wieso spielt der Nebel eine wichtige Rolle in dieser Geschichte?

4. In der Einleitung zu den drei Geschichten in *Seegeister* schreibt Ilse Aichinger:

   „Den Sommer über beachtet man sie wenig oder hält sie für seinesgleichen, und wer den See mit dem Sommer verlässt, wird sie nie erkennen. Erst gegen den Herbst zu beginnen sie, sich deutlicher abzuheben. Wer später kommt oder länger bleibt, wer zuletzt selbst nicht mehr weiß, ob er noch zu den Gästen oder schon zu den Geistern gehört, wird sie unterscheiden. Denn es gibt gerade im frühen Herbst Tage, an denen die Grenzen im Hinüberwechseln noch einmal sehr scharf werden."

   Diskutieren Sie über die Erzählung von dem Mann und seinem Boot in Bezug auf diese Einleitung. War der Mann schon immer ein Geist, oder wird er einer im Laufe der Geschichte? Wie und wann findet sein Übergang von Gast zu Geist statt? Ändert er sich am Ende plötzlich oder allmählich?

   (Wenn es Sie interessiert, versuchen Sie, die anderen zwei Geschichten in „Seegeister" zu finden und zu lesen.)

F **Rollenspiel.** Schreiben Sie mit einer Partnerin oder einem Partner ein Gespräch, das auf der Geschichte basiert. Spielen Sie das Gespräch in Ihrem Kurs vor. Wählen Sie eines der folgenden Themen:

1. Es gelingt dem Mann, doch noch sein Boot zu landen. Schreiben Sie ein Gespräch zwischen ihm und seinen Kindern.

2. Ein Gespräch zwischen dem Mann und einem Freund, der verstanden hat, dass er doch gerettet werden muss.

Kapitel 15

Kassandra

MARKUS ORTHS (1969–)

Markus Orths was born in 1969 in Viersen, Germany. He studied philosophy, French, and English in Freiburg im Breisgau and has worked as a teacher in Germany and France. Since 1999 he has been the co-publisher of the literary magazine Konzepte. *In 2000–01 he was employed as a teacher at* Gymnasien *in Karlsruhe and Göppingen. Since September 2001 he has been on leave and is working as a freelance author.*

Orths has published two books: Schreibsand *(1999) and* Wer geht wo hinterm Sarg? *(2001). One of his short stories recently appeared in* Vom Fisch bespuckt *(2002). The story selected here first appeared in the German literary magazine* Wandler *(1999/2000) and presents a very real and chilling tale. Markus Orths has received numerous awards for his writing: the Moerser Literaturpreis (2000), Berlin Open Mike (2000), and a stipend from the Förderkreis deutscher Schriftsteller (2001); he has also been named Stadtschreiber Schwaz, Austria (2001).*

Aktiver Wortschatz

SUBSTANTIVE

die Anwesenheit (*no pl.*) presence
die Langeweile (*no pl.*) boredom
die Menge, -n quantity; amount
die Sprosse, -n rung (*on a ladder*)
die Trennung, -en separation
der Umschlag, ⸚e envelope
die Voraussage, -n prediction
der Zauber (*no pl.*) magic
das Zelt, -e tent
der Zettel, - slip of paper

VERBEN

ab·schließen to close; to lock
befördern to promote
sich freuen auf (*+ acc.*) to look forward (to)
genießen, genoss, genossen to enjoy
husten to cough
kauern to cower; to crouch

kleben to paste
ohrfeigen (jemanden) to box (someone's) ears;
   to slap (someone's) face
reizen (jemanden) to annoy (someone)
scheitern (*with* **sein**) to fail; to break down
(sich) schütteln to shake (oneself)
sperren to lock; to block, close
untersuchen to investigate
verhindern to prevent
zweifeln to doubt

ANDERE WÖRTER UND AUSDRÜCKE

einverstanden agreed
fähig capable
feige cowardly
glatt smooth(ly); straight
gelassen calm(ly); composed
ins Schwarze treffen to hit the bullseye
zufrieden satisfied

 A   Verwandte Wörter und Umschreibungen.   Suchen Sie das
passende Wort aus dem aktiven Wortschatz für jede Definition oder
Umschreibung. Schreiben Sie danach einen originellen Satz für jedes der
zehn Wörter.

1. ein kleines Stück Papier
2. nicht mehr ganz an etwas glauben
3. eine Straße blockieren
4. genau das Richtige sagen
5. ganz ruhig; maßvoll
6. Aussage über die Zukunft, über Kommendes
7. mit Freude oder Genuss auf sich wirken lassen
8. magische Handlung
9. zustimmend
10. Mangel an Abwechselung, Anregung, Unterhaltung oder
    Beschäftigung

B **Wörtersuche.** Suchen Sie die folgenden Wörter. Die Wörter können vorwärts, rückwärts, schräg oder senkrecht erscheinen. Wählen Sie dann zehn von diesen Wörtern und schreiben Sie einen Satz mit jedem dieser zehn Wörter.

1. happy	11. presence
2. satisfied	12. cowardly
3. boredom	13. to slap
4. quantity	14. slip of paper
5. to enjoy	15. to annoy
6. envelope	16. calm
7. smooth	17. magic
8. capable	18. separation
9. to cough	19. to cook
10. to paste	20. tent

L	C	H	M	U	M	S	C	H	L	A	G	U	E	L
L	A	G	E	N	I	E	S	S	E	N	E	M	I	I
M	E	N	G	E	U	Z	U	L	O	N	L	S	L	A
E	M	E	G	E	N	E	K	L	Z	E	A	H	I	N
N	F	U	Z	E	L	T	L	R	A	S	S	T	E	W
G	U	M	M	Y	W	T	T	I	U	S	S	R	G	E
A	B	S	C	H	L	E	I	S	B	E	E	E	I	S
K	O	C	H	E	N	L	I	C	E	I	N	N	E	E
N	H	H	U	S	T	E	N	L	R	L	N	F	N	N
E	R	L	F	Ä	H	I	G	E	H	E	U	O	H	H
B	F	A	L	G	L	A	T	T	I	C	B	N	O	E
E	E	G	E	N	I	E	S	S	E	S	E	G	H	I
L	I	E	Z	R	E	I	Z	E	N	B	N	E	D	T
K	G	R	E	I	Z	A	N	W	Z	A	B	B	E	R
N	E	D	E	I	R	F	U	Z	F	R	O	H	R	Y

◆◆◆ Vor dem Lesen ◆◆◆

A **Anregung zum Lesen.**   Sehen Sie sich
die Zeichnungen an und beschreiben Sie die
Bilder. Die folgenden Fragen können Ihnen
dabei helfen. Gebrauchen Sie Ihre Fantasie!

1. Wo ist diese Frau?
2. Was macht die Frau?
3. Was ist wohl im zweiten Bild mit der Frau
   passiert?
4. Woran denkt der Mann im zweiten Bild?
5. Wer steht hinter dem Mann im dritten
   Bild?
6. Was wird diese Frau wohl tun?

B **Zum Hören.** Lesen Sie die folgenden Fragen und hören Sie sich dann die Geschichte an. Machen Sie sich Notizen während Sie zuhören.

1. Wo war der Erzähler?
2. Was sagte ihm die „Hexe"?
3. Was sollte mit seinem Sohn passieren?
4. Wann sollte der Erzähler sterben?
5. Was hat er gewonnen?
6. Was passierte mit seiner ersten Frau?

◆◆◆ **Lesestück** ◆◆◆

Kassandra

Keine Hexe: keine Falten, keine Warzen an Nase und Kinn, kein
wirres, langes, graues Haar, kein Rabe° auf Schulter, keine Katze, raven
keine Ohrringe, keine Kristallkugel. Klein war sie, mit rundem, glattem
Gesicht, alterslos, ein braungrauer Dutt° am Hinterkopf. Sie saß an   bun
5   einem Tisch, auf dem drei Kerzen standen. Räucherstäbchen glühten in
den Ecken des Zeltes. Ansonsten war es dunkel. Ich setzte mich auf den
Stuhl gegenüber und reichte ihr die Hand. Sie hielt sie fest. Eine lange
Zeit untersuchte sie die Linien und Krümmungen° der Innenseite.   curves
Währenddessen sprach sie kein Wort. Sie gab die Hand frei und sah
10 auf die Tischplatte. In ihren Lungenflügeln° schien sich etwas   lungs
zusammenzukrampfen, ich hörte ein kurzes Glucksen° bis hinauf in ihren gurgling
Hals, und sie presste schnell ein Taschentuch vor den Mund. Sie hustete.
Sie schüttelte sich.
     „Was willst du hören?" fragte sie.
15   „Wie meinen Sie das?"
     Sie sah mich an.
     „Du willst einen Blick in deine Zukunft tun?"
     „Natürlich, deshalb bin ich ja hier."
     Sie sah an mir vorbei.
20   „Schau auf mein Taschentuch", sagte sie, „ich werde bald sterben."
(Sie zeigte es mir – es war rot.) „Überleg dir gut, was du willst. Die
Wahrheit macht nicht immer frei."
     „Ich will Sie ja nicht kränken", erwiderte ich gereizt, „aber Sie
müssen wissen: Ich glaube nicht an das, was Sie hier tun. Ich bin
25 eigentlich nur auf Drängen° meiner Arbeitskollegen zu Ihnen ins Zelt **auf** ... at the urging
gegangen. Also ersparen Sie mir bitte Ihre *Das-was-ich-sage-entspricht-der-
reinen-Wahrheit-Nummer* und lassen Sie uns das Ganze so schnell wie
möglich hinter uns bringen. Ich habe Sie bezahlt, also sagen Sie mir jetzt
die üblichen Sprüche vom Glück und vom Lottogewinn, und das war's
30 dann. Einverstanden?"

Ich sah, wie sie lächelte. Und in diesem Lächeln lag etwas
Beunruhigendes. Wieder nahm sie meine Hand. Und dann ging es sehr
schnell: Sie erzählte mir eine Menge Dinge über meine Zukunft; unter
anderem sagte sie, in fünf Jahren würde ich jemanden kennen lernen und
35 meine Frau verlassen, im selben Jahr gewönne ich tatsächlich im Lotto,
ein irrer Gewinn, sagte sie, und mein Sohn stürbe zwei Jahre später, ein
Schlag, von dem ich mich nie erholen würde, ich selbst stürbe erst mit 54,
an meinem Geburtstag, nach zehn langen Jahren der Langeweile. Dann
ließ sie meine Hand los und knallte mit dem Kopf auf den Tisch. Ich
40 packte sie bei den Haaren und sah ihr in die Augen. Sie waren gebrochen.
Ihre erste Voraussage war eingetroffen. Sie hatte gesagt, sie würde bald
sterben, und sie war gestorben.

Es gelang mir nicht, diese Szene aus meinem Kopf zu streichen, und
als sich noch im selben Jahr die erste ihrer Voraussagen erfüllte, hielt ich
45 den Atem an. Ich brach mir das rechte Bein. Das passierte, als ich in
einem Anflug von Übermut von der Leiter sprang, die am Kirschbaum
lehnte. Ich stand auf der vierten Sprosse und dachte, früher, als Junge,
bist du von der Sechsten gesprungen. Ich sprang und hörte ein hässliches
Geräusch. Der Schmerz durchfuhr mich im selben Moment wie die
50 Erinnerung an ihren Satz *Noch in diesem Sommer wirst du dir ein Bein
brechen.* Genau das hatte sie zu mir gesagt, und nun wurde sie bestätigt.
Ich begann nachzudenken. Der Besuch bei Kassandra lag erst vier
Monate zurück. Ich konnte mich an die meisten ihrer Prophezeiungen
noch erinnern. Sollte ich sie aufschreiben? Festhalten? Aufs Papier
55 bannen? Nein, dachte ich, denn ich hoffte, die Zeit schöbe sich zwischen
mich und Kassandra. Ich wollte mich an den Monaten festsaugen°, mich   attach
hinter sie ducken, um mich vor Kassandras gebrochenem Blick zu
schützen. Es gelang mir nicht. Zwei Jahre vergingen, ich wurde
befördert, mein Bruder bekam eine Tochter, und Kassandra hatte mit
60 allem, was sie gesagt hatte, ins Schwarze getroffen. Ich versuchte mir
einzureden, dass all dies nichts als ein Zufall sei, dass ich vergessen müsse,
was sie gesagt hatte. Doch alles, was man vergessen *will,* klebt umso fester
im Hirn. Je mehr man es rauszerrt, desto wilder sticht der Widerhaken°.   **sticht** ... the barb (*on a
                                                                                  fishhook or spear*) pricks
                                                                                  or stabs
Die Unmöglichkeit des Vergessenkönnens rankte sich vor allem um
65 den Satz *Zwei Jahre später stirbt dein Sohn.* Doch noch war es nicht so
weit. Ich befand mich im Jahr 4 nach Kassandras Enthüllungen°. Sieben   revelations
Ereignisse hatten sich genauso erfüllt, wie sie es vorhergesehen hatte. Ich
hatte es inzwischen aufgegeben zu zweifeln. Es *gab* keinen Zweifel mehr.
Mir war die Zukunft aus den Händen gefallen. Ich begann, nach einem
70 Ausweg zu suchen. Mir wurde klar, dass ich mich auflehnen musste: ein
Kampf gegen die Unaufhaltsamkeit° der Ereignisse. Was war zu tun? Ich   unstoppable progress,
                                                                                inevitability

musste dafür sorgen, dass sich Kassandras Vorhersagen nicht länger
erfüllen *konnten*. Wenn ich es schaffen könnte, so dachte ich, das
Wahrwerden *einer einzigen* ihrer Vorhersagen zu verhindern, so würde ich
75 Kassandra Lügen strafen. Wenn ich sie aber *einmal* des Irrtums überführt
hätte, so würde ihr Zauber erlöschen. Nichts mehr spräche dann noch für
das Eintreffen ihrer übrigen Prophezeiungen. Der Tod meines Sohnes
wäre dann ebenso wahrscheinlich oder unwahrscheinlich wie der Tod
jedes anderen jungen Mannes, ganz so, als hätte es Kassandras Voraussage
80 nie gegeben.

Nun, ihre nächste Prophezeiung handelte vom Lottogewinn. Nichts
war einfacher, als dafür zu sorgen, *nicht im Lotto zu gewinnen*. Alles, was
ich dafür tun musste, war, *nicht zu spielen*. Damals war ich Mitglied einer
Tippgemeinschaft° und gab zusätzlich jede Woche noch einen eigenen   lottery pool
85 Zettel ab. Damit war nun von heute auf morgen Schluss. Ich war
zufrieden. Kassandra hatte gesagt, dass ich im Lotto gewönne, aber ich
würde nicht gewinnen. Kassandra hatte gesagt, dass mein Sohn stürbe,
aber er würde nicht sterben.

Das Jahr brach an, das *angebliche* Lottomillionenjahr, und ich freute
90 mich auf dieses Jahr. Denn ich hatte Kassandra überlistet. Sie musste sich
geschlagen geben, die alte Hexe. Ja, Hexe nenne ich sie, die Alte, mit
ihrem Raben auf der Schulter, die Grünäugige, mit ihren Warzen, ihrer
Hakennase und ihrem kreischenden Lachen. Sie hatte nicht damit
gerechnet, dass der Mensch sich der Zukunft entgegenstellen und sich
95 lösen konnte von dem, was für ihn bestimmt war. Ich konnte es, ich tat es.

Und zum ersten Mal seit längerem gelang es mir wieder, mein Leben
zu genießen. Ich lebte in den Tag hinein, arbeitete wenig – es reichte, um
die Familie zu versorgen – und im Mai wurde mir klar, dass meine Ehe
gescheitert war. Ich hatte jemanden kennen gelernt. Ich wehrte mich
100 lange gegen mein Gefühl, denn immer noch hatte Kassandra ihre Krallen
in meinem Kopf, immer noch pochte dort ihr Satz *Du wirst dich von deiner
Frau trennen*, aber als es August wurde und September und von einem
Lottogewinn weit und breit nichts zu sehen war, als mir immer klarer zu
werden schien, dass ich alles, was bislang geschehen war, als *strange
105 coincidence* bezeichnen konnte, da wagte ich den Schritt und erzählte
meiner Frau von Anna. Sie reagierte gelassener als ich erwartet hatte. Es
wurde November und meine Frau eröffnete mir, dass ich mich
entscheiden müsste. Ich entschied mich, und es kam zur Trennung. Ich
beschloss, im Januar auszuziehen, und meine Frau versicherte mir, dass
110 ich meinen Sohn sehen könne, wann immer ich wolle. Mein Sohn, ja, ich
hatte ihm das Leben gerettet. Jedes Mal, wenn ich ihn heimlich ansah,
lächelte ich. So sicher Kassandras Orakel bislang eingetroffen waren, so
sicher war für mich jetzt auch die Tatsache, dass fortan der Bann

gebrochen war: kein Lottogewinn – kein Tod des Sohnes. Und zu
115 Weihnachten verband er mir die Augen, fasste mich bei der Hand und
führte mich zu sich ins Zimmer. Ich freute mich auf das Poster meines
Lieblingssängers, das ich eingerahmt an der Wand erwartete, der Schal
fiel hinab, doch ich sah nur einen Briefumschlag auf dem Tisch. Um ihn
herum standen Kerzen, eine Flasche Sekt und Blumen.

120 „Was ist das?" fragte ich.

„Mach ihn auf."

Ich hörte das Herz meines Sohnes zerspringen.

Ich öffnete den Umschlag und holte einen Zettel heraus.

„Nein", sagte ich.

125 „Doch", sagte mein Sohn.

„Da steht mein Name drauf", sagte ich.

„Ich habe für dich weitergespielt. Mit deiner Kombination."

„Nein", sagte ich.

„Doch", sagte mein Sohn.

130 „Warum?"

„Du hast gern gespielt. Ich hab' nicht verstanden, warum du
aufgehört hast."

Ich starrte ihn an.

„Was ist mit dem Schein hier?" fragte ich.

135 „Die sind vor zwei Tagen vorbeigekommen. Es sind 8,9 Millionen.
Die haben mir erlaubt, dass *ich* es dir sage."

Ich ging einen Schritt auf meinen Sohn zu. Den Zettel ließ ich fallen.
Ich fasste ihn bei den Schultern. Ich sah bis tief hinter seine Augen. Er
dachte, ich stünde unter Schock. Ich wollte ihn ohrfeigen, aber er konnte
140 nichts für sein Nichtwissen, und so nahm ich ihn in den Arm. Tränen,
mein Sohn dachte, der Freude.

Von diesem Moment an ging es stetig bergab. Noch am selben
Abend versuchte ich, zu meiner Frau zurück ins Bett zu kriechen. Ich war
völlig verzweifelt. Da auch der Lottogewinn genauso eingetroffen war,
145 wie Kassandra ihn prophezeit hatte, blieb mir nun als letzte Hoffnung,
die Trennung von meiner Frau noch verhindern zu können. Doch dazu
war es zu spät. Und das folgende Jahr verging im Warten auf das
Nächste, denn dieses war als Todesjahr meines Sohnes proklamiert. Mir
wurde schwindlig, als in der Sylvesternacht die Glocken läuteten. So sehr
150 ich meinen Kopf zermarterte°, es gab keinen Weg, meinen Sohn von   **ich** ... racked my brains
jeglicher Gefahr fern zu halten: Er war gerade 18 geworden, ich konnte
ihn nicht fesseln und in sein Zimmer sperren.

Ich weiß nicht, wie viele Nächte ich wach lag in diesem Jahr. Bei
jedem Telefonschrillen erbleichte ich. Wenn meine Ex-Frau unerwartet
155 vor der Tür stand, setzte mein Herzschlag aus. Sah ich einen mir

unbekannten Mann an der Gartenpforte, dachte ich: Polizei. Als ich merkte, dass es mir unmöglich war, *nicht* an meinen Sohn zu denken, begann ich, das Denken selbst zu bekämpfen: Ich betäubte mich. Es waren hauptsächlich Tabletten, die mich in einen beruhigenden Nebel führten.

160   Er starb am 15. Juni. Ich lag auf dem Bett und wusste es, bevor das Telefon schellte. Ich nahm den Hörer nur noch ab, um das Kapitel abzuschließen und die Todesursache° zu erfahren. Es war keine Krankheit gewesen, kein plötzlicher Tumor, kein Hitzschlag, kein Herzinfarkt°, kein Zeckenbiss°. Er war auch nicht überfallen, verschleppt und ermordet

165 worden, nicht erdolcht, nicht erdrosselt, nicht erschossen. Es war kein Unfall gewesen, kein Auto, kein Zug, keine Straßenbahn. Nein, mein Sohn hatte Tabletten geschluckt, Tabletten, die er mir vorher aus dem Schrank geklaut hatte.

    Das gab mir den Rest.

170   Ich vergrub mich in mich selbst. Mir war klar, dass ich verloren hatte. Ich wurde zynisch, melancholisch und griesgrämig°: Ich nannte mich *Zukunftserfüller*°. Anna, meine zweite Frau, störte mich nicht in meiner Selbstverlorenheit. Ich behandelte sie wie meine Bediensteten°, redete im gleichen Ton mit ihr, nicht höflicher, nicht strenger. Es gab nur noch

175 *einen* Grund für sie, bei mir zu bleiben: das Geld. 8,9 Millionen verlässt man nicht. Sie begann mir aus dem Weg zu gehen, unsere Villa war groß genug, anfangs traf sie sich heimlich, dann immer offener mit Männern, brachte sie schließlich mit in die Villa. Mich selbst beschäftigte ganz was anderes. Ich kannte mein Todesdatum. Grausameres ist unausdenkbar.

180 Ich kauerte wie eine Tarantel° im Loch. Ich verging. Ich war schon tot. Zu wissen, wann man stirbt, heißt, tot zu sein.

    Und heute ist mein Geburtstag, *nach zehn langen Jahren der Langeweile*, man klopft an die Tür, und ich schreie, dass niemand mich stören solle. Die Tür öffnet sich. Es ist Anna. Ich drehe mich wieder

185 zurück zum Schreibtisch und schreibe weiter. Anna, denke ich. Dann muss ich schmunzeln°, während ich schreibe. Mir ist ein Gedanke gekommen: Vielleicht ist sie es ja, die mich umbringt, heute, an meinem 54. Geburtstag. Ja, wahrscheinlich nähert sie sich gerade in meinem Rücken mit erhobenem Dolch° oder Messer, oder zückt ihre Pistole, hebt

190 drohend das Beil°. Ja, Gründe hat sie genug, ihre Motive reichen aus: Da ist das Geld und die Liebhaber und meine erdrückende Anwesenheit. Aber ich muss lachen bei dem Gedanken. Anna, denke ich, nein, dazu wäre sie nie fähig, das könnte sie nicht, das brächte sie nicht fertig, nein, sie ist viel zu feige, um...

Marginal glosses:
- cause of death
- heart attack
- tick bite
- grouchy
- fulfiller of the future
- servants
- tarantula
- smile to oneself
- dagger
- axe

◆◇◆ Nach dem Lesen ◆◇◆

A **Fragen zum Lesestück.**   Lesen Sie die Geschichte noch einmal ganz durch. Versuchen Sie unbekannte Wörter durch den Kontext zu verstehen. Die folgenden Fragen leiten Sie chronologisch durch die Geschichte. Prüfen Sie, ob Sie alles verstanden haben.

1. Wie sieht die Frau im Zelt aus?
2. Warum untersucht sie die Linien und Krümmungen der Hand des Mannes?
3. Warum zeigt sie dem Mann ihr Taschentuch?
4. Welche Warnung spricht sie aus?
5. Warum ist der Mann denn überhaupt zu der Frau gegangen?
6. Wie viele Dinge sagte sie über seine Zukunft voraus?
7. Was passierte der Frau, nachdem sie mit ihrer Voraussage fertig war?
8. Was passierte dem Mann noch in demselben Sommer?
9. Wovor wollte der Mann sich schützen?
10. Was hat er sich vorgenommen zu tun, um die Voraussagen zu stoppen?
11. Was passierte mit seiner eigenen Frau etwa im vierten Jahr nach der Voraussage?
12. Was hat sein Sohn ihm zu Weihnachten geschenkt?
13. Warum nahm der Mann nun Tabletten ein?
14. Woran ist sein Sohn gestorben?
15. Was hat Anna wohl am Ende dem Mann angetan?

B **Anregung zum Gespräch.**   Besprechen Sie die folgenden Fragen mit einer Partnerin oder einem Partner.

1. Wie würden Sie einen Tag auf einem Jahrmarkt, Karnival oder einem Ort wie „Six Flags" oder „Seaworld" verbringen?
2. Was für Vorstellungen hatten Sie als Kind über Ihre Zukunft?

C **Zum Schreiben.** Schreiben Sie eine Zusammenfassung der Geschichte aus Kassandras Perspektive mit 100 bis 150 Wörtern. Der erste Satz ist schon vorgegeben. Benutzen Sie alle vorgegebenen Stichwörter, um die Zusammenfassung zu Ende zu schreiben.

BEISPIEL: er / werden / sterben / bald

ERSTER SATZ: 1. Er wird bald sterben.

2. er / sich brechen / Bein
3. er / lernen / kennen / Anna
4. Ehe / gehen / kaputt
5. er / bekommen / Lottogewinn
6. er / sich trennen / von seiner Frau
7. er / erwarten / Tod / des Sohnes
8. Tod / des Mannes / sein / Überraschung

D **Persönliche Fragen.** In einer Gruppe stellen Sie sich gegenseitig diese Fragen. Antworten Sie aus Ihrer persönlichen Erfahrung heraus.

1. Sind Sie schon mal zu einer Wahrsagerin oder einem Wahrsager gegangen? Warum?
2. Haben Sie schon mal mit einem Ouijabrett oder Tarotkarten versucht, die Zukunft zu erforschen?
3. Wie sieht Ihre Zukunft in fünf Jahren aus?
4. Was hätte der Mann tun können, um sein Schicksal zu vermeiden?
5. Warum passieren dem Mann so viele böse Dinge?

E **Interpretation.** Gebrauchen Sie Ihre Fantasie und denken Sie über die tiefere Bedeutung dieser Geschichte nach.

1. Warum stellt der Erzähler die Kassandra am Anfang der Geschichte nicht als Hexe vor, aber nennt sie dann später doch eine Hexe?
2. Ist die Zukunft schon im Voraus bestimmt? Kann man die Zukunft im Voraus wissen?
3. Es gibt im Leben unvergessliche Momente, die unabwendbar erscheinen wie, zum Beispiel, die Ermordung John F. Kennedys oder Martin Luther Kings, Jr., oder die Zerstörung des World Trade Centers am 11. September 2001. Was hätte man tun können, um diese Ereignisse zu verhindern? Oder ist da einfach nichts, was man tun kann? Ist es Schicksal oder hat es etwas mit der Politik zu tun?

F **Rollenspiel.** Schreiben Sie mit einer Partnerin oder einem Partner ein Gespräch, das auf der Geschichte basiert. Spielen Sie das Gespräch in Ihrem Kurs vor. Wählen Sie eines der folgenden Themen:

1. Ein Gespräch zwischen dem Mann und seinem Sohn, nachdem der Sohn ihm den Lottozettel mit den Gewinnnummern gegeben hat.

2. Ein Gespräch zwischen dem Mann und Anna, nachdem er sich von seiner ersten Frau getrennt hat.

Kapitel 16

Sein letzter Irrtum

ALFRED POLGAR (1873–1955)

Alfred Polgar was born in Vienna, Austria, where he studied music, piano construction, and journalism. In 1925 he moved to Berlin. There he wrote plays and worked for the journal Die Weltbühne; *at the same time he began to collect his essays and critiques which were published in four volumes in 1926 and 1927. His writings continued to be published until the book burning at the Berlin Opernplatz in 1933. Polgar then returned to Vienna, moved to Paris in 1938, and emigrated to the United States in 1940. In 1947 he went back to Europe, to Zurich, where he died eight years later.*

Polgar wrote mainly short prose pieces; yet his ability as a writer ranks him with the well-known authors of modern German literature. Ich bin Zeuge *(1928) and* Schwarz auf Weiß *(1928) contain examples of his observations, short stories, and anecdotes. Their refinement of style is unique. Polgar worked on his writings much like a sculptor chiseling stone: his special talent was that he could reduce ten pages to one page and capture the essence of the story. He also had a keen sense of humor, irony, and satire, with which he exposed questionable attitudes. As the following selection will show, Polgar liked to surprise the reader with a* pointe *or punch line. Because he became an American citizen, it is possible that he is also poking fun at himself in this story.*

Aktiver Wortschatz

SUBSTANTIVE

der Brauch, ̈e custom, tradition
der Bürger, - / die Bürgerin, -nen citizen; town/city dweller
das Ergebnis, -se result
das Gedränge (*no pl.*) crowd; jostling
der Irrtum, ̈er mistake, error
die Masern (*no pl.*) measles
die Neuheit, -en novelty; innovation
der Redakteur, -e / die Redakteurin, -nen editor
der Schädel, - skull
die Schilderung, -en description, portrayal
das Stockwerk, -e floor, story (*of a building*)
der Vorgang, ̈e event, occurrence; process
die Wochenschrift, -en weekly magazine, weekly periodical
der Zweck, -e purpose, goal

VERBEN

aus·pfeifen, pfiff aus, ausgepfiffen (jemanden) to hiss at (someone)
durch·fallen (ä), ie, a (*with* **sein**) to fall through; to fail
ein·strömen (*with* **sein**) to pour in, flood in
ein·werfen (i), a, o to break, smash; to interject
ersparen (jemandem/sich etwas) to spare, save (someone/oneself something)
hinterlassen (hinterlässt), hinterließ, hinterlassen to leave behind
klar·legen to make clear, explain
platzieren to put, place, position
verärgern to annoy, anger
wählen to choose, elect; to vote
zögern to hesitate
zurück·lehnen to lean back

ANDERE WÖRTER UND AUSDRÜCKE

aufregend exciting
aufrichtig sincere(ly), honest(ly)
einen Fauxpas begehen, beging, begangen to commit a faux pas (*a social blunder*)
gemütlich comfortable/comfortably; cozy/cozily; good-natured(ly)
grell bright(ly)
hingegen however; on the other hand
klug clever(ly), intelligent(ly)
nach Luft schnappen to gasp for air
pleite broke
überflüssig superfluous(ly)
üblich usual(ly), customary(ily)
(un)ehelich (il)legitimate(ly)
(un)geduldig (im)patient(ly)
(un)passend (un)suitable/(un)suitably; (in)appropriate(ly)
wehmütig melancholic(ally), wistful(ly)
zuverlässig dependable/dependably, reliable/reliably

A Kreuzworträtsel. Lösen Sie das Kreuzworträtsel. Schreiben Sie dann Sätze mit den Antworten.

Waagerecht	Senkrecht
1. anger	2. cozy; comfortable
3. goal, purpose	4. to vote; to elect, choose
7. superfluous	5. to fail
10. usual	6. to hesitate
13. smart, intelligent	8. floor, story (*of a building*)
14. novelty; innovation	9. citizen
15. suitable; appropriate	11. error, mistake
16. illegitimate	12. skull

B **Das Gegenteil.** Sie haben jetzt schon viele Adjektive und ihre Antonyme gesehen. Finden Sie ein passendes Antonym in Spalte B für jedes Wort in Spalte A.

A	B
1. aufregend _____	a) unehrlich
2. lustig _____	b) hässlich
3. aufrichtig _____	c) dumm
4. arm _____	d) faul
5. wehmütig _____	e) finster
6. eifrig _____	f) selten
7. gescheit _____	g) flach
8. schläfrig _____	h) traurig
9. früh _____	i) munter
10. steil _____	j) notwendig
11. überflüssig _____	k) langweilig
12. üblich _____	l) reich
13. reizend _____	m) spät
14. grell _____	n) fröhlich

◆◆◆ Vor dem Lesen ◆◆◆

A **Anregung zum Lesen.** Sehen Sie sich die Zeichnungen an und beschreiben Sie die Bilder. Die folgenden Fragen können Ihnen dabei helfen. Gebrauchen Sie Ihre Fantasie!

1. Wo ist der Mann im ersten Bild?

2. Was macht er am Schreibtisch?

3. Im zweiten Bild, was hat der Mann mit dem Hut markiert?

4. Wie sieht der Mann hinter dem Schreibtisch aus?

5. Wo steht der Mann ohne Hut im dritten Bild?

6. Was hat er vielleicht vor?

B **Zum Hören.** Lesen Sie die Fragen und hören Sie sich dann die Geschichte an. Machen Sie sich Notizen während Sie zuhören.

1. Wer ist Herr Gladham? Herr Bederich?
2. Warum ist Herr Bederich zu Herrn Gladham gegangen?
3. Was hat Herr Gladham mit dem Manuskript getan?
4. Warum hat Herr Gladham gemeint, dass sich das Manuskript nicht in Amerika verkaufen ließe? (Geben Sie einige Beispiele.)
5. Was hat Herr Bederich am Ende der Geschichte getan?

◆◆◆ Lesestück ◆◆◆

Sein letzter Irrtum

Mr. Gladham Fröhlich, Redakteur in Diensten der populären Wochenschrift *Panorama*, hielt ein Manuskript des ihm aus europäischen Tagen gut bekannten Mr. Bederich in der linken Hand. In der rechten hielt er einen Rotstift.

5   Das Manuskript, mit Spuren bedeckt, die der Rotstift hinterlassen hatte, sah aus, als ob es Masern hätte.

    „I'm sorry, aber Sie sind nichts für Amerika", sagte Gladham dem alten Kollegen aus Europa. „Das will ich Ihnen anhand° der siebenundzwanzig Storys, über die Sie meine aufrichtige Ansicht erbeten° 10 haben, klarlegen. Nehmen wir gleich die erste Beste hier: Sein letzter Irrtum."   °on the basis of / °requested

    „Es ist meine beste."

    „Well! Das erspart uns die Beschäftigung mit den übrigen sechsundzwanzig."

15   Mr. Gladham lehnte sich in den Stuhl zurück, platzierte seine Plattfüße auf den Schreibtisch, schob den Hut auf die hinterste Rundung seines Schädels. Er war erst seit kurzem Bürger der Vereinigten Staaten und bestrebt°, die Neuheit seines Amerikanertums durch die Intensität seines Amerikanertums wettzumachen°.   °endeavors / °to make up for

20   „Ihre Geschichte", begann er seine Kritik an Bederichs Manuskript, „vermeidet grelle Farben, erspart dem Leser die Schilderung aufregender Vorgänge und wirkt überhaupt beruhigend auf das Nervensystem."

    Der Autor murmelte ein kleinlautes „Nun also".

    „Nun also", fuhr Mr. Gladham fort, „derlei° Geschichten werden in 25 Amerika von wenigen Leuten geschrieben und von noch viel weniger Leuten gelesen, schon deshalb, weil sie, wie zum Beispiel die Ihrige da, bestimmt niemals gedruckt werden."   °such, that kind of

    „Vielleicht könnte ich ... ändern", warf Herr Bederich ein.

    „Ändern?" Gladham lächelte. „O boy! Wenn Sie ändern wollten, was 30 zu ändern ist, bliebe kaum mehr von Ihrer Arbeit übrig als der Titel.

Sehen Sie zum Beispiel gleich hier. Hier schrieben Sie: „Er hieb° ihm mit   hit, clobbered
seinem Stock über den Schädel." Ein guter Satz. Ein sehr guter Satz.
Unanfechtbar°. Aber was war das für ein Stock? Ein billiger oder ein   incontestable
teurer? Darüber verlieren Sie kein Wort, erzählen hingegen, was der
35 Mann mit dem Stock sich bei dem Hieb gedacht hat. Hier verlangt man
von einer Story Tatsachen. Man verlangt, dass in ihr Faktum sich an
Faktum reiht wie Stein an Stein auf einer gut gepflasterten° Straße. Auf   paved
Ihrer Straße, lieber Freund, sind die Ritzen° zwischen den Steinen breiter   cracks
als diese, und viel überflüssiges Gras wächst aus ihnen."
40   „Und daheim haben sie mich Asphaltliterat geschimpft!" dachte
wehmütig Herr Bederich.
        „Weiter. Ihr Held sitzt stundenlang in einem gemütlichen
Kaffeehaus. In Amerika gibt es kein Kaffeehaus, in dem man stundenlang
sitzt, und wenn es eins gäbe, wäre es nicht gemütlich, und wenn es
45 gemütlich wäre, wäre es längst pleite. Wenn in Ihrer Story zwei Leute
einander begegnen, schütteln sie sich die Hand. Das tut man hier zu
Lande° nicht. Ihr Held empfängt von seinem Gegner eine Ohrfeige. In   **hier zu** ... in this country
Amerika wird geboxt, nicht geohrfeigt. Ihr Held stellt die Schuhe zum
Putzen° vor die Tür seines Hotelzimmers. In Amerika ist das nicht   **zum** ... for shining
50 üblich. Ihre Heldin hat ein uneheliches Kind. In Amerika gibt es keine
unehelichen Kinder, zumindest nicht in Magazinstorys. Sie lassen in der
Garderobe des Theaters ein großes Gedränge bei der Kleiderabgabe
entstehen. In Amerika nimmt der Theaterbesucher seine Überkleider in
den Zuschauerraum mit."
55   „Auch den nassen Regenschirm?"
        „Auch den nassen Regenschirm. Sie lassen einen europäischen
Schauspieler hier innerhalb eines Vierteljahres drei Mal durchfallen. Das
gibt es in Amerika nicht. In Amerika muss der durchgefallene europäische
Schauspieler sechs Monate warten, bis er wieder durchfallen darf. Auch
60 wird er nicht, wie das in Ihrer Story geschieht, ausgepfiffen, sondern
ausgebuht. Und hier, was für ein Einfall!, hier lassen Sie einen alten,
weisen Amerikaner sagen: ‚So etwas gibt es nicht in Amerika.' Aber kein
alter, weiser Amerikaner würde so etwas sagen, denn es gibt nichts, was es
in Amerika nicht gibt."
65   Es war ein milder Herbsttag. Durch das Fenster des im
zweiunddreißigsten Stockwerk gelegenen° Office des Mr. Gladham   situated
strömte ozeanisch kräftige Luft ein. Dennoch standen Schweißtropfen
auf Bederichs Stirn.
        Mr. Gladham fuhr fort in seiner Aufzählung° der Story-Irrtümer,   enumeration
70 betreffend° Amerikas Bräuche, Anschauungen, Manieren, Geschmack°,   concerning / taste
Methoden und Tabus. „Um es kurz zu fassen°", resümierte er, „Was in   **Um** ... to be brief

Ihrer Geschichte getan wird, das tut man nicht in Amerika. Wie in ihr geliebt wird, so liebt man nicht in Amerika. Wie in ihr gelacht und geweint wird, so lacht beziehungsweise weint man nicht in Amerika. Wie
75 in ihr gelebt und gestorben wird, so lebt und stirbt man nicht in Amerika."

Bederich schnappte nach Luft. Um besser schnappen zu können, stand er auf und ging ans Fenster. „Das Klügste wird wohl sein", sagte er mit unpassender Bitterkeit, „ich nehme meine Manuskripte und werfe sie ins Klosett°." toilet

80 „Hier zu Lande wirft man nichts ins Klosett, Mr. Bederich."

„Es war nicht buchstäblich° gemeint, Mr. Gladham." literally

„In Amerika drückt man sich exakt aus, Mr. Bederich."

Bederich stand beim Fenster, sah zu den Wolken hinauf. „Oh, du lieber Himmel!" wollte er rufen, zögerte aber und fragte vorsichtig erst:
85 „Gibt es einen lieben Himmel in Amerika?"

„Darüber kann ich Ihnen keine zuverlässige Auskunft geben", erwiderte, leicht pikiert°, Mr. Gladham, „aber wenn es Sie interessiert, irritated, peeved will ich bei unserem Research Department anfragen." Und er hob den Telefonhörer ab.

90 Mr. Bederich war zu nervös, um das Ergebnis der Anfrage abzuwarten. Ungeduldig, Gladhams Office zu verlassen, wählte er den zu diesem Zweck kürzesten Weg, den durch das Fenster.

„In Amerika springt man nicht aus dem Fenster!" schrie, jetzt schon wirklich verärgert, Mr. Gladham ihm nach.

95 Aber Bederich, bereits beim siebenten Stockwerk unten angelangt°, arrived hörte das nicht mehr. Und so blieb ihm das peinliche Bewusstsein° awareness erspart, noch in seiner letzten amerikanischen Minute einen europäischen Fauxpas begangen zu haben.

◆◆◆ Nach dem Lesen ◆◆◆

A Fragen zum Lesestück. Lesen Sie die Geschichte noch einmal ganz durch. Versuchen Sie unbekannte Wörter durch den Kontext zu verstehen oder schlagen Sie im Wörterbuch nach. Die Fragen leiten Sie chronologisch durch die Geschichte. Prüfen Sie, ob Sie alles verstanden haben.

1. Woher kannten sich die beiden Männer?
2. Was hatte es zu bedeuten, dass das Manuskript aussah, als ob es „Masern" hätte?

3. Was meinte Herr Gladham mit der Bemerkung: „Sie sind nichts für Amerika"?

4. Welche Geschichte las Herr Gladham zuerst? Warum?

5. Was tat Herr Gladham mit seinen Füßen? Warum?

6. Was kritisierte Herr Gladham zuerst an Herrn Bederichs Manuskript?

7. Was würde von Herrn Bederichs Arbeit übrig bleiben, wenn Bederich alle nötigen Änderungen machen würde?

8. Was beschrieb Herr Bederich in seinem Manuskript?

9. Wo kann man in Deutschland stundenlang sitzen, aber in Amerika nicht? Warum?

10. Was tun Deutsche, wenn sie einander begegnen?

11. Warum stellt man in Deutschland die Schuhe vor die Tür des Hotelzimmers?

12. Wie oft lassen die Deutschen einen Schauspieler durchfallen?

13. Was würde ein weiser Amerikaner nicht sagen? Warum?

14. Warum wollte Herr Bederich das Manuskript in die Toilette werfen?

15. Wieso war auch Herr Bederichs letzte Tat ein Irrtum?

B **Anregung zum Gespräch.** Besprechen Sie die folgenden Fragen mit einer Partnerin oder einem Partner.

1. Was sagt Ihnen der Name „Gladham Fröhlich"? Hat der Redakteur sich immer so genannt? Warum hat er wohl seinen Namen geändert?

2. Hätte Herr Bederich eine andere Geschichte vorschlagen sollen? Warum (nicht)?

3. Wieso, meinen Sie, hat Herr Bederich 27 Geschichten geschrieben, ehe er sich erkundigt hat, ob ein Redakteur diese Geschichten gutheißen würde?

4. Gibt es heutzutage Bräuche in Amerika, die Herr Bederich in seiner Geschichte erwähnt hat und von denen Herr Gladham behauptet hat, dass es sie in Amerika nicht gibt?

5. In welcher Stadt spielt sich diese Geschichte ab? Wie wissen wir das?

6. Warum muss Herr Gladham beim Research Department anfragen, ob es einen lieben Himmel in Amerika gibt?

7. Herr Bederich hat in seiner Geschichte einen alten amerikanischen Weisen zitiert. Warum ist das ironisch?

C **Zum Schreiben.** Schreiben Sie eine Zusammenfassung der Geschichte im Imperfekt mit 100 bis 150 Wörtern. Nennen Sie mindestens fünf Unterschiede zwischen europäischen und amerikanischen Bräuchen. Der erste Satz ist schon vorgegeben. Benutzen Sie alle vorgegebenen Stichwörter, um die Zusammenfassung zu Ende zu schreiben.

BEISPIEL: Redakteur / nicht / taktvoll / sein / mit / Autor

ERSTER SATZ: 1. Der Redakteur war nicht taktvoll mit dem Autor.

2. er / Füße / auf / Schreibtisch / legen
3. er / sein / Bürger / erst / seit / kurz
4. man / sitzen / Kaffeehaus / stundenlang
5. in Amerika / boxen / werden // nicht / ohrfeigen
6. man / stellen / vor die Tür / Schuhe / zum Putzen / nicht
7. man / Überkleider / in den Zuschauerraum / mitnehmen
8. Schauspieler / durchgefallen- / müssen / warten
9. man / ins Klosett / nicht / Manuskripte / werfen
10. in Amerika / man / aus / Fenster / springen / nicht

D **Persönliche Fragen.** In einer Gruppe stellen Sie sich gegenseitig die folgenden Fragen. Antworten Sie aus Ihrer persönlichen Erfahrung heraus.

1. Was für Geschichten lesen Sie gern in Ihrer Freizeit?
2. Haben Sie schon einmal eine Arbeit geschrieben, die aussah, als Sie sie zurückbekamen, als hätte sie „Masern"? Wie haben Sie darauf reagiert?
3. Haben Sie schon mal versucht, etwas in einer Zeitung oder Zeitschrift zu veröffentlichen? Wenn ja, erzählen Sie von dieser Erfahrung.
4. Was tun Sie, wenn Sie Freunden oder Bekannten begegnen? Ist das typisch für Amerikaner?
5. Haben Sie schon einmal Schauspieler, Sänger oder Sportler ausgebuht? Warum?
6. Was halten Sie von Herrn Gladham? Finden Sie ihn lustig? (Un)sympatisch? Warum?
7. Nennen Sie fünf Vorurteile über die Deutschen, die Amerikaner haben.

PERSÖNLICHE FRAGEN

E **Interpretation.** Gebrauchen Sie Ihre Fantasie und denken Sie über die tiefere Bedeutung dieser Geschichte nach.

1. Warum war Herr Gladham so streng mit einem altbekannten Kollegen aus Europa?
2. Wieso ist Herrn Gladhams Behauptung, „Es gibt nichts, was es in Amerika nicht gibt" im Kontext dieser Geschichte als ironisch zu verstehen?
3. Ist diese Geschichte wirklich eine Kritik an Amerikanern? An Deutschen? An Verlegern? Begründen Sie Ihre Antwort.

F **Rollenspiel.** Schreiben Sie mit einer Partnerin oder einem Partner ein Gespräch, das auf der Geschichte basiert. Spielen Sie das Gespräch in Ihrem Kurs vor. Wählen Sie eines der folgenden Themen:

1. Ein Gespräch zwischen dem Redakteur und seinem Chef nach dem Tod von Herrn Bederich.
2. Ein Gespräch zwischen Herrn Bederich und seiner Frau kurz vor Herrn Bederichs Unterhaltung mit Herrn Gladham.

Ein verächtlicher Blick

KURT KUSENBERG (1904–1983)

*Kurt Kusenberg, son of a German engineer, was born in 1904 in Göteborg,
Sweden. For eight years of his childhood he lived in Lisbon, Portugal. Later he
studied art history at the universities of Munich, Berlin, and Freiburg, establishing
himself as a writer, art critic, art historian, and editor. His popularity as a writer of
fiction is based on his early volumes of short stories:* Mal was anderes *(1954),* Wo
ist Onkel Bertram? *(1956),* Nicht zu glauben *(1960), and others.*

 *Most of Kusenberg's stories fall somewhere between the fairy tale and the tall
tale. The usual order of the world is turned upside down, making the reader
wonder what is real and what is fiction. His short stories are reminiscent of those of
the American writer O. Henry, who wrote humorous stories with a* pointe *or
twist. Some of Kusenberg's stories also remind one of the cool and calculating stories
of Edgar Allan Poe, yet they allow free reign for the reader's imagination. This
framework often leads to a negative image of reality, which is not meant to be
descriptive of the status quo, but rather to stand in sharp contrast to reality. In this
way, reality can be seen better by the reader.*

 *"Ein verächtlicher Blick" is typical of Kusenberg's style. In it he makes fun of
the hierarchical justice system in which the policemen blindly obey orders.*

◇◇◇ Aktiver Wortschatz ◇◇◇

SUBSTANTIVE

das Amt, ⸚er office; duty, task
die Ausnahme, -n exception
die Bedingung, -en requirement; condition
der Friseur, -e / die Friseurin, -nen barber,
 hairdresser
das Geständnis, -se confession
das Gewissen (*no pl.*) conscience
die Kneipe, -n bar, saloon
die Pflicht, -en duty
der Postbote, -n, -n (*wk.*) **/ die Postbotin, -nen**
 mail carrier
der Wachtmeister, - / die Wachtmeisterin, -nen
 officer, patrolman
der Zufall, ⸚e chance, coincidence

VERBEN

ab•lösen to take off; to take the place of; to take
 turns
an•ordnen to order, instruct; to arrange
an•wenden, wandte an, angewandt (*or reg.*) (**auf**
 + *acc.*) to use (on)
bedenken, bedachte, bedacht to consider, think
 about
beschädigen to damage
durch•halten (ä), ie, a to survive; to stick it out (*to
 the end*)
durch•schreiten, schritt durch, durchgeschritten
 (*with* **sein**) to stride through
ein•kehren (*with* **sein**) to stop (*for a meal, etc.*);
 wieder ein•kehren to return to

empfangen (ä), i, a (etwas/jemanden) to receive
 (something/someone)
feiern to celebrate
frohlocken (über + *acc.*) to rejoice (over, about)
kränken to insult, offend
läuten to ring, sound (*of bells, etc.*)
nach•holen to get someone to join one; to make
 up for; to pick up later; to overtake
stocken to be held up, halted, stopped
 temporarily
stützen to support; **sich (auf etwas/jemanden)**
 stützen to lean, rely (on
 something/someone)
summen to hum; to buzz
unterrichten to teach; to inform
verhaften to arrest
vor•weisen, ie, ie to show, produce

ANDERE WÖRTER UND AUSDRÜCKE

bedauernswert pitiful(ly)
beliebig any
drollig funny, comical(ly)
es laufen (äu), ie, ie Gerüchte um rumors are
 going around
freilich to be sure
geringschätzig contemptuous(ly)
grob coarse(ly), rough(ly); dirty; rude(ly)
gründlich thorough(ly)
lässig casual(ly); careless(ly)
unschuldig innocent
verächtlich contemptuous(ly); scornful(ly)

A **Wortschatzanwendung mit Adverbien und Adjektiven.**
Es gibt viele Substantive und Verben, die man als Adverbien und Adjektive
gebrauchen kann, indem man die Endung *-lich* hinzufügt. Gebrauchen
Sie jedes Wort in Spalte B in einem Satz.

	A		B
1.	Schreck	→	schrecklich
2.	vertrauen	→	vertraulich
3.	ertragen	→	erträglich

4. nützen   →   nützlich

5. ärgern   →   ärgerlich

6. bedrohen   →   bedrohlich

7. fürchten   →   fürchterlich

8. deuten   →   deutlich

9. Bewegung   →   beweglich

10. Tatsache   →   tatsächlich

11. Pein   →   peinlich

12. ausstehen   →   unausstehlich

13. Hauptsache   →   hauptsächlich

14. Leidenschaft   →   leidenschaftlich

15. Ehre   →   ehrlich

16. verachten   →   verächtlich

17. Grund   →   gründlich

18. feiern   →   feierlich

19. bedenken   →   bedenklich

B ▷ **Die Polizei.**   Welche Definition in Spalte B passt zu dem Wort/den Wörtern in Spalte A?

Spalte A	Spalte B
1. unschuldig _____	a) befehlen
2. eine Geständnis machen _____	b) Bewusstsein von Gut und Böse des eigenen Tuns
3. das Gewissen _____	
4. anordnen _____	c) sehr genau und sorgfältig
5. die Pflicht _____	d) festnehmen
6. durchschreiten _____	e) gut, harmlos, sittlich, rein
7. der Wachtmeister _____	f) etwas sagen, was man bisher verschwiegen hat
8. verhaften _____	
9. gründlich _____	g) eine Aufgabe oder Arbeit, die man tun muss
10. anwenden _____	
11. die Gerüchte _____	h) der Sonderfall
12. die Ausnahme _____	i) etwas, was allgemein gesagt oder weitererzählt wird
	j) Polizist des unteren Dienstgrades
	k) durchqueren
	l) gebrauchen, verwenden, mit etwas arbeiten

◆◆◆ Vor dem Lesen ◆◆◆

A **Anregung zum Lesen.** Sehen Sie sich die Zeichnungen an und beschreiben Sie die Bilder. Die folgenden Fragen können Ihnen dabei helfen. Gebrauchen Sie Ihre Fantasie!

1. Wo sind die beiden Männer im ersten Bild?
2. Wie sieht der Mann mit dem Bart den Polizisten an?
3. Wieso wird der Polizist auf den Blick des Mannes reagieren?
4. Wo sind die zwei Männer im zweiten Bild?
5. Warum sitzt der Mann auf dem Stuhl? Was ist hier los?
6. Wohin will der Polizist im dritten Bild?
7. Was sieht der Polizist in der Luft?

B **Zum Hören.** Lesen Sie die Fragen und hören Sie sich dann die Geschichte an. Machen Sie sich Notizen während Sie zuhören.

1. Worüber hat sich Wachtmeister Kerzig beklagt?
2. Wie hat der Polizeipräsident darauf reagiert?
3. Was ist mit den rotbärtigen Männern auf dem Polizeirevier passiert?
4. Wohin wollte der rotbärtige Mann reisen?
5. Was musste der Rotbärtige tun, bevor er abreisen konnte? Geben Sie zwei Beispiele.
6. Wieso hat der Polizeipräsident den verdächtigen Mann nicht erkannt?
7. Wie ist der Mann der Polizei entkommen?

◇◇◇ Lesestück ◇◇◇

Ein verächtlicher Blick

D as Telefon summte, der Polizeipräsident nahm den Hörer auf. „Ja?"
„Hier spricht Wachtmeister Kerzig. Soeben hat ein Passant mich
verächtlich angeschaut."

„Vielleicht irren Sie", gab der Polizeipräsident zu bedenken. „Fast
5   jeder, der einem Polizisten begegnet, hat ein schlechtes Gewissen und
blickt an ihm vorbei. Das nimmt sich dann wie Geringschätzung aus."

„Nein", sprach der Wachtmeister. „So war es nicht. Er hat mich
verächtlich gemustert, von der Mütze bis zu den Stiefeln."

„Warum haben Sie ihn nicht verhaftet?"

10 „Ich war zu bestürzt°. Als ich die Kränkung erkannte, war der Mann   filled with consternation
verschwunden."

„Würden Sie ihn wieder erkennen?"

„Gewiss. Er trägt einen roten Bart."

„Wie fühlen Sie sich?"

15 „Ziemlich elend."

„Halten Sie durch, ich lasse Sie ablösen."

Der Polizeipräsident schaltete das Mikrofon ein. Er entsandte einen
Krankenwagen in Kerzigs Revier° und ordnete an, dass man alle   precinct
rotbärtigen Bürger verhafte.

20 Die Funkstreifen° waren gerade im Einsatz°, als der Befehl sie   police radio patrol / **im** ...
erreichte. Zwei von ihnen feierten in einer Kneipe den Geburtstag des   in action (on the beat)
Wirtes, drei halfen einem Kameraden beim Umzug,° und die Übrigen   **beim** ... with (the) moving
machten Einkäufe. Kaum aber hatten sie vernommen, um was es ging,
preschten° sie mit ihren Wagen in den Kern° der Stadt.   dashed / center

25 Sie riegelten Straßen ab°, eine um die andere, und kämmten sie   **riegelten** ... cordoned or
durch. Sie liefen in die Geschäfte, in die Gaststätten, in die Häuser,   blocked off streets
und wo sie einen Rotbart aufspürten°, zerrten sie ihn fort. Überall   tracked down
stockte der Verkehr. Das Geheul der Sirenen erschreckte die
Bevölkerung°, und es liefen Gerüchte um, die Hetzjagd° gelte einem   population / hunt
30 Massenmörder.

Wenige Stunden nach Beginn des Kesseltreibens° war die Beute° ansehnlich°; achtundfünfzig rotbärtige Männer hatte man ins Polizeipräsidium° gebracht. Auf zwei Krankenwärter° gestützt, schritt Wachtmeister Kerzig die Verdächtigen ab°, doch den Täter erkannte er

35 nicht wieder. Der Polizeipräsident schob es auf° Kerzigs Zustand und befahl, dass man die Häftlinge verhöre°. „Wenn sie", meinte er, „in *dieser* Sache unschuldig sind, haben sie bestimmt etwas anderes auf dem Kerbholz°. Verhöre sind immer ergiebig°."

Ja, das waren sie wohl, jedenfalls in jener Stadt. Man glaube jedoch

40 nicht, dass die Verhörten misshandelt wurden; so grob ging es nicht zu, die Methoden waren feiner. Seit langer Zeit hatte die Geheimpolizei durch unauffälliges° Befragen der Verwandten und Feinde jedes Bürgers eine Kartei angelegt°, aus der man erfuhr, was ihm besonders widerstand: das Rattern von Stemmbohrern°, grelles Licht, Karbolgeruch°, nordische

45 Volkslieder, der Anblick enthäuteter° Ratten, schlüpfrige° Witze, Hundegebell, Berührung mit Fliegenleim°, und so fort. Gründlich angewandt, taten die Mittel meist ihre Wirkung: sie entpressten° den Befragten Geständnisse, echte und falsche, wie es gerade kam, und die Polizei frohlockte. Solches stand nun den achtundfünfzig Männern bevor.

50 Der Mann, dem die Jagd galt, befand sich längst wieder in seiner Wohnung. Als die Polizisten bei ihm läuteten, hörte er es nicht, weil er Wasser in die Badewanne strömen ließ. Wohl aber hörte er, nachdem das Bad bereitet war, den Postboten klingeln und empfing von ihm ein Telegramm. Die Nachricht war erfreulich°, man bot ihm einen guten

55 Posten im Ausland an – freilich unter der Bedingung, dass er sofort abreise.

„Gut", sagte der Mann. „Gut. Jetzt sind zwei Dinge zu tun: der Bart muss verschwinden, denn ich bin ihn leid°, und ein Pass muss her, denn ich habe keinen." Er nahm sein Bad, genüsslich, und kleidete sich wieder

60 an. Dem Festtag zu Ehren, wählte er eine besonders hübsche Krawatte. Er ließ sich durchs Telefon sagen, zu welcher Stunde er auf ein Flugzeug rechnen könne. Er verließ das Haus, durchschritt einige Straßen, in die wieder Ruhe eingekehrt war, und trat bei einem Friseur ein. Als dieser sein Werk verrichtet° hatte, begab der Mann sich ins Polizeipräsidium,

65 denn nur dort, das wusste er, war in sehr kurzer Frist ein Pass zu erlangen.

Hier ist nachzuholen, dass der Mann den Polizisten in der Tat geringschätzig angeschaut hatte – deshalb nämlich, weil Kerzig seinem Vetter Egon ungemein glich°. Für diesen Vetter, der nichts taugte° und

70 ihm Geld schuldete, empfand der Mann Verachtung, und die war nun, als

---

Glossary (right margin):

hunt using a circle of police / booty, catch
considerable
police headquarters / orderlies
schritt ab inspected
schob ... put the blame on
die ... interrogate the prisoners

haben ... they have done something else wrong / productive

inconspicuous
eine ... started a file
jackhammers / smell of carbolic acid
skinned / lewd
lime for catching flies
forced out of

pleasant, gratifying

ich ... I'm tired of it

performed

ungemein ... greatly resembled / **nichts ...** was good for nothing

er Kerzig gewahrte°, ungewollt in seinen Blick hineingeraten°. Kerzig
hatte also richtig beobachtet, gegen seine Meldung konnte man nichts
einwenden°.

became aware of / in ... get into his view

object

Ein Zufall wollte es, dass der Mann beim Eintritt ins Polizeipräsidium
75 erneut dem Polizisten begegnete, der ihn an Vetter Egon erinnerte. Dieses
Mal aber wandte er, um den Anderen nicht zu kränken, seine Augen rasch
von ihm ab. Hinzu kam, dass es dem Armen offenbar nicht gut ging; zwei
Wärter geleiteten ihn zu einem Krankenwagen.

So einfach, wie der Mann es gewähnt°, ließ sich die Sache mit dem
80 Pass nicht an°. Es half nichts, dass er mancherlei Papiere bei sich führte,
dass er das Telegramm vorwies: die vermessene° Hast des Unternehmens°
erschreckte den Passbeamten.

imagined

ließ sich an began

presumptuous / undertaking, venture

„Ein Pass", erklärte er, „ist ein wichtiges Dokument. Ihn
auszufertigen°, verlangt viel Zeit."

to issue

85 Der Mann nickte. „So mag es in der Regel sein. Aber jede Regel hat
Ausnahmen."

„Ich kann den Fall nicht entscheiden", sagte der Beamte. „Das kann
nur der Polizeipräsident."

„Dann soll er es tun."

90 Der Beamte kramte die Papiere zusammen° und erhob sich.
„Kommen Sie mit", sprach er. „Wir gehen den kürzesten Weg – durch
die Amtszimmer."

kramte ... gathered together the papers

Sie durchquerten drei oder vier Räume, in denen lauter rotbärtige
Männer saßen. „Drollig", dachte der Mann. „Ich wusste nicht, dass es
95 ihrer so viele gibt. Und nun gehöre ich nicht mehr dazu."

Wie so mancher Despot, gab der Polizeipräsident sich gern
weltmännisch°. Nachdem der Beamte ihn unterrichtet hatte, entließ er
ihn und hieß den Besucher Platz nehmen. Diesem fiel es nicht leicht, ein
Lächeln aufzubringen, denn der Polizeipräsident ähnelte seinem Vetter
100 Arthur, den er gleichfalls nicht mochte. Doch die Muskeln, die ein
Lächeln bewirken°, taten brav ihre Pflicht – es ging ja um den Pass.

sophisticated

cause

„Kleine Beamte", sprach der Polizeipräsident, „sind ängstlich und
meiden jede Entscheidung. Selbstverständlich bekommen Sie den Pass,
sofort, auf der Stelle. Ihre Berufung° nach Istanbul ist eine Ehre für
105 unsere Stadt. Ich gratuliere." Er drückte einen Stempel in den Pass und
unterschrieb.

appointment

Lässig°, als sei es ein beliebiges Heftchen, reichte er seinem Besucher
das Dokument. „Sie tragen da", sprach er, „eine besonders hübsche
Krawatte. Ein Stadtplan – nicht wahr?"

casually

110 „Ja", erwiderte der Mann. „Es ist der Stadtplan von Istanbul."

„Reizender Einfall. Und nun – "der Polizeipräsident stand auf und reichte dem Mann die Hand – „wünsche ich Ihnen eine gute Reise." Er geleitete den Besucher zur Tür, winkte ihm freundlich nach und begab sich in die Räume, wo man die Häftlinge vernahm°. *here:* interrogated

115 Ihre Pein° zu kürzen, hatten die Bedauernswerten manches Delikt eingestanden°, nur jenes nicht, dessen man sie bezichtigte°. „Weitermachen!" befahl der Polizeipräsident und ging zum Mittagessen.

suffering, torment
manches ... confessed to many a crime / accused (of)

Bei seiner Rückkehr fand er eine Meldung vor. Ein Friseur hatte ausgesagt, er habe am Vormittag einen Kunden auf dessen Wunsch seines

120 roten Bartes entledigt°. Den Mann selbst könne er nicht beschreiben, doch erinnere er sich eines auffälligen Kleidungsstückes: einer Krawatte mit einem Stadtplan.

gotten rid of

„Ich Esel!" schrie der Polizeipräsident. Er eilte die Treppe hinunter, zwei Stufen mit jedem Satz. Im Hof stand wartend sein Wagen. „Zum

125 Flugplatz!" rief er dem Fahrer zu und warf sich auf den Rücksitz.

Der Fahrer tat, was er vermochte. Er überfuhr zwei Hunde, zwei Tauben° und eine Katze, er schrammte° eine Straßenbahn, beschädigte einen Handwagen mit Altpapier und erschreckte Hunderte von Passanten. Als er sein Ziel erreichte, erhob sich weit draußen, auf die

pigeons / scratched, scraped

130 Sekunde pünktlich, das Flugzeug nach Istanbul von der Rollbahn°.

runway

◆◆◆ Nach dem Lesen ◆◆◆

A **Fragen zum Lesestück.** Lesen Sie die Geschichte noch einmal ganz durch. Versuchen Sie unbekannte Wörter durch den Kontext zu verstehen oder schlagen Sie im Wörterbuch nach. Die Fragen leiten Sie chronologisch durch die Geschichte. Prüfen Sie, ob Sie alles verstanden haben.

1. Warum rief Kerzig den Polizeipräsidenten an?
2. Welche Erklärung gab der Polizeipräsident für den verächtlichen Blick?
3. Warum verhaftete Kerzig den Passanten nicht?
4. Warum ließ der Polizeipräsident Kerzig ablösen?
5. Was ordnete der Polizeipräsident an?
6. Was taten die Funkstreifen gerade, als sie den Befehl des Polizeipräsidenten hörten?

7. Wie führten die Polizisten den Befehl aus?

8. Welche Methoden gebrauchte man, um die Gefangenen zu verhören?

9. Warum war die Polizei froh?

10. Warum fand die Polizei den Rotbärtigen nicht zu Hause?

11. Welche Nachricht brachte der Postbote dem Rotbärtigen?

12. Wohin musste der rotbärtige Mann zuerst?

13. Woher wusste der Polizeipräsident nachher, dass der Mann doch der Richtige war?

14. Was versuchte der Polizeipräsident zu tun?

15. Was sah er, als er den Flughafen erreichte?

B **Anregung zum Gespräch.** Besprechen Sie die folgenden Fragen mit einer Partnerin oder einem Partner.

1. Ist es normal, was die Polizisten in dieser Geschichte taten? Ist die Darstellung von Polizisten überhaupt richtig? Teilweise richtig? Vollkommen falsch? Benehmen sich die Polizisten in einer Großstadt anders als die in einer Kleinstadt? Wenn ja, wieso?

2. Warum werden die Methoden der Polizei so genau beschrieben? Was sagt das über die Polizei in dieser Geschichte aus?

3. Soll man mehr Respekt vor der Polizei, als vor anderen Leuten haben? Warum (nicht)?

4. Warum war der rotbärtige Passant nicht aus der Ruhe zu bringen? Ist dies etwas Positives?

5. Der Polizist hat gesagt: „Fast jeder ... hat ein schlechtes Gewissen." Stimmt das? Kann der Blick eines Polizisten in jemandem ein schlechtes Gewissen erwecken? Wenn ja, warum?

6. Hatte die Polizei das Recht, alle rotbärtigen Männer zu verhaften? Hätte sie das Recht, wenn es um etwas Ernstes ginge (z.B. um einen Mord)?

C **Zum Schreiben.** Schreiben Sie eine kurze Zusammenfassung mit etwa 200 Wörtern im Imperfekt und gebrauchen Sie mindestens zehn reflexive Verben, indem Sie die Geschichte wieder erzählen. Der erste Satz ist schon vorgegeben. Benutzen Sie alle vorgegebenen Stichwörter, um die Zusammenfassung zu Ende zu schreiben.

BEISPIEL: Passant / anschauen / mich / gerade / verächtlich

ERSTER SATZ: 1. Ein Passant schaute mich gerade verächtlich an.

2. er / mustern / mich / von Mütze bis zu Stiefeln

3. ich / sich fühlen / elend

4. der Rotbärtige / sich befinden / in meiner Wohnung

5. der Rotbärtige / sich ankleiden / wieder

6. der Rotbärtige / sich sagen lassen / wann / er / auf ein Flugzeug / rechnen / können

7. der Rotbärtige / sich begeben / ins Polizeipräsidium

8. ich / bei sich führen / mancherlei / Papiere

9. Beamte / sich erheben / von seinem Stuhl

10. Präsident / sich geben / weltmännisch gern

D **Persönliche Fragen.**   In einer Gruppe stellen Sie sich gegenseitig die folgenden Fragen. Antworten Sie aus Ihrer persönlichen Erfahrung heraus.

1. Haben Sie schon mal einen Reisepass bekommen? Wie kann man ihn schnellstens bekommen?

2. Haben Sie schon mal Kontakt mit der Polizei oder anderen Beamten gehabt? Warum? Wie war der Polizist/Beamte (menschlich, grob, hässlich, intelligent, usw.)?

3. Was halten Sie von Beamten, die ihre Arbeit langsam oder sehr genau tun?

4. Was tun Sie, wenn Sie jemanden sehen, den Sie nicht leiden können?

5. Wie fühlen Sie sich, wenn jemand Sie verächtlich oder unfreundlich anblickt? Wie reagieren Sie?

E **Interpretation.**   Gebrauchen Sie Ihre Fantasie und denken Sie über die tiefere Bedeutung dieser Geschichte nach.

1. Welche Rolle spielt der Zufall in dieser Geschichte?

2. Wieso ist diese Erzählung eine Satire über die Obrigkeit und die Beamten? Nennen Sie zwei Beispiele aus dem Text.

3. Ist etwas Wahres an dieser Geschichte? Leidet manchmal eine ganze Gruppe von Menschen unter den Methoden der Polizei, oder wird manchmal eine ganze Gruppe von Menschen von der Polizei misshandelt, wenn nur eine einzige Person aus dieser Gruppe etwas Dummes oder Falsches getan hat? Missbraucht die Polizei oft ihre Macht? Geben Sie Beispiele.

PERSÖNLICHE FRAGEN

◆F▷ Rollenspiel.   Schreiben Sie mit einer Partnerin oder einem Partner ein Gespräch, das auf der Geschichte basiert. Spielen Sie das Gespräch in Ihrem Kurs vor. Wählen Sie eines der folgenden Themen:

1. Ein Gespräch zwischen dem rotbärtigen Mann und dem Polizeipräsidenten, als es um den Reisepass ging.

2. Ein Gespräch zwischen den Polizisten, nachdem sie mehrere rotbärtige Männer verhört hatten.

Kapitel 18

Schick mir doch ein Mail![1]

ANGELA KREUZ (1969–)

Angela Kreuz was born in Ingolstadt, Bavaria. When she was 14 years old, she had her first short story published in the annual report of the Gymnasium *she attended. Over the next seven years she wrote a number of short stories and many poems. In 1990 she gave some public readings of her poetry in Regensburg. During the next seven years she compiled a volume of poetry published in 2004 with the title* Lyrische Städtereisen, *and wrote several short stories as well as some fairy tales and fables. In addition, in 1995 she began to study psychology at the University of Konstanz and graduated in 1999. She also studied biology, chemistry, English, and philosophy. Two of her stories, "Schick mir doch ein Mail!" and "Der Engländer," have appeared in the German literary magazine* Wandler. *In addition, some of her work can be accessed online.[2] Most recently she has published some haiku in the international magazine* Lotos, *and her first book of short stories appeared under the title* Der Engländer und weitere kurzgefasste Geschichten *(Der Andere Verlag, 2003).*

Angela Kreuz is currently employed as a psychologist at a school for blind children in Regensburg. She is a keen observer of people and portrays the difficulties of human communication and interaction in today's cyberworld.

[1]**(Mail** short for **E-Mail)** is usually **die**, but **das** in southern Germany and Switzerland.
[2]www.angelakreuzinfo.de

◆◇◆ **Aktiver Wortschatz** ◆◇◆

SUBSTANTIVE

das Angebot, -e offer
der Anlass, ̈e reason; occasion
die Anspielung, -en allusion; insinuation
die Anzeige, -n advertisement
die Ausrede, -n excuse
die Diplomarbeit, -en dissertation
die Enttäuschung, -en disappointment
das Ereignis, -se event, occurrence
die Erkenntnis, -se realization; discovery
das Gesuch, -e request; application
die Peinlichkeit, -en embarrassment
die Sehnsucht, ̈e longing, yearning
das Sonderangebot, -e special offer
der Termin, -e date; appointment
das Treffen, - meeting; encounter
der Umstand, ̈e circumstance
die Unterbrechung, -en interruption
die Veranstaltung, -en event

VERBEN

an·knipsen to turn on
auf·muntern to cheer up; to enliven
sich auf·setzen to sit up
sich bahnen to force one's way (*through something*)
bemerken to remark, interject
sich engagieren to commit oneself; to become committed
enthalten (ä), ie, a to contain
erschrecken (erschrickt), erschrak, erschrocken to be startled; (*reg.*) to frighten
geraten (ä), ie, a (in + *acc.*) to get (into)
sich etwas gönnen to give/allow oneself something
kramen to rummage (*about/through something*)

ragen to rise up; to tower
verschieben, o, o to put off, postpone
versetzen (*coll.*) to stand up (*a person*); to answer
etwas von sich weisen, ie, ie to reject something
zusammen·zucken to cringe; to flinch

ANDERE WÖRTER UND AUSDRÜCKE

absurderweise quite preposterously
amourös amorous(ly)
angespannt taut(ly); tense(ly)
angestrengt concentrated
ansonsten (*coll.*) apart from that, otherwise
Anstoß nehmen (nimmt Anstoß), nahm Anstoß; Anstoß genommen to take offense (*at something*)
ausdrücklich explicit(ly)
ausschließlich exclusive(ly)
außergewöhnlich unusual(ly); exceptional(ly)
belegt occupied
entfremdet estranged
entschlossen determined(ly), resolute(ly)
etwas Mitreißendes something that sweeps one off one's feet
heimlich secret(ly)
kurzerhand without further ado
lächerlich ridiculous(ly)
mitfühlend sympathetical(ly)
qualvoll agonizing(ly)
samtig velvety
scheinheilig hypocritical(ly)
spannend exciting, thrilling
unsicher hesitant(ly)
unverbindlich without obligation
verlockend alluring(ly); beguiling(ly)
verwirrt confused, bewildered

A Besuch der Klokneipe. Diese Übung soll man als Partner- oder Gruppenübung machen. Ergänzen Sie die Sätze mit einem passenden Wort bzw. mit passenden Wörtern aus der folgenden Liste. (Nicht alle Wörter passen.) Verwenden Sie die richtige Form der Wörter.

zusammenzucken, die Sehnsucht, die Ausrede, unsicher, die Anzeige, heimlich, entschlossen, die Enttäuschung, die Peinlichkeit, erschrecken, verlockend, qualvoll, das Angebot, aufmuntern, versetzen, außergewöhnlich

Ich kam vor ein paar Wochen aus Deutschland nach Hause und musste zugeben, dass ich große **1**_____ nach allem Deutschen hatte. Plötzlich fielen meine Augen auf eine Zeitschrift in deutscher Sprache. Eine **2**_____ fiel mir besonders auf: „Deutschliebhaber, besuchen Sie mal die Klokneipe! Genau wie die Klokneipe in Berlin! Ein Abend wird Sie für das ganze Jahr **3**_____." Ich freute mich auf einen **4**_____ Abend. Dieses **5**_____ war so **6**_____, dass ich die Verabredung mit Herbert (meinem Freund) völlig vergaß. Als ich in der Klokneipe ankam, war ich noch **7**_____. Soll ich eintreten oder nicht? Ich konnte die Sitze der Stühle von draußen sehen. Alle waren schneeweiße Klobrillen! Ich dachte, wenn ich jetzt nicht eintrete, wird der ganze Abend eine große **8**_____ sein.

　　Darum trat ich ein, aber gleich an der Tür **9**_____ ich, als ich mit sehr feinem, jedoch kaltem Wasser von Kopf bis Fuß bespritzt wurde. Darüber haben alle Leute in der Bar gelacht. Eine solche **10**_____ hatte ich noch nie in meinem Leben erlitten. Und morgen musste ich dem Herbert erklären, warum ich ihn **11**_____ hatte. Ich musste mir eine gute **12**_____ ausdenken, denn wer wird mir denn glauben, dass ich Heimweh nach Deutschland hatte und darum zum Klo ging?

B Kreuzworträtsel. Lösen Sie das Kreuzworträtsel. Schreiben Sie dann Sätze mit den Antworten.

Waagerecht	Senkrecht
1. suspenseful, exciting	2. unusual(ly)
5. excuse	3. earth
6. **ich** _____ (do)	4. occupied
9. interruption	6. loyal
10. end	7. an offer
13. song	8. eight
14. **sich etwas** _____ (allow oneself something)	11. to answer; to stand up

Waagerecht

17. embarrassment
18. **ich** _____ (search)
19. quietness, silence

Senkrecht

12. uncertain
15. to meet; meeting
16. this, these
17. bad luck

◆◆◆ Vor dem Lesen ◆◆◆

A **Anregung zum Lesen.** Sehen Sie sich die Zeichnungen an und beschreiben Sie die Bilder. Die folgenden Fragen können Ihnen dabei helfen. Gebrauchen Sie Ihre Fantasie!

1. Wo ist die Studentin?
2. Warum sitzt die Studentin so spät in der Nacht noch an ihrem Computer?
3. Wo ist sie wohl im dritten Bild?
4. Wer, glauben Sie, ist die andere Frau in der Kneipe?

B **Zum Hören.** Lesen Sie die Fragen und hören Sie sich dann die Geschichte an. Machen Sie sich Notizen während Sie zuhören.

1. Wie sieht der normale Alltag bei Chris aus?
2. Was macht Chris an einem außergewöhnlichen Tag?
3. Was ist der Hauptinhalt ihres Lebens?
4. Warum liest sie ab und zu Kontaktanzeigen?
5. Warum gefällt ihr eine Anzeige besonders gut?
6. Was tut Chris zuerst am folgenden Morgen? Frühstückt sie oder schickt sie eine Mail ab?
7. Worauf hofft Chris eigentlich?

◆◆◆ Lesestück ◆◆◆

Schick mir doch ein Mail!

Es war eine traumlose Nacht. Eine von den Nächten, die nicht dazu da sind, um tiefere Gedanken an sich vorüberziehen zu lassen, Erkenntnisse, die einem Zusammenhänge von Ereignissen offenbaren, die noch nie so klar und ausdrücklich vor einem gestanden waren. Nein,
5   es war eine Nacht, die einfach da war und nicht vorübergehen wollte, die einem hämisch° ins Gesicht grinste und dabei sprach: *Hier bin ich. Ich ziehe mich in die Länge und du kannst nichts anderes machen, als abzuwarten, bis ich verschwinde, bis es Tag wird. Sonst habe ich dir nichts zu sagen.*
      Chris wälzte sich herum. Sie hätte einiges zu tun gehabt, zum
10   Beispiel ein Kapitel für die nächste Prüfung zu lernen, aber es war noch zu früh. Mit dem Lernen wollte sie um neun, gleich nach dem Frühstück, beginnen. Der Wecker würde um halb acht klingeln, sie würde genervt auf die Snooze-Taste drücken, mehrmals, und sich dann um halb neun unter die Dusche stellen. Währenddessen würde ihr Frühstücksei in
15   einem Kochtopf, den sie sich zu Beginn ihrer Studentenzeit im Sonderangebot gekauft hatte, vor sich hin kochen. Sie aß selten ein Ei zum Frühstück, da sie dies als einen besonderen Luxus ansah, den sie sich nur selten erlaubte.
      Was sollte am nächsten Tag so besonders sein? Nichts, aber da es in
20   der letzten Zeit keinen außergewöhnlichen Tag gegeben hatte und Chris seit Wochen das Gefühl beschlich°, dass sie nur noch für die Prüfung gelebt und sich nur wenig gegönnt hatte, dachte sie an ein schönes Frühstück, das sie vor ihrem Lernalltag aufmuntern könnte. Und da ihr in dieser traumlosen Nacht nichts einfiel, an das sie hätte denken können
25   (das nichts mit der Prüfung zu tun hatte), dachte sie an ihr Frühstücksei am Morgen. Wie sie es mit einem Streich gezielt köpfen° würde. Und danach die feinen weißen Salzkristalle in die dunkelgelbe Mündung streuen – sie erschrak. War das ersehnte Frühstücksei die Erfüllung ihrer Träume? War sie geboren, um ein Buch nach dem anderen auswendig zu
30   lernen und sich auf ein Frühstücksei am Morgen zu freuen? Gab es keine

maliciously

Gefühl ... was creeping up on

mit ... cut the top off with one well-aimed stroke

anderen Inhalte in ihrem Leben? Sie setzte sich auf. Chris fühlte sich
sonderbar entfremdet, als sie den Mond betrachtete, der durch ihr
Fenster schien. Kurz überlegte sie, ob sie nicht die Kerze anzünden
wollte, die aus einer leeren Tunfischdose neben der Matratze ragte.

35   Unversehens war sie wild entschlossen, irgendetwas zu tun. Sie
knipste das Licht an und setzte sich neben ihren Schreibtisch. Die
Konstanzer Kulturblätter lagen vor ihr, ein dünnes Magazin mit
Kinoanzeigen, Veranstaltungen und jeder Menge Kleinanzeigen. Chris
blätterte das Heft durch, verweilte bei den „Lonely Hearts", wie sich

40 diese Rubrik nannte, die Inserate über amouröse Gesuche enthielt. Ab
und zu las sie diese Kontaktanzeigen, eher aus einem voyeuristischen
Interesse heraus, als aus einem konkreten Anlass. Auf eine Anzeige wurde
sie aufmerksam. Sie lautete:

    „Mir schrieb noch nie ein Mann ein Gedicht!

45   Bin 32, w, attraktiv, liebe Gedichte, Literatur, Spaziergänge am See.
Bin offen, interessiert und unkonventionell.

    Schick mir doch ein Mail!"

Chris las die anderen Anzeigen durch, aber sie kam wieder und wieder
auf das eine Inserat zurück. Als ob ihre Augen automatisch zu diesen

50 Zeilen zurückspringen würden, las sie es noch mal und noch mal und
fühlte sich auf irgendeine Art und Weise angezogen von dieser Frau.
Dabei hatte sie seit einigen Monaten (nach der letzten Enttäuschung)
nicht vor, sich näher auf jemanden einzulassen. Sie wollte für sich sein,
ihr Studium abschließen und frei und ungebunden sein, um danach in

55 eine größere Stadt zu ziehen, in der sie Arbeit finden würde.

    Die Anzeige beschäftigte sie. Diese Frau suchte offensichtlich nach
einem *Mann*, der sie nicht war. Chris strich sich gedankenversunken über
ihre Brust. Gedichte liebte Chris auch, sie schrieb selber welche. Sie wollte
mit der Frau Kontakt aufnehmen. Chris dachte an ihre E-Mail-Adresse, die

60 neutral klang, weder männlich noch weiblich: Chris.Nerohld@uni-
konstanz.de. Sie könnte der Frau als männlicher Adressat ein Gedicht
schicken. Würde sie überhaupt zurückmailen? Chris überlegte, wie viele
Gedichte sie insgesamt erhalten würde. Vielleicht fünf bis zehn? Sie kramte
eines ihrer Schreibhefte hervor, in der sie ihre Gedichte aufbewahrte, und

65 suchte nach etwas Passendem. Chris stand auf, stellte sich vor einen großen
Spiegel und betrachtete sich. Ihre Gesichtszüge wirkten angespannt;
Schatten zeichneten sich unterhalb ihrer grünen Augen ab. Die kurz
geschnittenen schwarzen Haare waren zerzaust°, und zwischen ihren   tousled, disheveled
Lippen ragte eine dünne selbst gedrehte Zigarette hervor wie der Stiel

70 eines Lollys. Sie ging zum Schrank und holte einen maßgeschneiderten°   tailor-made
Herrenanzug heraus, entledigte sich ihres T-Shirts und zog ihn an. Danach

trat sie wieder vor den Spiegel. Sie nickte sich zufrieden zu und setzte sich an den Schreibtisch. Chris konnte dieser Frau kein veraltetes Gedicht schicken, das lange zuvor unter völlig anderen Umständen entstanden war.

75 Vielmehr sollte es ein aktuelles, sozusagen *brandneues* Gedicht werden, das aus der Stimmung heraus geschrieben würde, die sie ergriff°, als sie die Anzeige wieder und wieder durchlas. Sie dachte darüber nach, wie diese Frau aussehen könnte, und stellte sie in Gedanken neben sich in den Spiegel. Die Unbekannte hatte in Chris' Vorstellung etwas Mitreißendes an

80 sich, ein gewinnendes Lächeln, halblange Haare und dunkle Augen. Sie schrieb auf ein Blatt Papier:

die ... that seized her

Hast du den Mond betrachtet,

Heute Nacht?

Er ließ mich nicht schlafen.

85 Ich stand auf und las deine verlockenden Zeilen.

Nun sitze ich da und träume.

Chris tippte die Zeilen in den Computer und schickte das Mail kurzerhand ab. Dann zog sie sich aus und legte sich aufs Bett. Das Frühstücksei hatte seine Bedeutung verloren. Sie konnte nicht

90 einschlafen vor lauter *was-wäre-wenn-Gedanken* und malte sich verschiedene Situationen aus, in die sie in kürzester Zeit geraten könnte. Der Wecker fiepte°. Chris hatte vergessen, die Kerze auszublasen, und diese war vollständig herunter gebrannt, als sie dann doch eingeschlafen war. Beflügelt° stand sie auf, duschte und zauberte sich danach ein

chirped

inspired

95 einladendes Frühstück. Sie schlürfte geräuschvoll ihren Kaffee und freute sich, dass sie allein war und niemand daran Anstoß nahm°. Später legte Chris die Bücher für die Prüfung auf den Tisch. Es war lächerlich, zu hoffen, die Unbekannte hätte schon geantwortet. Dennoch sah sie ihre elektronische Post durch. Die Absenderin des letzten Mails kannte sie

Anstoß ... objected; took offense

100 nicht. Ihre Hände zitterten neben der Tastatur°, als sie den Text durchlas.

keyboard

„Lieber Chris!
Du schläfst also heute Nacht auch nicht. Ich weiß nicht, was ich jetzt schreiben soll, da ich mir dich kaum vorstellen kann. Wie wär's, wenn wir uns in den nächsten Tagen unverbindlich treffen? Würde es dir

105 am Mittwoch um sieben passen? Im Blue Note?
Es grüßt dich Beate"

Chris war verwirrt, sie hatte auf einen Briefwechsel gehofft, hinter dem sie sich hätte verstecken können, und nun steuerte die Frau direkt auf ein Treffen zu. Was sollte sie tun? Ausreden erfinden und den Termin

110 mehrmals verschieben, bis die Andere das Interesse verlor? Andererseits war das Angebot zu verlockend, um es auszuschlagen. Chris könnte sich

ja an einen Tisch in ihrer Nähe setzen und sie von dort aus heimlich
beobachten. Sie mailte zurück:

„Hallo Beate!

115   Mittwoch ist okay, Blue Note auch. Wie erkenne ich dich?

Gruß von Chris"

Die Frau würde sauer sein, wenn Chris (der männliche Chris) sie
versetzen würde. Es war ihr klar, dass sie nie wieder ein Mail von Beate
bekommen würde. Chris lernte den ganzen Tag mit wenigen

120   Unterbrechungen. Am Abend bekam sie ein weiteres Mail von Beate:

„Hallo Chris!

Trage eine Glatze und ein Hundehalsband (ist nur ein Scherz). Ich
werde mein blaues Halstuch auf den Tisch legen. Also, bis morgen
dann.

125   Grüße von Beate"

In der Nacht schlief Chris unruhig. Moralische Bedenken° drehten
sich gebetsmühlenartig° in ihrem Kopf, und sie dachte daran, wie sehr sie
es selbst hasste, versetzt zu werden. Chris betrat die Kneipe *Blue Note* um
drei viertel sieben und hatte sich ein Buch mitgebracht. Nur ein einzelner

130   Tisch in der Mitte war belegt, an dem eine kleine Gruppe von Männern
saß. Sie bestellte sich ein Pils und wartete. Der Raum war klein, und sie
konnte von ihrem Tisch in der Ecke alles überschauen. Um fünf nach
sieben kam eine Frau herein, die sie vom Sehen her kannte. Die Bekannte
nickte ihr unsicher zu und setzte sich an einen Tisch am Fenster. Chris

135   erschrak. Sollte *sie* Beate sein? Die Frau legte ein hellblaues Tuch neben
den Aschenbecher. Chris hätte vor Scham in den Boden versinken wollen.
Sie wusste über die Frau, dass sie sich in der Fachschaft ihrer Fakultät°
engagierte. Chris hatte sich dort einmal bei ihr nach ein paar Skripten°
erkundigt. Angestrengt starrte Chris in ihr Buch. Die Zeilen begannen zu

140   tanzen, und sie konnte sich kaum auf den Inhalt konzentrieren. Chris
trank hastig von ihrem Bier, um sich zu beruhigen. Indessen wagte sie es
nicht, zu ihrer Bekannten hinüber zu sehen.

Es vergingen qualvolle fünfundzwanzig Minuten.

Beate stand auf und ging in Richtung Toilette. Sie bahnte sich einen

145   Weg durch den mit sperrigen Stühlen vollgestellten Raum und streifte
dabei Chris' Ärmel. Diese sah von ihrem Buch auf und sprach sie an, um
der Peinlichkeit der Situation zu entkommen.

„Wenig los heute", bemerkte Chris. Beate entgegnete knapp: „Hm.
Bin grad versetzt worden." „So was ist echt übel", sagte Chris gemeinhin.

150   „Magst du dich rüber setzen?"

„Ja, okay. Ich geh' grad noch zum Klo." Beate entfernte sich. Chris
legte ihr Buch weg und atmete tief durch. Jetzt durfte sie sich nichts
anmerken lassen und musste den unverbindlichen Plauderton, den sie

doubts

drehten ... turned like a
prayer wheel

in ... in the departmental
student organization of
her college
lecture notes

155 angeschlagen hatte, aufrecht erhalten. Beate kam zurück und setzte sich
neben Chris.

„Und wie läuft's in der Fachschaft?", erkundigte sie sich bei Beate.

„Gar nicht. Da arbeite ich schon lange nicht mehr. Ich hänge
momentan nur noch an der Diplomarbeit dran." Beate starrte auf den
Tabaksbeutel, der vor ihr auf dem Tisch lag.

160 „So ein Depp°!", schnaubte° Beate. Chris drehte sich eine Zigarette
und hatte ein schlechtes Gewissen.

fool *or* idiot (*coll.*) / snorted

„Tut mir Leid, dass ich hier so rumjammere°. Wie heißt du
eigentlich?"

complain

Die Frage kam unvermittelt; Chris zuckte zusammen. Sie räusperte
165 sich, um Zeit zu gewinnen.

„Schon gut. Ich bin – Tine. Und du?"

„Beate: *Die Glückliche*", versetzte sie ironisch. „Ich glaube, ich sollte
besser gehen."

„Wegen mir nicht, mein Buch ist eh nicht so spannend", entgegnete
170 Chris.

„Trotzdem. Ich muss heim, sorry. Man sieht sich an der Uni." Sie
stand schnell auf.

„Ciao."

Chris sah Beate nach, wie sie sich trotzig gegen die schwere
175 Eingangstüre stemmte und die Kneipe verließ. Die Kellnerin kam an
ihren Tisch, und sie bestellte sich noch ein Bier.

◆◆◆ **Nach dem Lesen** ◆◆◆

A Fragen zum Lesestück.   Lesen Sie die Geschichte noch einmal ganz
durch. Versuchen Sie unbekannte Wörter durch den Kontext zu verstehen
oder schlagen Sie im Wörterbuch nach. Die Fragen leiten Sie chronologisch
durch die Geschichte. Prüfen Sie, ob Sie alles verstanden haben.

1. Steht Chris gern früh auf? Wie wissen wir das?
2. Warum denkt Chris an ein Frühstücksei?
3. Was liest Chris in den Kulturblättern?
4. Welche Anzeigen gefallen Chris besonders? Warum?
5. Warum will sich Chris momentan mit niemandem einlassen?
6. Inwiefern will Chris mit der Frau, die die Anzeige geschrieben hat,
   Kontakt aufnehmen?

7. Was zieht Chris an? Warum?

8. Was tippt Chris in den Computer und was passiert damit?

9. Wann bekommt Chris eine Antwort?

10. Welchen Vorschlag macht Beate, die andere Frau?

11. Woran soll Chris Beate in der Kneipe erkennen?

12. Warum glaubt Beate, dass sie versetzt worden ist?

13. Woran arbeitet Beate meistens?

14. Warum hat Chris ein schlechtes Gewissen?

15. Woran hat Chris nicht gedacht? Wie hat sie diesen Fehler wieder gutgemacht?

B **Anregung zum Gespräch.** Besprechen Sie die folgenden Fragen mit einer Partnerin oder einem Partner.

1. Warum sieht es so aus, als ob man nur für die Prüfungen lebt?

2. Was soll es bedeuten, dass Chris Eier und Tunfisch isst?

3. Warum ist es heute so schwer oder so leicht eine Beziehung aufzubauen?

4. Was sind die Vorteile und die Nachteile der elektronischen Post?

5. Warum muss man mit E-Mail-Adressen vorsichtig sein?

6. Kann man jemanden durch einen Briefwechsel kennen lernen? Warum (nicht)?

C **Zum Schreiben.** Schreiben Sie eine Zusammenfassung der Geschichte im Präsens mit etwa 100 bis 150 Wörtern. Schreiben Sie diese Übung in Form eines Briefes aus der Sicht von Chris an eine Freundin oder einen Freund und benutzen Sie dabei alle vorgegebenen Stichwörter. Der erste Satz ist schon vorgegeben.

Beispiel: ich / lernen / ein Kapitel / für die nächste Prüfung / müssen

Erster Satz: 1. Ich muss ein Kapitel für die nächste Prüfung lernen.

2. ich / springen / um halb neun / unter die Dusche / wollen

3. ich / dürfen / mir / Ei zum Frühstück / kochen

4. dieses Ei / können / ich / mit einem Streich / köpfen

5. man / sein / geboren // um ein Buch / nach dem anderen / auswendig zu lernen

6. plötzlich / ich / sich entschließen // ein Gedicht / an / jemand / zu schicken

P
E
R
S
Ö
N
L
I
C
H
E

F
R
A
G
E
N

7. einige Inserate / in / eine Zeitschrift // sein / Anlass / für / Gedicht

8. bin / einsam // und / wollen / Briefkontakt / aufnehmen

9. bald / bekommen / ich / eine Antwort

10. ich / wollen / sie / in / eine Kneipe / unverbindlich / treffen

D Persönliche Fragen. In einer Gruppe stellen Sie sich gegenseitig die folgenden Fragen. Antworten Sie aus Ihrer persönlichen Erfahrung heraus.

1. Wie sieht der normale Alltag bei Ihnen aus?

2. Was tun Sie an einem außergewöhnlichen Tag?

3. Was sind zurzeit Ihre Hauptinteressen?

4. Lesen Sie ab und zu Kontaktanzeigen? Warum (nicht)?

5. Schreiben Sie je Gedichte? Warum (nicht)?

6. Kennen Sie jemanden, der eine andere Person durch den Computer kennen gelernt hat? Wenn ja, was war das Ergebnis?

7. Wo trifft man sich am besten, wenn man eine andere Person besser kennen lernen will? Warum?

8. Wo kann man am besten andere Leute näher kennen lernen?

E Interpretation. Gebrauchen Sie Ihre Fantasie und denken Sie über die tiefere Bedeutung dieser Geschichte nach.

1. Warum erschrak Chris, als sie an das Ei dachte?

2. Was für eine Person wollte Chris finden?

3. Warum hat Chris in ihrer ersten Mail nicht gleich gesagt, dass sie eine Frau ist?

4. Warum hat sich Chris doch mit der Frau getroffen?

F Rollenspiel. Schreiben Sie mit einer Partnerin oder einem Partner ein Gespräch, das auf der Geschichte basiert. Spielen Sie das Gespräch in Ihrem Kurs vor. Wählen Sie eines der folgenden Themen:

1. Ein Gespräch zwischen Chris und Beate beim zweiten Treffen nach etwa zwei Monaten.

2. Ein Gespräch zwischen Beate und einem männlichen Chris.

Principal Parts of Strong Verbs

befehlen (ie), a, o   to order
beginnen, a, o   to begin
beißen, biss, gebissen   to bite
bergen (i), a, o   to rescue; to hold; to hide
bewegen, o, o   to move; to inspire
biegen, o, o   to bend
bieten, o, o   to offer
binden, a, u   to bind, tie
bitten, bat, gebeten   to ask
blasen (ä), ie, a   to blow
bleiben, blieb, geblieben (ist)   to remain
braten (ä), ie, a   to roast; to bake; to fry
brechen (i), a, o   to break
brennen, brannte, gebrannt   to burn
bringen, brachte, gebracht   to bring
denken, dachte, gedacht   to think
dringen, a, u (ist)   to penetrate
dürfen (darf), durfte, gedurft   may, be permitted to
empfehlen (ie), a, o   to recommend
essen (isst), aß, gegessen   to eat
fahren (ä), u, a (hat *or* ist)   to drive
fallen (ä), ie, a (ist)   to fall
fangen (ä), i, a   to catch
finden, a, u   to find
fliegen, o, o (hat *or* ist)   to fly
fliehen, o, o (ist)   to flee; to escape
fließen, floss, geflossen   to flow; to move
fressen (frisst), fraß, gefressen   to feed, eat (*sl.* for humans)
frieren, o, o (hat *or* ist)   to freeze
gebären (gebiert), gebar, geboren   to give birth to; to bear
geben (i), a, e   to give
gedeihen, ie, ie (ist)   to thrive; to develop
gehen, ging, gegangen (ist)   to go
gelingen, a, u (ist)   to succeed
gelten (i), a, o   to be valid; to be in force; to concern
genießen, genoss, genossen   to enjoy; to eat; to drink
geschehen (ie), a, e (ist)   to happen
gewinnen, a, o   to win
gießen, goss, gegossen   to pour; to spill
gleichen, i, i   to be like
gleiten, glitt, geglitten (ist)   to glide; to pass; to slide; to slip

graben (ä), u, a   to dig; to cut; to mine
greifen, griff, gegriffen   to grab, seize
haben (hat), hatte, gehabt   to have
halten (ä), ie, a   to hold, stop
hängen, i, a *   to hang
hauen, haute (hieb), gehauen   to hit, belt, clobber
heben, o, o   to lift
heißen, hieß, geheißen   to be called
helfen (i), a, o   to help
kennen, kannte, gekannt   to know
klingen, a, u   to sound
kommen, kam, gekommen (ist)   to come
können (kann), konnte, gekonnt   can, be able to
kriechen, o, o (ist)   to crawl
laden (ä), u, a   to load
lassen (lässt), ließ, gelassen   to stop; to let
laufen (äu), ie, au (ist)   to run; to go
leiden, litt, gelitten   to suffer
leihen, ie, ie   to lend; to loan; to hire
lesen (ie), a, e   to read
liegen, a, e   to lie; to be situated
lügen, o, o   to lie, tell a falsehood
meiden, ie, ie   to avoid
messen (misst), maß, gemessen   to measure; to gauge; to judge
mögen (mag), mochte, gemocht   to like
müssen (muss), musste, gemusst   must, have to
nehmen (nimmt), nahm, genommen   to take
nennen, nannte, genannt   to name
pfeifen, pfiff, gepfiffen   to whistle
raten (ä), ie, a   to guess
reiben, ie, ie   to rub, scour, grind
reißen, riss, gerissen   to tear; to pull
reiten, ritt, geritten (ist)   to ride
rennen, rannte, gerannt (ist)   to run
riechen, o, o   to smell
rufen, ie, u   to call; to yell
schaffen, schuf, geschaffen   to create
scheiden, ie, ie   to separate;   **(ist)** to part
scheinen, ie, ie   to appear; to shine; to seem
schelten, a, o   to scold
schieben, o, o   to push, shove
schießen, schoss, geschossen   to shoot
schlafen (ä), ie, a   to sleep
schlagen (ä), u, a   to hit, strike

*intransitive verb

schleichen, i, i (ist)   to creep, sneak
schließen, schloss, geschlossen   to close
schmelzen (i), o, o (ist)   to melt
schneiden, schnitt, geschnitten   to cut
schrecken (schrickt), schrak, geschrocken (ist)   to be startled
schreiben, ie, ie   to write
schreien, ie, ie   to cry, scream
schreiten, schritt, geschritten (ist)   to stride, march
schweigen, ie, ie   to be quiet
schwimmen, a, o (ist)   to swim
schwinden, a, u (ist)   to dwindle; to disappear
schwingen, a, u   to swing; to wave
schwören, o, o   to swear
sehen (ie), a, e   to see
sein (ist), war, gewesen (ist)   to be
senden, sandte, gesandt (*or reg.*)   to send
singen, a, u   to sing
sinken, a, u (ist)   to sink
sitzen, saß, gesessen   to sit
sollen (soll), sollte, gesollt   should, be supposed to
sprechen (i), a, o   to speak
springen, a, u (ist)   to jump
stechen (i), a, o   to sting
stehen, stand, gestanden   to stand
stehlen (ie), a, o   to steal
steigen, ie, ie (ist)   to climb; to rise
sterben (i), a, o (ist)   to die
stinken, a, u   to stink, reek
stoßen (ö), ie, o   to push; to thrust, shove; to kick; to hit
streichen, i, i   to eliminate; to cross out
streiten, stritt, gestritten   to argue; to fight
tragen (ä), u, a   to carry; to wear
treffen (trifft), traf, getroffen   to meet; to hit
treiben, ie, ie   to drive, propel
treten (tritt), trat, getreten   to kick;   **(ist)** to step
trinken, a, u   to drink
trügen, o, o   to deceive
tun (tut), tat, getan   to do
verderben (i), a, o   to spoil;   **(ist)** to become spoiled
vergessen (vergisst), vergaß, vergessen   to forget
verlieren, o, o   to lose
wachsen (ä), u, a (ist)   to grow
waschen (ä), u, a   to wash
weisen, ie, ie   to show, point

wenden, wandte, gewandt   (*or reg.*) to turn
werben (i), a, o   to recruit
werden (wird), wurde (ward), geworden (ist)   to become
werfen (i), a, o   to throw
wiegen, o, o   to weigh; to rock (gently)
winden, a, u   to wind; to bind
wissen (weiß), wusste, gewusst   to know
wollen (will), wollte, gewollt   want to
zeihen, ie, ie   to accuse
ziehen, zog, gezogen   to pull
zwingen, a, u   to force, compel

German-English Vocabulary

This vocabulary consists of all words from the *Aktiver Wortschatz* of each chapter and some high-frequency words from the exercises. Definitions include the most common meanings of each word, as well as any specific context in which it may occur in this reader. In addition, the following information is provided:

1. A raised dot (°) following a verb indicates that the verb is irregular; you should refer to its basic form in the list of principal parts of strong verbs on pp. 203–206.

2. Verbs that take the auxiliary *sein* are indicated by (*ist*); similarly, those verbs that may take either *haben* or *sein* are followed by (*hat* or *ist*).

3. Separable verbs are indicated by a bullet: *an•fangen*.

4. Reflexive verbs are preceded by *sich*. If the verb can also be used non-reflexively with the same meaning, (*sich*) is used.

5. Entries showing *jdn.* or *acc.* indicate that a verb requires an accusative object; a dative object is indicated by *jdm.* or *dat.*

6. Noun plurals are indicated unless the noun occurs only in the plural or a plural form does not exist, shown by (*no pl.*).

7. Weak nouns and adjectival nouns are also indicated.

8. The following abbreviations are used:

acc.	accusative	*o.s.*	oneself
adj.	adjectival	*pl.*	plural
coll.	colloquial	*sg.*	singular
conj.	conjunction	*sl.*	slang
dat.	dative	*s.o.*	someone
dem.	demonstrative	*sth.*	something
gen.	genitive	*wk.*	weak
n.	noun		

ab off; away; down; from
ab·brechen° (hat) to break off (*sth.*); **(ist)** to break off
ab·dichten to make tight, seal up
der Abend, -e evening
abends in the evening
aber but, though (*conj.*); again
abermals once again, once more
die Abfahrt, -en departure
der Abgang (*no pl.*) departure, exit
ab·hängen to take down; **von etwas ab·hängen°** to depend upon something
ab·hauen (*sl.*) to beat it; to leave in a hurry
ab·heben° to lift (up); to take off; to pick up; to stand out
ab·lehnen to refuse
ab·leiten to derive; to deduce
ab·lenken to divert; to turn aside or away
ab·lösen to take off; to take the place of; to take turns
ab·nehmen° to take off; to take away
ab·sagen to cancel; to withdraw
ab·schätzen to estimate; to size up
ab·schließen° to lock (up); to close
ab·sehen° to copy (*sth. from s.o.*); to cheat; to foresee
die Absicht, -en intention; purpose

ab·spielen to play; **sich ab·spielen** to happen; to take place (*somewhere*)
der Abstand, ⸚e distance; gap
ab·stecken to mark off
ab·stellen to turn off
ab·stoßen° to push/thrust off or away
absurderweise quite preposterously, absurdly
ab·warten to wait (*for sth.*)
ab·wenden° (*also reg.*; **hat** or **ist**) to turn (away)
ab·winken to wave (*s.o./ sth.*) aside
ach oh
ähneln to resemble
ahnen to have a presentiment of; to suspect; to surmise
ähnlich similar(ly)
die Ahnung, -en notion, idea; **keine Ahnung (von etwas) haben** to have no idea (about something)
alle(s) all, everything; everybody; **alle** all gone, empty
allein alone; only; but
allerdings to be sure
allgemein general(ly)
allmählich gradual(ly)
alltäglich daily, ordinary
als than, as; when (*in the past tense*)
also so; thus; therefore
alt old
der Alte, -n, -n /die Alte, -n, (*adj. n.*) old person
der Altersunterschied, -e difference in age

altmodisch old-fashioned
amourös amorous(ly)
das Amt, ⸚er office; duty, task
an·bauen to cultivate, grow (*sth.*)
an·bieten° to offer
der Anblick, -e sight, look; appearance
ändern to change, alter
anders different(ly)
die Änderung, -en change
an·fangen° to begin
an·fassen to touch; to tackle; to go about
das Angebot, -e offer
an·gehen° to concern; to approach; to turn on; **es geht° mich (dich) nichts an!** it has nothing to do with me (you)!
die Angelegenheit, -en affair, business
angeln (nach) to fish (for); to grope (for)
angemessen suitable/ suitably
angenehm pleasant(ly)
angespannt taut(ly); tense(ly)
angestrengt concentrated(ly)
die Angst, ⸚e fear
an·klagen to accuse
an·knipsen to turn on
an·kommen° (ist) to arrive; **es kommt° darauf an** it depends, it matters
an·kündigen to announce; to advertise
die Ankunft, ⸚e arrival
der Anlass, ⸚e reason; occasion
an·lügen° to lie to

an•nehmen° to accept; to assume

an•ordnen to order

die Anregung, -en stimulus; idea

an•schaffen to buy (*sth.*)

die Anschaffung, -en purchase

an•schalten to turn on

an•schauen to look at

anscheinend apparent(ly); seeming(ly)

an•schlagen° to strike up; **einen ruhigen Ton an•schlagen°** to adopt or strike a quiet tone

an•schleppen to bring along; to drag along

anschließend afterwards; following

der Anschluss, ⸚e connection

an•sehen° to look at; to consider; **jdn. groß an•sehen°** to look at s.o. with surprise

die Ansicht, -en picture, diagram; view, opinion

ansonsten (*coll.*) apart from that; otherwise

die Anspielung, -en allusion; insinuation

anständig decent(ly); proper(ly)

an•starren to stare at

an•stecken to pin on; to light

sich an•stellen to get in line

der Anstoß, ⸚e kick-off (*of soccer*); impulse; **Anstoß nehmen°** to take offense

an•stoßen° to bump into (*s.o./sth.*)

an•streichen° to paint

die Antwort, -en answer

antworten (+ *dat.*) to answer

an•wenden° (**auf** + *acc.*) to use (on)

die Anwesenheit (*no pl.*) presence

die Anzeige, -n advertisement

(sich) an•ziehen° to dress

an•zünden to light

die Arbeit, -en work, job

arbeiten to work

das Arg evil; **kein Arg haben** to see no harm (*in sth.*)

der Ärger (*no pl.*) annoyance

ärgern to annoy; to anger; **sich (über jdn./etwas) ärgern** to be/get annoyed (about s.o./sth.)

arm poor

der Arm, -e arm

die Art, -en kind, sort, type

der Arzt, ⸚e /die Ärztin, -nen physician

der/die Asylbewerber/in, -/-nen person seeking asylum

atmen to breathe

auch also

auf on; upon; in; at

auf•brechen° (**ist**) to break up, break open; to burst open

auf•fallen° to be conspicuous, attract attention

auf•geben° to give up

auf•gehen° (**ist**) to rise; to dissolve; to open

auf•heben° to lift up, pick up; to preserve; to abolish

auf•hören to stop, cease

auf•machen to open

auf•muntern to cheer up; to liven up

die Aufnahme, -n photograph; reception; admission

auf•nehmen° to admit; to take a photograph; to record

auf•passen to pay attention, watch out

aufregend exciting

die Aufregung, -en excitement

auf•reißen° to rip open

(sich) auf•richten to raise oneself up, sit up

aufrichtig sincere(ly), honest(ly)

der Aufsatz, ⸚e essay, composition

auf•saugen° (*also reg.*) to suck up; to absorb

auf•schlagen° to open (*a book, etc.*); to hit, strike

auf•sehen° to look up

sich auf•setzen to sit up

auf•springen° (**ist**) to jump up; to fly open

auf•stehen° (**ist**) to get up

auf•steigen° (**ist**) to climb; to rise

auf•tauchen (**ist**) to emerge; to surface

auf•tauen to thaw; to become talkative/sociable

auf•treiben° to find; to get hold of; (**ist**) to rise

aufwärts upward(s)
auf·weisen° to show
auf·ziehen° to pull open
das Auge, -n eye
der Augenblick, -e moment
aus out of; from
aus·brechen° (ist) to break out
(sich) aus·breiten to spread out
der Ausdruck, ¨e expression; term
ausdrücklich explicit(ly)
ausdruckslos expressionless(ly)
aus·halten° to endure
sich aus·kennen° to know one's way around
aus·kommen° to get by, manage; to cope
die Auskunft, ¨e information
das Auskunftsbüro, -s information office
aus·lachen to laugh at
das Ausland (*no pl.*) foreign countries; **im Ausland** abroad
aus·laufen° (ist) to run out
die Ausnahme, -n exception
aus·nützen to use, make use of; to exploit
aus·pfeifen° to hiss at
die Ausrede, -n excuse
ausreichend sufficient(ly)
aus·rutschen (ist) to slip
aus·sagen to say, utter; to testify
aus·schicken to send out
ausschließlich exclusively
das Aussehen (*no pl.*) appearance

aus·sehen° to look; to appear
außen outside; **von außen** from outside
außerdem besides
das Äußere (*no pl.*) (outward) appearance
außergewöhnlich unusual(ly); exceptional(ly)
aus·stellen to exhibit
die Ausstellung, -en fair; exhibit
aus·stoßen° to expel; to discharge; **einen Fluch aus·stoßen°** to utter a curse
der Ausweis, -e identity card
sich aus·weisen° to identify oneself
auswendig from memory; **auswendig lernen** to learn by heart, memorize
aus·ziehen° to take off; **(ist)** to move out; **sich aus·ziehen°** to undress

die Badewanne, -n bathtub
die Bahn, -en path, track; train
(sich) einen Weg bahnen to force one's way (*through sth.*)
der Bahnhof, ¨e train station; **der Bahnhofsvorstand** (*no pl.*) station master
die Bahre, -n stretcher; bier
bald soon
die Bank, -en bank; (*pl.*) ¨e bench
der Bann, -e spell
der Bass, ¨e bass (*voice*)

der Bau, -ten building; construction; structure
der Bauch, ¨e stomach; abdomen
der Bauer, -n, -n (*wk.*) / **die Bäuerin, -nen** farmer
die Bauernstube, -n farmhouse parlor
der Baum, ¨e tree
beachten to heed; to follow
der Beamte, -n, -n (*wk.*) / **die Beamtin, -nen** civil servant
beanspruchen to claim; to take advantage of
sich (bei jdm.) bedanken to thank (s.o.)
bedauern to regret; to be sorry for
bedauernswert pitiful(ly)
bedenken° to consider; to think about
bedeuten to mean
die Bedeutung, -en meaning; importance
die Bedingung, -en requirement
bedrohlich dangerous(ly); alarming(ly); threatening(ly)
das Beet, -e garden bed; plot
sich (mit jdm./etwas) befassen to deal with (s.o./sth.)
der Befehl, -e order
befehlen° to order
sich befinden° to be situated; to be (*in a state*)
befördern to promote
befühlen to feel, run one's hands (*over sth.*)

sich begeben° to set out; to occur

begegnen (jdm./etwas + *dat.***)** to meet (s.o./sth.)

begehen° to commit; **einen Fauxpas begehen°** to make a social blunder

die Begeisterung (*no pl.*) enthusiasm, inspiration

beginnen° to begin

die Begleitung, -en company; escort

begreifen° to comprehend, understand

der Begriff, -e concept; idea

behalten° to keep

behaupten to maintain; to claim; **sich behaupten** to assert o.s.

beide both

das Bein, -e leg

beinahe almost

das Beispiel, -e example; **beispielsweise** for example

bekannt (well) known

bekommen° to receive; to get

belegt occupied; busy (*telephone*)

beleidigen to hurt (*s.o.'s*) feelings; to insult (*s.o.*)

beliebig any

bemerken to remark; to interject; to notice

die Bemerkung, -en remark, comment

(sich) bemühen to try hard; to endeavor

benachbart neighboring

das Benehmen (*no pl.*) behavior

beneiden to envy

benutzen to use

das Benzin, -e gasoline

beobachten to observe

bereit ready, prepared

bereits already

bereitwillig willing(ly), eager(ly)

der Berg, -e mountain

berichten to report

der Beruf, -e profession

(sich) beruhigen to calm (down); to comfort

berühren to touch

beschädigen to damage

beschäftigen to employ; **(sich) beschäftigen (mit etwas)** to occupy o.s. (with sth.)

Bescheid wissen° to be informed, know what is happening

beschimpfen to insult; to scold

beschließen° to decide

beschreiben° to describe

die Besessenheit (*no pl.*) obsession

besiegen to defeat; to conquer

die Besinnung (*no pl.*) consciousness; reflection

besitzen° to possess, have, own

besonders especially

besorgt concerned

die Besorgtheit (*no pl.*) concern

bestätigen to confirm; to verify; **sich bestätigen** to be confirmed; to be proven true

bestehen° to endure, overcome, pass; **bestehen° aus** to consist of;

bestehen° auf (+ *dat.*) to insist on

bestellen to order

bestimmt certain(ly), definite(ly)

bestrafen to punish; to sentence

besuchen to visit

betreten° to enter; to step on

der Betrug (*no pl.*) deceit, deception

betrügen° to deceive; to cheat

das Bett, -en bed

beugen to bend; **sich über (jdn./etwas) beugen** to bend over (s.o./sth.)

bevor before

bevorzugen to prefer

(sich) bewegen to move

die Bewegung, -en movement

der Beweis, -e proof, evidence

beweisen° to prove

bezahlen to pay

beziehungsweise that is; to be precise; or

der Bezug, ⸚e pillowcase; reference; **in Bezug auf** (+ *acc.*) with reference to

das Bild, -er picture

(sich) bilden to educate; to form

billig cheap(ly); shabby/shabbily

bis by; until; up to

ein bisschen a little bit, a small amount

bitte please

um etwas bitten° to ask for sth.

das Blatt, -̈er leaf; sheet (*of paper*)

blau blue

bleiben° (ist) to remain, stay; **stehen bleiben° (ist)** to stop, come to a standstill; **übrig bleiben° (ist)** to remain, be left over

der Blick, -e view

blicken (auf + *acc.***)** to look (at), glance (at)

blöd silly, stupid(ly), idiotic(ally)

die Blume, -n flower

der Blumenkohl (*no pl.*) cauliflower

das Blut (*no pl.*) blood

der Boden, -̈ floor; ground

bodenlos bottomless

der Bogen, -̈ bow; curve, arch; sheet

die Bohne, -n bean

der/das Bonbon, -s candy

das Boot, -e boat

boshaft malicious(ly)

der Brauch, -̈e custom, tradition

brauchbar useful

brauchen to need

brav good, well-behaved; worthy/worthily, honest(ly)

brechen° to break

breit wide(ly)

brennen° to burn

der Brief, -e letter

bringen° to bring

das Brot, -e bread

die Brücke, -n bridge; **der Brückenbord** (*no pl.*) bridgeplank

der Bruder, -̈ brother

brummen to buzz; to growl; to hum

die Brust, -̈e breast; chest

das Buch, -̈er book

die Bucht, -en bay; creek inlet

sich bücken to bend over

bunt colorful(ly)

der/die Bürger/in, -/-nen citizen; town/city dweller

das Büro, -s office

der Bursche, -n, -n (*wk.*) lad

die Bürste, -n brush

bzw. = beziehungsweise that is; to be precise; or

da there; then; since; because; **da sein°** to be there; to exist

dabei thereby

das Dach, -̈er roof; **der Dachboden, -̈** attic

dadurch through that

dafür for it, on behalf of it; in return for it

damals then; at that time

die Dame, -n lady

damit with it; so that (*conj.*)

der Dampfer, - steamer

dann then

daran thereon

darauf thereupon; on it

daraus out of it

darin in it; by it

dar·stellen to show; to display

darüber over it; about that

darum therefore

darunter under it

da·sitzen° to sit there

dass (*conj.*) that

da·stehen° (hat *or* **ist)** to stand there; to be in a (good) position

dauern to last, endure

der Daumen, - thumb

davon from that; thereof

dazu in addition; for that purpose, to that end; moreover

die Decke, -n blanket; ceiling

denken° to think; to have an opinion

denn for, because

dennoch nevertheless

derselbe, dieselbe, dasselbe the same

deuten auf etwas (+ *acc.***)** to point to sth.; to indicate sth.

deutlich clear(ly)

der Deutsche, -n, -n /die Deutsche, -n (*adj. n.*) German person

dicht thick, dense; leak-proof

dick thick, fat

der Dicke, -n, -n /die Dicke, -n (*adj. n.*) the fat one

der/die Dieb/in, -e/-nen thief

dienen to serve

der/die Diener/in, -/-nen servant

der Dienst, -e length of service

das Dienstmädchen, - maid

dies this

diesmal this time

das Ding, -e thing, object

die Diplomarbeit, -en dissertation

der/die Doktor/in, -en/-nen doctor (*Ph.D.*)

der Donner (*no pl.*) thunder

das Dorf, -̈er village

dort there

die Dose, -n can

dösen to doze

drängen to press; to urge
draußen outside, outdoors
dreckig dirty
drohen to threaten
drollig funny/funnily, comical(ly)
drüben over there; in another country
drücken to press; to push
dumm stupid(ly)
dumpf dull(ly), gloomy/gloomily
dunkel dark(ly)
dünn thin(ly)
durch through
durch·bohren to drill/cut through
durch·fallen° (**ist**) to fall through; to fail
durch·halten° to survive; to stick it out to the end
durch·queren to cross
durch·schreiten° (**ist**) to stride through
durch·setzen to put or carry through
dürfen to be allowed to

eben even, just; **soeben** just (this moment)
das Ebenholz, ⁻er ebony
ebenso same as, just as
die Ecke, -n corner
ehe before
die Ehe, -n marriage
die Ehefrau, -en married woman, wife
ehelich legitimate (*child*)
der Ehemann, ⁻er married man, husband
eifersüchtig jealous(ly)
eifrig eager(ly), zealous(ly)
eigen own
eigenartig strange(ly)

eigentlich real(ly), actual(ly)
eilen to hurry
der Eilzug, ⁻e semi-fast train; *formerly*: express train
ein paar a few, some
einander each other
der/die Einbrecher/in, -/-nen burglar
der Eindruck, ⁻e impression
einfach simple
ein·hängen° to hang; to put in; **sich bei jdm. ein·hängen** to take a person's arm
der Einheimische, -n, -n /die Einheimische, -n (*adj. n.*) native resident
einig unified
einige some, a few
einigen to unite; **sich (über etwas (+ acc.)) einigen** to agree (on sth.)
ein·kehren (ist) to stop in (*at a place*)
ein·laden° to invite
die Einladung, -en invitation
ein·lassen° to let in, admit; **sich (auf etwas + acc.) ein·lassen°** to get involved (with sth.)
die Einleitung, -en introduction; prelude; initiation
einmal once
ein·nicken (ist) to doze/nod off
ein·reichen to submit; to apply for
ein·schalten to turn on
ein·schenken to pour
ein·schlafen° (**ist**) to fall asleep

ein·schlagen° to hit; to wrap; to strike (*lightning*)
ein·sehen° to understand
ein·sperren to lock up
die Einstellung, -en employment; discontinuation; attitude
ein·strömen (ist) to pour/flood in
ein·teilen to divide (up); to budget
ein·treffen° (**ist**) to arrive
ein·treten° (**ist**) to enter
der Eintritt, -e entrance
einverstanden agreed
ein·werfen° to break, to smash; to interject
die Einzelheit, -en detail
einzeln single/singly
ein·ziehen° (**ist**) to move in; to pull in
einzig only, single
das Eis (*no pl.*) ice
die Eisenbahn, -en railroad
elend miserable/miserably, wretched(ly)
die Eltern (*pl.*) parents
empfangen° to receive
empfinden° to feel; to perceive
das Ende, -n end
endgültig final
endlich final(ly)
eng narrow(ly)
sich engagieren to commit oneself, become committed
enorm enormous(ly), tremendous(ly)
entdecken to discover
entfernen to remove; **sich entfernen** to go away; to withdraw

entfremdet estranged
entgegnen to reply
enthalten° to withhold; to contain; **sich enthalten** to abstain, refrain from
entkommen° to escape, get away
entlang along
sich entschließen° to decide
entschlossen determined; resolute(ly)
der Entschluss, -̈e decision; resolution; **einen Entschluss fassen** to make a decision
(sich) entschuldigen to apologize, excuse (o.s.)
die Entschuldigung, -en apology, excuse
entsprechen° to correspond (*to sth.*)
die Enttäuschung, -en disappointment
entzücken to delight
entzündet inflamed
die Erbse, -n pea
das Erdbeben, - earthquake
der Erdboden (*no pl.*) ground, earth
die Erde, -n earth, world
das Ereignis, -se event; occurrence; **ein freudiges Ereignis erwarten** to expect a child
erfahren° to learn; to experience
erfinden° to invent
erfrieren° (ist) to freeze to death
erfüllen to fulfill
ergänzen to supplement; to complete

das Ergebnis, -se result, outcome
ergreifen° to seize; to stir
erhalten° to receive; to preserve
erheben° to raise, lift up; **sich erheben°** to rise up
erhitzen to heat (up); to inflame (*tempers*)
erinnern to remind; **sich (an jdn./etwas) erinnern** to remember (s.o./sth.)
die Erinnerung, -en memory
die Erkältung, -en cold; chill
erkennen° to recognize
die Erkenntnis, -se realization; discovery
sich erkundigen to make inquiries
erlauben to allow, permit
erläutern to explain; to comment on
erleben to experience
das Erlebnis, -se experience
erleichtern to relieve
ernst serious(ly)
die Eroberung, -en conquest
erreichen to reach
der Ersatz (*no pl.*) substitute
erscheinen° (ist) to appear
erschrecken° (ist) to be frightened, be terrified; **erschrecken (hat)** (*reg.*) to startle, scare, terrify
ersetzen to replace
ersparen to save (*money; time; pain*); **sich etwas ersparen** to spare oneself sth.; to avoid sth.
erst first; only; not until

erstaunen to amaze
ertragen° to bear; to endure
der Erwachsene, -n, -n /die Erwachsene, -n (*adj. n.*) grown-up, adult
erwähnen to mention; to refer to
erwarten to expect; **ein freudiges Ereignis erwarten** to expect a child
erwerben° to gain; to acquire
erwidern to reply
das Erz, -e ore
erzählen to tell
erziehen° to bring up, raise; to train; to educate
der/die Esel/in, -/-nen donkey
essen° to eat
die Etage, -n floor, story (*of a building*)
etwa perhaps; approximate(ly)
etwas some; something; somewhat

fähig capable
fahren° (hat) to drive; **(ist)** to go
die Fahrkarte, -n ticket (*for bus, train, etc.*)
der Fahrplan, -̈e schedule, timetable (*for bus, train, etc.*)
das Fahrrad, -̈er bicycle
der Fahrstuhl, -̈e elevator
die Fahrt, -en trip, journey
der Fall, -̈e fall; case
fallen° to fall
die Familie, -n family
der Fang, -̈e catch

die Farbe, -n color; paint
fassen to grasp; to hold; to seize; **einen Entschluss fassen** to make a decision
fassungslos stunned
fast almost
faul lazy/lazily
die Faulheit (*no pl.*) laziness, idleness
die Faust, ⸚e fist
der Fauxpas, - social blunder; **einen Fauxpas begehen°** to make a social blunder
die Feder, -n feather
fehlen to be absent; to be missing
der Fehler, - mistake
feiern to celebrate
der Feiertag, -e holiday
feige cowardly
fein fine
der/die Feind/in, -e/-nen enemy
das Feld, -er field
das Fenster, - window
fern far
der Fernseher, - television
fertig ready
der Fesselballon, -s *or* **-e** hot-air balloon, gas balloon
fest solid(ly)
fest•stellen to determine, ascertain
feucht moist(ly), damp(ly)
das Feuer, - fire
das Feuerzeug, -e lighter
finden° to find
der Finger, - finger
der Fisch, -e fish
flattern to flutter
das Fleisch (*no pl.*) meat; flesh

der Fleiß diligence
flicken to patch, repair
fliegen° (**hat** *or* **ist**) to fly
flink nimble/nimbly, quick(ly)
der Flur, -e hall
der Fluss, ⸚e river
folgen to follow
die Form, -en form; figure; shape
fort away
fort•fahren° (**ist**) to continue; to drive away
fort•gehen° (**ist**) to go away
die Frage, -n question
fragen to ask
die Frechheit, -en impertinence; impudence
frei free(ly)
die Freiheit (*no pl.*) freedom
freilich to be sure; of course; certainly
fremd strange(ly); foreign
der Fremde, -n, -n /die Fremde, -n (*adj. n.*) stranger; foreigner
die Freude, -n pleasure; joy
freuen to please, make happy; **es freut mich** I am pleased; **sich auf etwas** (+ *acc.*) **freuen** to look forward to sth.; **sich freuen über etwas** (+ *acc.*) to be happy about sth.
der/die Freund/in, -e/-nen friend; **ein fester Freund** a steady friend
freundlich friendly
frieren° (**ist**) to freeze, become frozen; to chill
frisch fresh(ly)

der/die Friseur/in, -e/-nen barber, hairdresser; **die Friseuse, -n** (*female*) hairdresser
froh glad(ly)
fröhlich happy/happily, cheerful(ly), merry/merrily
die Fröhlichkeit (*no pl.*) happiness, merriment
frohlocken über (+ *acc.*) to rejoice over/at
früh early
sich fühlen to feel (*well, sick, etc.*)
führen to lead, guide
der Führerschein, -e driver's license
furchtbar terrible/terribly
sich fürchten to fear
der Fuß, ⸚e foot; **mit den Füßen scharren** to scrape one's feet

der Gang (*no pl.*) walk; (*pl.*) ⸚e course
gänzlich completely
gar entirely; quite; even; cooked
die Garderobe, -n wardrobe; dressing room
die Gardine, -n curtain
der Garten, ⸚ garden
der Gartenzwerg, -e garden dwarf, gnome
der Gast, ⸚e guest
geben° to give; **sich geschlagen geben°** to admit defeat
der Gebrauch, ⸚e use; custom
gebrauchen to use
das Gebrüll (*no pl.*) crying, screaming

das Gedächtnis, -se memory

der Gedanke, -n thought

das Gedicht, -e poem

das Gedränge (*no pl.*) crowd; jostling

geduldig patient(ly)

die Gefahr, -en danger

gefährlich dangerous(ly)

gefällig helpful(ly); obliging(ly); pleasing(ly)

der Gefangene, -n, -n /die Gefangene, -n (*adj. n.*) prisoner

das Gefühl, -e feeling

gegen against, toward

die Gegend, -en area; neighborhood

gegenüber opposite, facing; with regard to

geheimnisvoll secret(ly); mysterious(ly)

gehen° to go; **glatt gehen°** to go smoothly; **jemand/etwas geht° mir auf die Nerven** s.o./sth. gets on my nerves

gehören (+ *dat.*) to belong

der Gehorsam (*no pl.*) obedience

der Geist, -er ghost, spirit

gelangen (ist) an/auf (+ *acc.*) to reach; to arrive at

gelassen calm(ly); composed

das Geld, -er money

die Geldbörse, -n purse, wallet

die Gelegenheit, -en opportunity

gelingen° (ist) (+ *dat.*) to succeed

gelten° to be valid; to be in force; to concern

der/die Gemahl/in, -e/-nen spouse; husband/wife

das Gemüse, - vegetables

gemütlich comfortable/ comfortably; cozy/cozily; good-natured(ly)

genau exact(ly)

genießen° to enjoy

genug enough

genügen to suffice

genuss-süchtig (*also*: **genusssüchtig**) pleasure-seeking

geraten (in, an + acc.) to get (into, to); to turn out (well); to be caught in (*a storm*); to meet s.o.

das Geräusch, -e noise

gering small; unimportant

geringschätzig contemptuous(ly)

gern gladly

der Geruch, ¨e smell

das Gerücht, -e rumor; **es laufen° Gerüchte um** rumors are going around

das Geschäft, -e business

geschehen° (ist) to happen

das Geschehnis, -se event; incident

gescheit clever(ly); smart(ly)

das Geschenk, -e present, gift

die Geschichte, -n story; event; history

die Geschwister, - brothers and sisters; siblings

die Gesellschaft, -en society; company; party

das Gesetz, -e law, statute; **ein Gesetz übertreten°** to break a law

das Gesicht, -er face

der Gesichtspunkt, -e point of view; standpoint

das Gespräch, -e conversation; talk

die Gestalt, -en build; figure; character; form

das Geständnis, -se confession

gestatten to permit

die Geste, -n gesture

gestern yesterday

das Gesuch, -e request; application

gewähren to become aware of; to give; to grant

die Gewalt, -en power; force

gewinnen° to win

gewiss sure(ly), certain(ly)

das Gewissen (*no pl.*) conscience

sich (an jdn./etwas) gewöhnen to get used (to s.o./sth.)

gewöhnlich usual(ly), customary

der Gipfel, - peak, summit; **das ist der Gipfel** that's the limit!

das Glas, ¨er glass

glatt smooth(ly); straight; slippery; **glatt gehen° (ist)** to go smoothly, go without a hitch

das Glatteis black ice

glauben to believe

gleich equal; right away

gleichzeitig simultaneous(ly)

das Glied, -er limb; member; joint

das Glück (*no pl.*) luck; happiness

glücklich   lucky/luckily, fortunate(ly); happy/happily
gönnen   not to begrudge (*s.o. sth.*); **sich etwas gönnen**   to give/allow oneself sth.
der Gott, ⸚er   God; god
das Grab, ⸚er   grave
graben°   to dig
grau   gray
grausig   horrifying(ly); dreadful(ly)
greifen°   to grab; to seize
grell   bright(ly)
die Grenze, -n   border
grob   coarse(ly); dirty
groß   large, great; **jdn. groß an·sehen°**   to look at s.o. with surprise
die Großmutter, ⸚   grandmother
der Großvater, ⸚   grandfather
grün   green
der Grund, ⸚e   base; ground; reason; **jdn. zu Grunde richten**   to kill s.o.
gründlich   thorough(ly)
der Gummimantel, ⸚   rubber raincoat
günstig   favorable/favorably
gut   good; well
gutheißen°   to approve (of)

das Haar, -e   hair
haben°   to have; **Pech haben°**   to be unlucky, have bad luck
hacken   to hack; to chop
der Hafen, ⸚   harbor
die Haferflocke, -n   rolled oats
halb   half

der Hals, ⸚e   neck; **es hängt° mir zum Hals heraus** (*coll.*)   I am sick and tired of it
halten°   to hold; **davon halten**   to think of; **sich halten**   to deem (o.s.); to hold or keep (o.s.)
die Haltung, -en   posture, position; manner; composure
die Hand, ⸚e   hand
der Handel (*no pl.*)   trade; deal, transaction
sich um (jdn./etwas) handeln   to be about, concern (*s.o./sth.*)
die Handtasche, -n   pocketbook, purse
hängen° (*also reg.*)   to hang
hart   hard
der Hase, -n, -n   hare
hauen°   to hit, to belt, to clobber
der Haufen, -   heap, pile
das Hauptwort, ⸚er   noun
das Haus, ⸚er   house
der Haushalt, -e   household; **den Haushalt versehen°**   to keep house (*for s.o.*)
heben°   to lift, raise, elevate; **sich heben°**   to rise up
heftig   violent(ly); severe(ly); vigorous(ly)
der Heilige, -n, -n /die Heilige, -n (*adj. n.*)   saint
der Heiligenschein, -e   halo
die Heimat (*no pl.*)   home; home town; native country
heimlich   secret(ly)
heiraten   to marry, get married

heiß   hot(ly)
heißen°   to be called, be named
helfen°   to help
hell   light(ly)
das Hemd, -en   shirt
her   hither; towards
heraus   out of; out
heraus·holen   to get out
heraus·kommen° (ist)   to come out
heraus·schneiden°   to cut out
der Herd, -e   stove, range
herein·kommen° (ist)   to come in
herein·ziehen°   to pull in
hervor·locken   to entice; to draw out
das Herz, -ens, -en   heart; **einen Stein vom Herzen wälzen**   to take a weight off one's mind
heulen   to howl; to bawl; to wail
heute   today
hier   here
die Hilfe (*no pl.*)   help
der Himmel, -   heaven; sky
hin   away
hinauf   up, upward
hinauf·stapfen   to stomp upwards
hinaus   out, outward
hindurch   throughout, through
hinein   into
hingegen   however; on the other hand
hin·gehören   to belong to
hinten   behind
hinter   behind
hinterher   behind, after; afterward

hinterlassen° to leave behind
hinüber·wechseln (hat *or* **ist)** to change over
hinunter down, downward
hinzu·fügen to add
hoch high(ly)
der Hochmut arrogance
hocken to sit; to squat
der Hof, ⸚e yard; farm; court
der/die Hofbesitzer/in, -/-nen owner of an estate
die Höflichkeit (*no pl.*) politeness, courtesy
die Höhe, -n height
holen to fetch, get; **sich einen Schnupfen holen** to catch cold
das Holz, ⸚er wood
horchen to listen
hören to hear
der/die Hörer/in, -/-nen listener; telephone receiver
die Hose, -n pants
hübsch pretty/prettily; good-looking
der Hubschrauber, - helicopter
der Hügel, - hill
der Hund, -e / die Hündin, -nen dog
der Hunger (*no pl.*) hunger
husten to cough
der Hut, ⸚e hat
sich hüten (vor + *dat.*) to be on one's guard (*against s.o./sth.*)
die Hütte, -n hut

sich an (+ *dat.*) **imma-trikulieren** to register at (*university*)
immerhin at any rate; anyhow; nevertheless

das Imperfekt, -e simple past tense
imponieren to impress
indem while
innen inside
die Insel, -n island
insgesamt in all; altogether
inwiefern to what extent, how far; in what way
inzwischen in the meantime
irgendein any
irgendwo somewhere
irgendwohin somewhere, to some place or other
sich irren to err
der Irrtum, ⸚er mistake, error

die Jacht, -en yacht
die Jacke, -n jacket
die Jagd, -en hunt; game
das Jahr, -e year
je ever; each
jedenfalls in any case
jeder, jede, jedes every, each
jedesmal every time, always
jedoch (*conj.*) however
jeglicher, jegliche, jegliches any; each
jemand someone
jener, jene, jenes that (*dem. adj.*), that one, the former
jetzt now
jucken to itch
die Jugendherberge, -n youth hostel
jung young
der Junge, -n, -n (*wk.*) boy
der Junggeselle, -n, -n (*wk.*) bachelor

der Kaffee, -s coffee
der/die Kaiser/in, -/-nen emperor/empress
kalt cold
die Kälte (*no pl.*) coldness; cold spell
der Kamerad, -en, -en (*wk.*) **/ die Kameradin, -nen** comrade
der Kamin, -e chimney; fireplace
der Kamm, ⸚e comb; crest, ridge
die Kammer, -n chamber; storeroom
die Karte, -n card; map; ticket
die Katze, -n cat; **eine Katze im Sack kaufen** to buy a pig in a poke
kauen to chew
kauern to cower; to crouch (down)
kaufen to buy; **eine Katze im Sack kaufen** to buy a pig in a poke
kaum hardly, barely
kehrt·machen to turn around
keiner, keine, keines no, not any; none
der/die Kellner/in, -/-nen waiter/waitress
kennen° to know; to be acquainted with
die Kenntnis, -se knowledge
der Kerl, -e lad, guy
die Kerze, -n candle
die Kette, -n chain
keuchen to pant, gasp
das Kind, -er child; **ein Kind kriegen** to have a child; to expect a child

kindlich childlike (*positive meaning*)
die Kirche, -n church
klar clear(ly)
klar·legen to make clear; to explain
kleben to paste
der Klecks -e blot, mark; spot; stain
das Kleid, -er dress
die Kleiderabgabe cloakroom
klein small
der Kleine, -n, n /die Kleine, -n (*adj. n.*) the little one
die Kleinigkeit, -en small thing; trifle
klettern (ist) to climb
klingen° to sound
klopfen to knock; to beat
der Klotz, ¨e block of wood; log; **wie ein Klotz sitzen°** to sit like a clod or oaf
klug clever(ly), intelligent(ly)
der Knabe, -n, -n (*wk.*) boy
die Kneipe, -n bar, saloon
das Knie, - knee
knurren to growl
kommen° to come; **es kommt° darauf an** that is what matters
das Kompositum, (*pl.*) **Komposita** compound
der/die König/in, -e/-nen king/queen
der Konjunktiv, -e subjunctive
können° to be able to, can
der Kopf, ¨e head; **mit dem Kopf nicken** to nod one's head; **den Kopf schütteln** to shake one's head

die Kopfbedeckung, -en headwear, headgear
das Kopfweh (*no pl.*) headache
der Korb, ¨e basket
der Körper, - body
das Kotelett, -s chop, cutlet
der Krach (*no pl.*) noise; **Krach schlagen°** (*coll.*) to make a fuss
die Kraft, ¨e power; strength
kramen to rummage about
krank ill, sick
kränken to insult; to offend
die Krawatte, -n tie, necktie
der Kreis, -e circle
kreuz und quer in all directions
die Kreuzung, -en intersection
der Krieg, -e war
kriegen to get; to catch; **ein Kind kriegen** to have a child; to expect a child
der Krug, ¨e jug, pitcher
die Küche, -n kitchen
der Kuchen, - cake
kühl cool(ly)
sich (um jdn./etwas) kümmern to look after (*s.o./sth.*)
die Kümmernis, -se concerns, worries
die Kunst, ¨e art
der/die Künstler/in, -/-nen artist
kurz short(ly), brief(ly)
kurzerhand without further ado
kurzfristig for a short period of time

der Kuss, ¨e kiss
küssen to kiss
der/die Kutscher/in, -/-nen coachman, driver
der Kutter, - large fishing vessel

lächeln to smile
lachen to laugh
lächerlich ridiculous(ly)
laden° to load
die Lage, -n position; situation
das Lager, - camp
das Laken, - sheet
das Land, ¨er land, country
die Landessprache, -n native language
der Landsmann, (*pl.*) **die Landsleute** (fellow) countryman, compatriot
der Landungssteg, -e dock
lang long; **eine Zeit lang** for a while
die Langeweile (*no pl.*) boredom
langsam slow(ly)
der Lärm (*no pl.*) noise
lassen° to let; to allow; to have; **sich lassen°** to allow oneself to
lässig casual(ly); careless(ly)
die Last, -en load, burden
das Laub (*no pl.*) leaves, foliage
der Lauf (*no pl.*) running; race
laufen° to run; to go; **es laufen° Gerüchte um** rumors are going around
der Lausbub, -en, -en (*wk.*) (*sl.*) rascal, scamp
laut loud(ly)

läuten to ring; **das Läuten**
   ringing (*of a doorbell,*
   alarm)
lauter nothing but; honest
lautlos without a sound
leben to live
das Leben, - life
leer empty
legen to lay; to place; **sich**
   legen to lie down; to
   subside
lehnen to lean
leicht light(ly); easy/easily
es tut° mir Leid I regret it;
   I am sorry
leiden° to suffer; to like
leider unfortunately
leise quiet(ly)
sich etwas leisten to afford
   sth.; treat oneself to sth.
lernen to learn; **auswendig**
   lernen to learn by
   heart, memorize
lesen° to read
letzt- last
leuchten to shine, radiate
die Leute people
das Licht, -er light
die Liebe, -n love
die Lieferung, -en delivery
liegen° to lie; to be situated
links left
die Lippe, -n lip
das Loch, ¨er hole
locken to entice; to attract
lohnen to be worth;
   sich lohnen to be
   worthwhile
das Lokal, -e bar, inn; place
der Lokomotivführer, -
   engineer (*train*)
los·brechen° to break off,
   break; to burst out
löschen to extinguish

los (ist) (to be) rid of;
   (to be) the matter;
lose loose
lösen to solve; to remove;
   to resolve; to dissolve;
   sich lösen to detach o.s.
los·lassen° to let go
die Luft, ¨e air; **nach Luft**
   schnappen to gasp
   for air
der Luftsprung, ¨e a leap in
   the air; a jump for joy
lügen° to lie, tell a
   falsehood
die Lust (*usually sg.*)
   desire; delight, joy
lustig funny/funnily, hu-
   morous(ly); **sich (über**
   jdn./etwas) lustig
   machen to make fun
   (*of s.o./sth.*)
lutschen to suck

machen to make; to do
mächtig mighty/mightily
das Mädchen, - girl
der Magen, - stomach
mahlen to grind
mal just; time; **das Mal**
   time; times; **das erste**
   Mal the first time;
   einmal, zweimal,
   dreimal once, twice,
   three times; **etliche Male**
   several times
man one, you
mancher, manche, manches
   some; many a
manchmal sometimes
der Mantel, ¨ coat
der Markt, ¨e market
die Masern (*pl.*) measles
die Mauer, -n wall
das Meer, -e ocean; sea

mehr more; **nicht mehr**
   no more; no longer
die Mehrzahl (*no pl.*)
   plural; majority
meinetwegen because of
   me, on my account
die Meinung, -en opinion
melden to report
die Meldung, -en news;
   announcement
die Menge, -n quantity,
   amount; multitude,
   crowd
der Mensch, -en, -en (*wk.*)
   human being, person
menschlich human(ly)
das Menü, -s set
   meal/menu
(sich + *dat.*) merken to
   note, to observe, to
   notice
merkwürdig strange(ly)
das Messer, - knife
der Meter, - meter
mindestens at least
die Minute, -n minute
misshandeln to mistreat
der/die Mitbewohner/in,
   -/-nen fellow occupant
mit·bringen° to bring
   along
mitfühlend
   sympathetical(ly)
das Mitleid (*no pl.*) pity,
   compassion, sympathy
mit·nehmen° to take along
mitreißen° to sweep along;
   etwas Mitreißendes
   sth. that sweeps one
   off one's feet
die Mitte, -n middle, center
(jdm. etwas) mit·teilen to
   tell (s.o. sth.)
mitten in the middle

mögen to want to; to like (s.o./sth.)
möglich possible
die Möglichkeit, -en possibility
der Monat, -e month
der Mond, -e moon
morgen tomorrow
der Morgen, - morning
müde tired
der Mülleimer, - trash can, wastepaper basket
der Mund, ̈er mouth
munter lively, cheerful(ly)
murmeln to murmur
die Musik (*no pl.*) music
müssen must, to have to
mustern to scrutinize, to look over
der Mut (*no pl.*) courage
die Mutter, ̈ mother
die Mütze, -en cap, (wool) hat

na well
nach to; toward; according to; after
der Nachbar, -n, -n (*wk.*) / **die Nachbarin, -nen** neighbor
nachdem after, afterward
nachdenken° to ponder
die Nacherzählung, -en retelling; reproduction
nach•holen to get s.o. to join one; to make up for
nach•lassen° to diminish; to slacken
die Nachricht, -en news
nach•sehen° to look after
nächst- next
die Nacht, ̈e night; **nachts** at night

der Nacken, - (nape of the) neck
die Nadel, -n needle
nagen (an + *dat.***)** to worry (about), to gnaw (at)
nahe near
die Nähe (*no pl.*) vicinity
nähen to sew
nähern to bring or draw closer; **sich nähern** to approach
der Name, -n, -ns, -n (*wk.*) name
nämlich namely
die Nase, -n nose
die Natur (*no pl.*) nature
natürlich natural
der Nebel, - mist, fog
neben beside
nehmen° to take; **Anstoß nehmen°** to take offense
der Neid (*no pl.*) envy
neigen to bend, to bow; **sich neigen** to bow down; to incline, to tilt
nennen° to name; to call
neu new(ly)
die Neuheit, -en novelty; innovation
nicht not; **nicht mehr** no more, no longer
nichts nothing; **es geht° mich (dich) nichts an!** it has nothing to do with me (you)!
nicken to nod; **mit dem Kopf nicken** to nod one's head
nieder•lassen° to let down; **sich nieder•lassen°** to settle down
niemals never
niemand nobody
noch still, yet

die Note, -n (*musical*) note; (*bank*) note; school mark (*grade*)
die Notlüge, -n white lie
die Nummer, -n number
nun now
nur only
nützlich useful

ob if, whether
der Obdachlose, -n, -n /die Obdachlose, -n, (*adj. n.*) homeless person
oben above
obgleich although
die Obrigkeit, -en authority
obwohl even though
oder or
der Ofen, ̈ oven
offen open
offenbar apparent(ly)
offensichtlich obvious(ly); evident(ly)
(sich) öffnen to open
oft often
ohne without
ohnehin anyway
das Ohr, -en ear
die Ohrfeige, -n slap on or about the ears
ohrfeigen to box s.o.'s ears, slap s.o.
der Onkel, - uncle
das Opfer, - sacrifice, offering; victim
die Ordnung (*no pl.*) order
der Ort, -e place

das Paar, -e pair, couple; **ein Paar** a pair; **ein paar** a few, some
das Päckchen, - small package; pack (*of cigarettes*)

packen to pack, grasp
der Pantoffel, -n backless slipper
das Papier, -e paper
der Pappkarton, -s cardboard box
der Passant, -en, -en (*wk.*) / **die Passantin, -nen** passer-by
passend suitable/suitably, appropriate(ly)
passieren to happen; to pass
Pech haben° to have bad luck
peinlich embarrassing(ly); awkward(ly)
die Peinlichkeit, -en embarrassment
das Pferd, -e horse
pflanzen to plant
pflegen to care (*for s.o.*); **sich pflegen** to care about one's appearance; to be in the habit of
die Pflicht, -en duty
der Pickel, - pimple
das Plakat, -e poster
der Plan, ̈-e plan
der Platz, ̈-e place; **Vorsicht ist am Platze** caution is warranted
platzieren to put, to place; to position
plaudern (über + *acc.*/von) to chat, talk (about)
pleite broke
plötzlich sudden(ly)
die Polizei (*no pl.*) police
der Postbote, -n, -n (*wk.*) / **die Postbotin, -nen** (*coll.*) mail carrier
die Pracht, -en splendor, magnificence

der Preis, -e price; prize
preiswert worth the money, good value
probieren to try; to taste
der Propagandist, -en, -en (*wk.*) / **die Propagandistin, -nen** propagandist
die Prüfung, -en test, examination
der Pullover, - sweater
pünktlich punctual(ly)
die Puppe, -n doll
pusten to puff; to blow
putzig sweet(ly), cute(ly)

qualvoll agonizing(ly)
quitt sein to be even

das Rad, ̈-er wheel
das Radieschen, - radish
ragen to rise (up); to tower
der Rahmen, - frame
der Rand, ̈-er edge
sich (an jdn.) ranschmeißen° (*coll.*) to throw oneself (at s.o.)
rasch quick(ly)
die Raserei, -en rage; frenzy
der Rat, (*pl.*) Ratschläge advice, counsel
raten° to guess
rauchen to smoke
die Rauchwolke, -n cloud of smoke
der Raum, ̈-e room
sich räuspern to clear one's throat
reagieren to react
recht right(ly); proper(ly)
das Recht, -e right
rechtfertigen to justify
rechts right
der/die Redakteur/in, -e/-nen editor

reden to speak, talk
die Redewendung, -en phrase; idiom
das Regal, -e a set of shelves
reiben° to rub; to scour; to grind
reichen to hand; to reach
die Reihe, -n row; **in der Reihe stehen°** to stand in line
reißen° to tear; to pull
der Reißverschluss, ̈-e zipper
der/die Reiter/in, -/-nen rider, horseman/horsewoman
reizen to annoy (*s.o.*)
reizend charming(ly); lovely
retten to save, rescue
die Rettung, -en rescue
der/die Richter/in, -/-nen judge
richtig correct(ly)
die Richtung, -en direction
riechen° to smell
der Riesenerfolg, -e great success
riesig giant, huge(ly)
ringsum (all) around
der Riss, -e tear, rip
der Rock, ̈-e skirt
der Rost (*no pl.*) rust
rot red; **rot werden°** to blush
der Rücken, - back
der Rücksitz, -e back seat (*of a car, motorbike*)
rufen° to call
die Ruhe (*no pl.*) rest; stillness
ruhig calm(ly)

(sich) rühren to stir; to move; **von etwas rühren** to stem from sth.

die Sache, -n thing; affair
der Sack, ̈e sack, bag; pouch; **eine Katze im Sack kaufen** to buy a pig in a poke
die Sackgasse, -n dead-end street
sagen to say, tell
das Salz, -e salt
die Samentüte, -n seed pouch
samtig velvety
der Sand (*no pl.*) sand
sanft soft(ly)
der Sängerknabe, -n, -n (*wk.*) choir boy
der Sarg, ̈e coffin
satt sein° to have had enough (*to eat*)
der Satz, ̈e sentence; leap
sauber clean(ly)
saublöd silly, stupid(ly)
die Schachtel, -n box, pack
der Schädel, - skull
schaffen° to create; to complete
der Schal, -e *or* **–s** scarf
der Schalter, - counter; (elec.) switch
scharf sharp(ly)
scharren to scrape; to rake; **mit den Füßen scharren** to scrape one's feet
der Schatten, - shadow
schauen to look
der/die Schauspieler/in, -/-nen actor/actress, player

die Scheibe, -n disc; slice; (window)pane
der Schein, -e shine, gleam; appearance
scheinen° to shine; to seem, appear
scheinheilig hypocritical(ly)
scheitern to fail; to break down
schenken to give as a gift
scheußlich hideous(ly), atrocious(ly)
schick elegant(ly), smart(ly); stylish(ly); great
schicken to send
das Schicksal, -e fate; **der Schicksalsschlag, ̈e** blow of fate
schieben° to push
schief sloping, slanting, oblique(ly)
schießen° to shoot
das Schiff, -e ship
das Schild, -er sign
die Schilderung, -en description; portrayal
schimpfen (auf etwas/jdn.) to get angry; to grumble; to swear (at sth./s.o.)
der Schirm, -e umbrella; screen; shade
der Schlaf (*no pl.*) sleep
schlafen° to sleep
schläfrig spleepy/sleepily
der Schlag, ̈e strike, blow; **der Schicksalsschlag, ̈e** blow of fate
schlagen° to hit; to beat; to strike; **sich geschlagen geben** to admit defeat; **Krach schlagen°** (*coll.*) to make a fuss
schlapp limp(ly)
schlecht bad(ly)

schleichen° (ist) to creep; to sneak
schleppen to drag; to haul
schließen° to close
schließlich finally, at last
das Schloss, ̈er castle; lock
schluchzen to sob
der Schluss, ̈e end, conclusion
der Schlüssel, - key
schmal narrow
schmatzen to eat noisily; to smack one's lips
schmecken to taste
der Schmerz, -en pain
schnappen to snap; to snatch; to grab; **nach Luft schnappen** to gasp for air
die Schnauze, -n nose; (*sl.*) mouth; spout
der Schnee (*no pl.*) snow
schneien to snow
schnell quick(ly)
schnitzen to carve, cut (*in wood*)
der Schnupfen cold; **sich einen Schnupfen holen** to catch cold
schnurgerade dead straight
schon already
schön beautiful(ly); nice(ly)
schöpfen to scoop (up)
schräg slanting, diagonal(ly); inclined
der Schrank, ̈e cabinet; closet
der Schreck (*no pl.*) fright, scare
der Schrei, -e cry, shout
schreiben° to write
schreien° to cry, scream
der Schritt, -e step; pace
schüchtern shy(ly)

der Schuh, -e shoe
die Schule, -n school
die Schulter, -n shoulder
die Schürze, -n apron
(sich) schütteln to shake
(o.s.); **den Kopf schütteln**
to shake one's head
(sich) schützen (vor + *dat.*)
to protect (oneself)
(from); to shelter
der Schwan, ̈e swan
das Schwärmen being
enthused (*about s.o./sth.*)
schwarz black; **ins**
Schwarze treffen° to
hit the bullseye
schweigen° to be quiet;
das Schweigen (*no pl.*)
silence
der Schweiß (*no pl.*) sweat;
der Schweißtropfen, -
drop or bead of sweat
schwer heavy/heavily;
difficult
die Schwester, -n sister
die Schwierigkeit, -en
difficulty
schwimmen° (ist) to swim
der See, -n lake
die See, -n sea; ocean
die Seele, -n soul
seelenruhig calm(ly)
sehen° to see
die Sehenswürdigkeit, -en
a sight worth
seeing
die Sehnsucht, ̈e longing;
yearning
sehnsüchtig longing(ly);
yearning(ly)
sehr very
die Seife, -n soap
seinesgleichen his own
kind

seit since
die Seite, -n side; page
der/die Sekretär/in, -/-nen
secretary
die Sekunde, -n second;
zehn Sekunden
vergehen° ten seconds
pass
selber self
selbst self
das Selbstbedienungs-
restaurant, -s cafeteria;
self-service restaurant
selbstverständlich self-
evident(ly); obvious(ly)
seltsam strange(ly)
(sich) setzen to seat o.s.; to
place, put
seufzen to sigh
sicher safe(ly), certain(ly)
die Siedlungswohnung, -en
apartment in a housing
development
singen° to sing
sinken° to sink
der Sinn, -e sense
sinnlos senseless(ly)
die Sitte, -n custom
sitzen° to sit; **wie ein Klotz**
sitzen° to sit like a clod
or oaf
so so; thus, therefore;
then; **so viel** so much;
so weit thus far;
soeben just (this moment)
sofort immediately
sogar even
sogleich at once
der Sohn, ̈e son
solange as long as
solch- such
der Soldat, -en, -en (*wk.*) /
die Soldatin, -nen
soldier

sollen to have to; to be supposed to; to be said to be
der Sommer, - summer
das Sonderangebot, -e
special offer
sonderbar odd(ly),
strange(ly)
sondern but; on the
contrary
die Sonne, -n sun
der Sonntag, -e Sunday
sonst otherwise
die Sorge, -n worry; trouble
für jdn./etwas sorgen to
care for s.o./sth.
soviel (*conj.*) as far as;
soweit (*conj.*) as far as
spannend exciting; thrilling
spät late
spazieren to walk
der Speisewagen, - dining
car
sperren to lock
der Spiegel, - mirror
spielen to play
spinnen (*coll.*) to be crazy;
(*sl.*) to be nuts
die Spitze, -n point; tip;
peak
der Spitzname, -ns, -n (*wk.*)
nickname
sprechen° to speak
springen° (ist) to jump
die Sprosse, -n rung (*on a*
ladder)
spucken to spit
die Spur, -en track; trace
spüren to feel; to
sense
die Stadt, ̈e town; city
stammen von/aus to come
from; **woher stammen**
Sie? where do you
come from?

ständig permanent(ly); established

der Standpunkt, -e viewpoint; **von dem Standpunkt aus** from that point of view

stark strong(ly)

starr rigid(ly), inflexible/inflexibly

starren to stare

statt instead of

statt·finden° to take place

sich stechen° to prick o.s.

stecken to stick; to put

stehen° to stand; **stehen bleiben° (ist)** to stop; **in der Reihe stehen°** to stand in line; **Schlange stehen°** to stand in line

steigen° (ist) to climb

steil steep(ly)

der Stein, -e stone; **einen Stein vom Herzen wälzen** to take a weight off one's mind

die Stelle, -n place, spot; position, job,

stellen to put, place

die Stellung, -en position, job

sterben° (ist) to die

der Stern, -e star

das Stichwort,-er note; key word

der Stiefel, - boot

still quiet(ly)

die Stille (*no pl.*) quietness

die Stimme, -n voice

stimmen to tune; **es stimmt** it is right; it is correct

die Stimmung, -en mood; atmosphere

das Stipendium, (*pl.*) **Stipendien** stipend, scholarship

die Stirn, -en forehead

der Stock, ⁻e cane; stick

stocken to miss/skip a beat; to falter; to break off

das Stockwerk, -e floor, story (*of a building*)

stolz proud(ly)

stören to bother, disturb

stoßen° to dig; to strike; to bump

die Straße, -n street

der Strauch, ⁻er shrub

streicheln to stroke; to caress

streichen° to paint; to eliminate

das Streichholz, ⁻er match

der Streit (*no pl.*) argument, quarrel, squabble; fight

die Stube, -n (*dated*) room, parlor

das Stück, -e piece

die Stufe, -n step

der Stuhl, ⁻e chair; **mit dem Stuhl hin und her wippen** to rock back and forth with the chair

stumm silent(ly)

die Stunde, -n hour; lesson

stürzen to throw, plunge, overthrow; **(sich) (auf jdm./etwas) stützen** to rest, lean (on s.o./sth.)

suchen to search

summen to hum

sympathisch congenial(ly), likeable

das Tablett, -s *or* **-e** tray

der Tag, -e day

der Tagesteller, - daily special

die Tante, -n aunt

tanzen to dance

tappen to grope about, fumble

das Taschentuch, ⁻er handkerchief, hanky

die Tat, -en deed

die Tatsache, -n fact, happening

tatsächlich actual(ly); real(ly)

tauchen (in + *acc.*) to dip (into); to dive

der Teil, -e part

der Termin, -e date; appointment

tief deep(ly)

die Tiefe, -n depth

das Tier, -e animal

der Tisch, -e table

die Tochter, ⁻ daughter

der Tod, *pl.* **Todesfälle** death

toll great; fantastic; crazy; terrible

der Ton, ⁻e sound; **einen ruhigen Ton an·schlagen°** to adopt or strike a quiet tone

das Tor, -e gate

tot dead

der Tote, -n, -n / die Tote, -n (*adj. n.*) dead person

töten to kill

tragen° to carry; to bear

die Träne, -n tear

tränen to water

trauen to trust; to confide; **sich trauen** to dare

die Trauer (*no pl.*) grief, sorrow

der Traum, ⁼e dream
traurig sad, mournful
das Treffen, - meeting; encounter
treffen° to hit; **sich treffen°** to meet; **ins Schwarze treffen°** to hit the bullseye
treiben° (hat) to drive; occupy o.s.; push; **(ist)** to drift
die Trennung, -en separation
die Treppe, -n stair(s)
die Treppenstufe, -n step
treten° (ist) to kick; to step, tread
trinken° to drink
das Trittbrett, -er running-board
trocken dry
tropfen to drip
trösten to comfort
trotzdem in spite of that, nonetheless
das Tuch, ⁼er cloth
tun° to do; **es tut° mir Leid** I regret, I am sorry
die Tür, -en door
der Typ, -en type *(of person)*

über above, over
überall everywhere
der Überblick, -e view; perspective; overview
überbrücken to bridge; to smooth over
überfliegen° to fly over; to skim
überflüssig superfluous
der Übergang, ⁼e crosswalk; checkpoint; transition

überhaupt generally, on the whole
überlegen to think over
übermütig high-spirited, boisterous; cocky
überqueren to cross (over)
überraschen to surprise
die Überraschung, -en surprise
überreden to persuade, to talk (*s.o.*) into doing (*sth.*)
überschreiten° to cross; to exceed
übersetzen to translate
(sich) überstürzen to come fast and furious
übertreffen° to surpass; to exceed
übertreiben° to exaggerate
übertreten° to go over; to overstep; **ein Gesetz übertreten°** to break a law
üblich usual, customary, normal
übrig left over; **übrig bleiben° (ist)** to remain, be left over
übrigens by the way
das Ufer, - bank, shore
uferaufwärts along the bank, upstream
die Uhr, -en clock, watch
um around; approximately; in order to
umarmen to hug
um·bringen° to kill
(sich) um·drehen to turn around
die Umgebung, -en surroundings, vicinity
der Umschlag, ⁼e envelope

sich um·sehen° to look around
der Umstand, ⁼e circumstance
um·steigen° (ist) to change *(bus, train, etc.)*
um·stoßen° to knock over
um·tauschen to (ex)change, to convert
um·wenden° to turn over; **sich um·wenden°** to turn around
um·wickeln to wrap around
unausstehlich intolerable/ intolerably
unbestimmt indefinite(ly)
unehelich illegitimate(ly)
unerhört outrageous(ly)
der Unfall, ⁼e accident
ungeduldig impatient(ly)
ungefähr approximately, roughly
ungeheuer huge(ly); great(ly); mighty/ mightily; dreadful(ly)
die Uniform, -en uniform
das Unkraut (*no pl.*) weeds
unruhig restless(ly)
die Unschuld (*no pl.*) innocence
unschuldig innocent(ly)
unsicher hesitant(ly)
unten below; downstairs
unter under; among
die Unterbrechung, -en interruption
unterdrücken to suppress
unterrichten to teach, inform
der Unterrock, ⁼e underskirt, slip

der Unterschied, -e difference, distinction

unterstreichen° to underline

untersuchen to investigate

unverbindlich without obligation

unverfänglich harmless(ly)

die Unverschämtheit, -en impertinence; impudence

unwiderstehlich irresistible/irresistibly

der Urlaub, -e vacation

das Urteil, -e judgement

der Vater, ⁇ father

sich (von jdm.) verabschieden to say goodbye (to s.o.)

verächtlich contemptuous(ly); scornful(ly)

die Verachtung (*no pl.*) contempt, scorn

die Veranstaltung, -en event

verärgern to annoy or anger (*s.o.*)

(sich) verbergen° to hide

verbessern to correct; to improve

sich (vor + *dat.*) verbeugen to bow

verbieten° to prohibit

die Verbindung, -en connection; relationship

das Verbot, -e ban

verbrauchen to use up; to consume

verbringen° to spend; to pass time

der Verdacht, -e suspicion

verdächtig suspicious(ly)

verderben° to spoil; **(ist)** to become spoiled

verdienen to earn

verdrehen to twist; to sprain; to distort

verfahren° to act; to proceed; **sich verfahren°** to lose one's way, to drive in the wrong direction; (*adj.*) muddled, hopeless

verfallen° (ist) to decay

verfehlen to miss

verflucht damned

verfolgen to persecute; to chase

verführen to lead astray; to tempt; to seduce

vergehen° (ist) to pass; to perish; **zehn Sekunden vergehen°** ten seconds pass

vergessen° to forget

verhaften to arrest

verhalten° to hold; to stop; **sich verhalten°** to behave

das Verhältnis, -se proportion; relationship; affair

verhindern to prevent

der Verkehr (*no pl.*) traffic

sich verkneifen° to bite back (a question or remark)

sich verkriechen° to hide o.s.

verlangen to demand; to desire

verlassen° to leave, to abandon; **sich auf (jdn./etwas) verlassen** to depend on (s.o./sth.)

verlaufen° (ist) to run; to go off; **sich verlaufen° (hat)** to get lost; **verlaufen° (ist)** to pass (time span); to proceed

die Verlegenheit (*no pl.*) embarrassment

der/die Verleger/in, -/-nen publisher; distributor

sich (in jdn./etwas) verlieben to fall in love (with s.o./sth.)

verlieren° to lose

die Verlobung, -en engagement

verlockend alluring(ly); beguiling(ly)

der Verlust, -e loss

verlustig deprived

vermeiden° to avoid

vermögen° to be able to (do sth.)

vernehmen° to perceive; to examine

vernünftig sensible/sensibly, rational(ly); decent(ly)

veröffentlichen to publish

verpassen to miss (*train, etc.*)

verprügeln to beat up

(sich) verringern to diminish; to lessen

verrückt crazy/crazily

sich versammeln to assemble; to gather together

verschieben° to put off, postpone

verschieden different, dissimilar; various

verschlingen° to devour

verschwitzen to stain (*sth.*) with perspiration; to forget

versetzen (*coll.*) to stand up (*a person*); to answer

verständigen to notify, advise; **sich (mit jdm.) verständigen** to communicate (with s.o.)

sich etwas verstauchen (*dat.*) to sprain one's hand/foot, etc. (*as in:* Ich habe mir die Hand verstaucht.)

verstehen° to understand

verstört distraught

versuchen to try; to tempt

die Versuchung, -en temptation

verteidigen to defend

das Vertrauen (*no pl.*) confidence; trust

verwandt related

der Verwandte, -n /die Verwandte, -n (*adj. n.*) relative

die Verweigerung, -en refusal; protest

verwenden° to use

verwesen to decompose

verwirrt confused(ly); bewildered

die Verwirrung, -en confusion

der/die Verwunschene, -n (*adj. n.*) a bewitched person

verzehren to consume

die Verzeihung (*no pl.*) pardon, forgiveness

die Verzweiflung (*no pl.*) despair

der Vetter, -n male cousin

viel much, a lot; **so viel** so much; **soviel** (*conj.*) as far as; **wie viel** how much

viele many

vielleicht perhaps

der Vogel, ⁀ bird

das Volk, ⁀er people, folk, masses

voll full(y)

völlig fully

vollkommen (*adj.*) perfect, complete

von of; from; by

von außen from the outside

vor before; in front of

die Voraussage, -n prediction

vorbei along; by; past

(sich) auf etwas vorbereiten to prepare for sth.

der Vorgang, ⁀e event, occurrence; process

vorgehen° (*ist*) to go first

vorher previous

vor·kommen° (*ist*) to occur, happen

die Vorlesung, -en lecture, class

vorn in front

vorrüber·gehen° (*ist*) to go past, pass (by)

vor·schlagen° to suggest

die Vorschrift, -en order, regulation

die Vorsicht (*no pl.*) caution; **Vorsicht ist am Platze** caution is warranted

vorsichtig careful(ly)

die Vorsilbe, -n prefix

die Vorstadt, ⁀e suburb

vor·stellen to introduce (*s.o./sth.*); **sich (+ *dat.*) etwas vor·stellen** to imagine sth.

die Vorstellung, -en idea; mental picture (*of s.o./sth.*); performance

das Vorurteil, -e prejudice

vorwärts forward

vorweisen° to show, produce

der Vorwurf, ⁀e reproach; accusation

die Waage -n scale

wachsen° (*ist*) to grow

der/die Wachtmeister/in, -/-nen officer, constable

wagen to risk; to dare (*to do sth.*)

der Wagen, - car, vehicle; cart; carriage

wählen to choose, elect; to vote

wahr true/truly

während (*prep.*) during; (*conj.*) while

die Wahrheit, -en truth

wahrscheinlich probable/probably

das Wahrzeichen, - symbol; (most famous) landmark

der Wald, ⁀er forest

wälzen to roll, turn round; **einen Stein vom Herzen wälzen** to take a weight off one's mind

die Wand, ⁀e wall

wann when

warten to wait

der Wasserhahn, ⁀e water faucet

der Wechsel, - change, alteration

wechseln to exchange; to replace; to change

wecken to waken

weder ... noch neither ... nor

weg away

der Weg, -e way, path; **sich einen Weg bahnen** to force one's way

wegen because of

weg·reiben° to rub off or away

weg·werfen° to throw away

wehmütig melancholic(ally); wistful(ly)

sich wehren to defend o.s.

das Weib, -er (*sl.; derogatory*) woman

weich soft(ly); tender(ly)

das Weihnachten, - Christmas

die Weile (*no pl.*) while

der Wein, -e wine

weinen to weep, cry

die Weise, -n way, manner, fashion

weisen° to point; to direct; **etwas von sich weisen°** to reject sth.

weit far; **so weit** thus far; **soweit** (*conj.*) as far as

weiter further

weiter·gehen° to go on

weiter·treiben° to propel further; to continue doing sth.

welcher, welche, welches which

die Welle, -n wave (*of water*)

die Welt, -en world

(sich) wenden° to turn

wenig little, few

wenigstens at least

wenn whenever, if

(sich) werfen° to throw

das Werk, -e work; deed, act; factory

das Wesen, - manner; substance; being; nature

wichtig important

widerstehen° (*dat.*) to resist; to be repugnant to

wie how; as; like; **wie viel** how much; **wie viele** how many

wieder again

wiederholen to repeat

die Wiese, -n meadow

der Wille, -ns (*no pl.*) will; intention

winken to wave; to signal

winzig tiny

wippen to sway, rock; **mit dem Stuhl hin und her wippen** to rock back and forth with the chair

wirken to have an effect; to seem, appear

wirklich real(ly)

wirksam effective

der/die Wirt/in, -e/-nen innkeeper, landlord/landlady

die Wirtschaft, -en economy; bar, tavern

das Wirtshaus, ⸚er restaurant with bar

wissen° to know; **Bescheid wissen°** to be informed, know what is happening; **das Wissen** (*no pl.*) knowledge

der Witz, -e joke

die Woche, -n week

die Wochenschrift, -en weekly (magazine or periodical)

woher where (from), whence; **woher stammen Sie?** where do you come from?

wohin where (to), whither; **wohin gehen° Sie?** where are you going?

wohl well

wohnen to live, dwell

die Wohnung, -en apartment, dwelling

der Wolf, ⸚e wolf

die Wolke, -n cloud

wolkig cloudy

wollen to want to

das Wort, ⸚er word

der Wortschatz, ⸚e vocabulary

sich wundern to be puzzled

der Wunsch, ⸚e wish

wünschen to wish

die Wurst, ⸚e sausage; **es ist mir wurst** (*sl.* **wurscht**)! I don't care!, it's all the same to me!

die Wut (*no pl.*) rage; **eine Wut packt ihn** he is seized with rage

wütend furious(ly), angry/angrily

die Zahl, -en number

zählen to count

der Zahn, ⸚e tooth

die Zange, -n tongs; pliers

(sich) (mit jdm.) zanken to quarrel (with s.o.)

zart tender(ly); soft(ly)

zärtlich tender(ly); affectionate(ly), loving(ly)
der Zauber (*no pl.*) magic
das Zeichen, - sign
die Zeichensprache, -n sign language
die Zeichnung, -en drawing; depiction
der Zeigefinger, - forefinger, index finger
(sich) zeigen to show, point out; to indicate; to demonstrate; to appear
die Zeit, -en time; **eine Zeit lang** for a while
die Zeitung, -en newspaper
die Zelle, -n (jail) cell
das Zelt, -e tent
die Zensur, -en grade; (*no pl.*) censorship
zerbrechen° to break (*into pieces*)
zerren to pull
der Zettel, - slip of paper
der Zeuge, -n, -n (*wk.*) **/ die Zeugin, -nen** witness
das Zeugnis, -se evidence; grade report
ziehen° to pull; to draw
das Ziel, -e goal
ziemlich proper; nearly; rather

die Zigarette, -n cigarette
das Zimmer, - room
zittern to shake, to tremble, to quake
zögern to hesitate
der Zorn anger, wrath, fury
zornig angry/angrily, furious(ly)
zu to; too; closed
zucken to jerk; to move
zuerst at first
der Zufall, ̈e chance, accident; coincidence
zufällig accidental(ly)
zufrieden satisfied
der Zug, ̈e train; feature; move; army unit
zugleich at the same time
zu•hören to listen
zu•lassen° to allow
die Zunge, -n tongue
zurück back
zurück•geben° to give back
zurück•gehen° (ist) to go back
zurück•kehren (ist) to return
zurück•kommen° (ist) to come back
zurück•lehnen to lean back

(jdm. etwas) zu•rufen° to yell (sth. to s.o.)
zusammen together
die Zusammenfassung, -en summary
zusammen•ziehen° to contract
zusammen•zucken to cringe; to flinch
zu•sehen° to watch
zu•treffen° (auf + *acc.***)** to apply (to)
zuverlässig dependable/dependably, reliable/reliably
(sich) zu•wenden° to turn; to devote
zwar indeed, to be sure
der Zweck, -e purpose
der Zweifel, - doubt
zweifeln to doubt
der Zweig, -e branch
der Zwerg, -e dwarf
der Zwilling, -e twin
zwinkern to wink; to blink
zwischen between
zwischendurch (in the) meantime, in between times

Acknowledgments

p. 6: Reprinted by permission of the author, Gisela Schalk.

p. 15: Helga M. Novak, *Aufenthalt in einem Irren Haus*. Copyright © 1996 by Schöffling & Co. Verlagsbuchhandlung GmbH, Frankfurt/M. Verfahren (S.17-18).

p. 22: "Die Anbetung der Könige," by Maria Luise Thurmair-Mumelter.

p. 25: From Wolfgang Borchert, *Das Gesamtwerk*. Copyright © 1949 by Rowohlt Verlag GmbH, Hamburg. Reprinted with permission.

p. 36: From Margret Rettich, *Wirklich wahre Weihnachtsgeschichten*. Copyright © 1976 by Annette Betz Verlag, Vienna–Munich. Reprinted by permission.

p. 47: "Spaghetti für zwei," by Federica de Cesco, as first appeared in *Freundschaft hat viele Gesichter*. Reprinted with permission.

p. 58: Meine erste Liebe by Ludwig Thoma from LAUSBUBENGESCHICHTEN, (München: R. Piper Verlag, 1968).

p. 70: Reprinted by permission of the author.

p. 82: Es war ein reizender Abend, by Erich Kästner from *Sie werden schmunzeln*, ed. Gerhard Wolter, Third Edition. Copyright © 1966. Reprinted by permission of Atrium Verlag AG.

p. 92: Schneewittchen, from Jacob and Wilhelm Grimm, *Kinder und Hausmärchen*.

p. 106: Copyright © Suhrkamp Verlag Frankfurt 1997. Reprinted with permission.

p. 118: Anekdote zur Senkung der Arbeitsmoral, by Heinrich Böll from *Erzahlungen 1950-1970*. Copyright © 1994 by Verlag Kiepenheuer & Witsch. Reprinted with permission.

p. 138: Ein größere Anschaffung, by Wolfgang Hildesheimer from *Lieblose Legenden*. Reprinted by permission of Suhrkamp Verlag.

p. 148: Ilse Aichinger, "Seegeister," from *Der Gefesselte, Erzählungen I*. Copyright © 1953 by S. Fischer Verlag GmbH, Frankfurt am Main.

p. 158: Reprinted by permission of the author.

p. 172: From Alfred Polgar, *Kleine Schriften*. Copyright © 1982ff by Rowohlt Verlag GmbH, Reinbek bei Hamburg. Reprinted with permission.

p. 183: From Kurt Kusenberg, *Mal was anderes, Gesammelte Erzählungen*. Copyright © 1969 by Rowohlt Verlag GmbH, Reinbek bei Hamburg. Reprinted with permission.

p. 196: Reprinted by permission of the author, Angela Kreuz.